Kristina Dunz • Eva Quadbeck

ICH KANN, ICH WILL UND ICH WERDE

Kristina Dunz • Eva Quadbeck

Ich kann, ich will und ich werde

Annegret Kramp-Karrenbauer,
die CDU und die Macht

Propyläen

MIX
Papier aus verantwortungsvollen Quellen
FSC® C014496

Propyläen ist ein Verlag der Ullstein Buchverlage GmbH
www.propylaeen-verlag.de

ISBN 978-3-549-07651-4

Lektorat: Wolfgang Gartmann
Gesetzt aus der Minion bei L42 AG, Berlin
Druck und Bindearbeiten: GGP Media GmbH, Pößneck
Printed in Germany

INHALT

Vorwort		7
1. Kapitel:	Die Krise	
	C wie Chaostage	11
	Interview: »Die Alleinregierung ist schöner als eine Koalition«	29
2. Kapitel:	Kindheit in Püttlingen	
	»Lass sie lesen«	43
	Interview: »Ich war das Papa-Kind«	53
3. Kapitel:	Frauen in der Politik	
	Die Strategin	65
	Interview: »Von der Saula zur Paula«	79
4. Kapitel:	An der Macht	
	Mit Herz und Härte	91
	Interview: »Darauf vorbereitet, den nächsten Sprung zu machen«	105
5. Kapitel:	Der Sprung nach Berlin	
	»Es ist etwas passiert«	113
	Interview: »Du kannst auf mich zählen«	127

6. Kapitel: Politik und Religion
Orientierung durch Glaube 139
Interview: »Hinter dem normalen Alltag einen höheren Sinn finden« 151

7. Kapitel: Die Neuaufstellung der Partei
CDU pur 169
Interview: »Ein Programm als klare Kampfansage« 188

8. Kapitel: Deutschlands Rolle in der Welt
Konstante Werte im Umbruch 205
Interview: »Ein politisches Wunder, das man verteidigen muss« 216

9. Kapitel: Die Konkurrenz
Mächtige Parteifreunde 235
Interview: »Nenne nie den Namen deiner Konkurrenten« 249

10. Kapitel: Das Erbe der Ära Merkel
Der eiserne Wille zur Macht 259
Interview: »Ein kluger Pilot umfliegt das Gewitter« 276

Danksagung 287
Literaturnachweis 290
Register 296

Vorwort

Die? Wer 2013 in den ersten Nachfolgedebatten um Kanzlerin Angela Merkel den Namen der saarländischen Ministerpräsidentin Annegret Kramp-Karrenbauer schon aussprechen konnte und dies auch tat, erntete ein müdes Lächeln. Die?

2018 fragt das niemand mehr. AKK, wie sich die CDU-Generalsekretärin abkürzt, ist im Zentrum der Macht angekommen. Nach nur einem halben Jahr im neuen Amt hat sie mehr Einfluss in der Partei als viele ihrer Vorgänger. Sie ist geräuschlos zur geschäftsführenden Parteichefin aufgestiegen und hat damit einmal mehr bewiesen, wie viel Machtwille im Typus der scheinbar unscheinbaren CDU-Politikerin steckt.

Dass Kramp-Karrenbauer CDU-Chefin und auch Kanzlerin werden kann, drängte sich uns in den vergangenen Jahren immer wieder auf – durch ihre fachpolitische Beschlagenheit, ihre machtpolitische Durchsetzungsstärke und ihre analytische Schärfe im persönlichen Gespräch. Dass sie es auch will, hat sie mit der Übernahme des Amts der Generalsekretärin für die Republik sichtbar gemacht. Ob sie es auch wird, hängt davon ab, wie die vierte, bislang dramatisch verlaufende Amtszeit Merkels zu Ende geht und ob sich das Amt der Generalsekretärin in einer Phase des parteipolitischen Umbruchs in Deutschland als eine taugliche Machtbasis erweist. Zentral wird die Frage sein, ob sich die CDU nach dann 14, 15 oder 16 Jahren Merkel wieder auf eine Pragmatikerin einlässt, deren Standpunkte - außer in einigen ethischen sowie gesellschafts- und sicherheitspolitischen Fragen - bis weit ins linksliberale Lager Akzeptanz finden können, die für nationale Bestrebungen keinerlei Verständnis hat und die trotz vieler Unterschiede in der Persönlichkeit zunächst als eine Fortsetzung des Prinzips Merkel wahrgenommen würde. So ist ihre Nähe zu Merkel für sie Chance und Risiko zugleich.

Im Januar 2018, nach dem Start der Koalitionsverhandlungen zwischen Union und SPD, lag es in der Luft, dass die Saarländerin eine wichtige Rolle in Berlin übernehmen wird. Drei Wochen bevor die Nachricht von der neuen CDU-Generalsekretärin im Regierungsviertel einschlug, haben wir bei Kramp-Karrenbauer angefragt, ob sie für Gespräche zu einem Buch über sie zur Verfügung stehe. Nach einer ersten Zurückhaltung stimmte sie schließlich zu, uns Interviews zu geben. So konnte eine völlig neue Mischung aus Biografie, Porträt und Gespräch entstehen, inklusive eines Kapitels über die zwischendurch hereinbrechende Regierungskrise – spannend wie ein Krimi.

Die Interviews wurden von Mai bis Juli geführt und sind von Kramp-Karrenbauer autorisiert, wie das den Gepflogenheiten zwischen Politikern und Journalisten in Deutschland entspricht, wenn man sich viele Stunden unterhält und das Gespräch anschließend bündelt. Die biografischen Kapitel, für die wir Familie, Freunde sowie politische Weggefährten und Widersacher getroffen haben, sind es nicht.

Die Entstehung des Buches glich einer Achterbahnfahrt. Inmitten des dramatischen Asylstreits im Juni 2018 sahen wir das ganze Projekt immer wieder mit der Union und ihrer Führungsmannschaft in die Tiefe stürzen. Als Journalistinnen mit täglicher Berichterstattung für Online und Print haben wir diese Phase bei Tag und durchaus auch bei Nacht begleitet. Kramp-Karrenbauer agierte in dieser Zeit mit strategischem Geschick: Sie telefonierte und simste mit den Landesvorsitzenden, schrieb E-Mails an die Mitglieder, baute Brücken zwischen Merkel und ihren Gegnern und stellte sich inhaltlich glasklar hinter die europäische Haltung der Kanzlerin. Kurzum: Sie sicherte sich die Deutungshoheit in der Partei, was bei einer möglichen Eskalation bis hin zu einem Sonderparteitag entscheidend gewesen wäre.

Unsere Recherchen haben uns einige Male ins Saarland geführt, wo wir auf tief verwurzelte Heimatliebe gestoßen sind – ganz ohne eigenes Ministerium dafür. Die Saarländer sind katholischer als die Bayern und in keinem anderen Bundesland sind die Menschen so häufig in Vereinen engagiert wie dort. Wenn einer von ihnen da draußen in Berlin oder anderswo in der Welt erfolgreich ist, sind sie zu Hause mächtig stolz. Das gilt auch für AKK. Überraschend für uns war, dass sich eine Reihe von politischen Gegnern, mit denen wir gesprochen haben, nicht mit Kritik an ihr zitieren lassen wollte.

Wir haben Kramp-Karrenbauer als Politikerin erlebt, die hartnäckig ist und vor harten Entscheidungen nicht zurückschreckt, aber mit ihrer menschlich offenen Art über die Parteigrenzen hinweg Respekt genießt. Wir haben sie auf Terminen ihrer Zuhör-Tour zur CDU-Basis quer durch die Republik begleitet und es als eines ihrer Prinzipien erkannt, dass sie möglichst vielen Betroffenen und Beteiligten ihr Ohr schenkt, bevor sie eine politische Entscheidung trifft – oder eben ein neues CDU-Grundsatzprogramm auf den Weg bringt. Im Saarland als Ministerin und Ministerpräsidentin hat sie das auch schon so gehalten.

Und schließlich haben wir mit ihr gesprochen, in Saarbrücken, in Magdeburg oder in Berlin, im Auto, auf dem Marktplatz oder im Büro. Daraus ist ein Bild entstanden, wie die CDU-Generalsekretärin in der Innen- und Außenpolitik zu verorten ist. Wie sie die Auswirkungen der digitalen Revolution bewertet und wohin sie mit der Volkspartei CDU steuern will. In den Interviews öffnet sie sich auch privat, berichtet über ihre Kindheit in der Großfamilie, den Tod ihrer Eltern, über ihren katholischen Glauben und über die Vereinbarkeit von Familie und politischem Spitzenamt. Und immer wieder hatten wir dieses Gefühl: Sie kann, sie will und – wenn es für sie gut läuft – wird sie auch.

Berlin, im August 2018
Eva Quadbeck und Kristina Dunz

KAPITEL 1

DIE KRISE

C wie Chaostage

Es ist ein Brandbrief. Ein Notruf, ein flammender Appell, den die CDU der Gegenwart noch nicht erlebt hat. »Sehr geehrte Damen und Herren, ich wende mich heute in einer ernsten Lage an Sie als Mitglieder der CDU Deutschlands«, so beginnt das Schreiben der Generalsekretärin vom 14. Juni 2018. Der Tag, von dem altgediente Christdemokraten später sagen werden, so dicht habe die Union noch nie am Abgrund gestanden. Annegret Kramp-Karrenbauer ist noch keine vier Monate im Amt und muss sich schon darin bewähren, ein Feuer in der Union löschen zu helfen, das seit Langem schwelt und sich nun an einem kleinen Funken zerstörerisch entzündet hat. Ein Zerwürfnis mit der Schwesterpartei CSU, das viel gefährlicher ist als die legendäre, aber nur sehr kurzzeitig von der CSU betriebene Aufhebung der Fraktionsgemeinschaft im Bundestag 1976 zu Zeiten der Parteivorsitzenden Helmut Kohl und Franz Josef Strauß. Damals waren CDU und CSU in der Opposition. Koalition und Nation kamen durch den internen Machtkampf nicht ins Wanken.

Nun aber geht es nicht nur um den möglichen Bruch der traditionsreichen Unionsfraktion im Parlament, sondern auch um den Fall der schwarz-roten Regierung, das Ansehen

Deutschlands in der Welt und um Stabilität in einem Europa, in dem die Rechtspopulisten auf dem Vormarsch sind. Düsterste Erinnerungen an das Ende der Weimarer Republik flackern auf. Ihr Start als Generalsekretärin, ursprünglich fokussiert auf ein ausgeklügeltes Abklappern der rumorenden Parteibasis im ganzen Land, wird für Kramp-Karrenbauer zum Höllenritt. Die 40 Termine ihrer aufwendigen »Zuhör-Tour« von Konstanz bis Nordfriesland und von Aachen bis Cottbus als Auftakt für ein neues CDU-Grundsatzprogramm werden zum zeitraubenden Beiwerk. In Berlin jagt eine Krisensitzung die nächste, das Handy glüht, die Nacht wird zum Tag. Ihr war klar, dass es ein Risiko ist, das sichere Amt der Ministerpräsidentin im Saarland für den Parteiposten in Berlin aufzugeben, in dieser hitzigen Hauptstadt mit dem überdrehten Politik- und Medienbetrieb. Dass sich auf dieser Berliner Bühne aber in kürzester Zeit ein Drama à la Shakespeare abspielen und den Hauptfiguren der Untergang drohen würde, das hatte niemand auf der Rechnung. Kramp-Karrenbauer nimmt die Krise äußerlich gelassen hin. Immer mal wieder merkt sie trocken an, wenn alles schiefgehe, könne sie hinterher sagen, in diesen historischen Stunden dabei gewesen zu sein. Hinter den Kulissen aber kämpft sie für den Zusammenhalt ihrer Partei, für die Einheit der Union und für Merkels Überleben. Sie sieht, was auf dem Spiel steht. CDU und CSU regieren seit weit mehr als einem Jahrzehnt dieses Land, dessen Ordnung und Sicherheit und Wohlstand sich in all den Krisen der Europäischen Union immer als Anker erwiesen haben. Gemeinsam haben sie Angriffe von außen abwehren und sich trotz internen Theaterdonners immer wieder zusammenraufen können, doch jetzt startet die CSU von Horst Seehofer eine Revolte gegen die CDU-Vorsitzende und Bundeskanzlerin. Gegen Angela Merkel, deren Ruf als Krisenmanagerin und mächtigste Frau der Welt schon in den auszehrenden sechsmonatigen Koalitionsverhandlungen gelitten hat. Sie musste viele Zugeständnisse machen, um überhaupt eine Regierung mit CSU und SPD bilden zu können. Dafür ließ sie ihre eigene CDU bluten. Sie gab die klassischen Ressorts Finanzen und Innen an die Koalitionspartner ab. Ausgerechnet der CSU gewährte sie mit dem Bundesinnenministerium ein Schlüsselressort für ihre viel kritisierte Flüchtlingspolitik. Ein folgenschwerer Fehler, den Merkel teuer bezahlen wird. Denn das Ressort übernimmt Seehofer, der den Kurs der Kanzlerin seit 2015 bekämpft und ihr in der Auseinandersetzung darüber sogar eine »Herrschaft des Unrechts« vorgeworfen hat. Seehofer führt den Streit so emotional und so erbittert gegen diese Frau, die ihn in all den gemeinsamen politischen Jahren immer wieder in seine Schranken gewiesen hat, dass er die Union erschüttert und zugleich die rechtsnationale Alternative für Deutschland erfreut. Die AfD hatte nach ihrem Wahlerfolg 2017 angekündigt, sie werde die Kanzlerin »jagen«. Diesen Eindruck erweckt nun auch der CSU-Vorsitzende. Politikverdrossenheit, ja Demokratieverdrossenheit im Land wachsen. Die Umfragewerte für die AfD ebenso.

Parteiübergreifend läuft es Politikern jetzt eiskalt den Rücken herunter. Die Fraktionen von CDU und CSU im Bundestag haben sich an diesem 14. Juni zu getrennten Krisensitzungen entschlossen. Das Plenum wird dafür extra unterbrochen. Das hat es so noch nicht gegeben. Auch bei den anderen Fraktionen herrscht Aufregung. Die Ereignisse überschlagen sich. Wer weiß, ob die Ära Merkel an diesem Tag nicht enden wird? Manch einer denkt an die Schlussphase der Weimarer Republik. 1930 zerbrach die damalige Koalition an einem Detail der Arbeitslosenversicherung. Es war die letzte Regierung vor dem Nationalsozialismus, die sich auf eine parlamentarische Mehrheit stützen konnte.

In diesen dramatischen Tagen 2018, in denen sich der jahrelang angestaute Ärger der CSU entlädt, geht es ebenfalls nur um ein Detail – das jetzt aber zum Symbol wird. Es geht um Seehofers bis dahin noch unbekannten »Masterplan Migration« beziehungsweise um einen einzigen von 63 Punkten: die Zurückweisung von bereits in anderen EU-Ländern registrierten Flüchtlingen an der deutschen Grenze. Dieses Schlagwort ist der CSU wichtig: Zurückweisung. Die Christsozialen wollen endlich sichtbar brechen mit Merkels Flüchtlingspolitik. Am besten durch einprägsame Bilder mit bewaffneten Polizisten, die die einstigen Selfies von Flüchtlingen mit Merkel ein für alle Mal überlagern sollen. Das Signal: Zurückweisung und Abschottung. Diese Art der Kommunikation, mit Schlagworten die differenzierte Sicht auf komplizierte Zusammenhänge auszuhebeln, nennt man heute »Framing«. Früher sagte man dazu Schubladendenken. Es betrifft ungefähr fünf Flüchtlinge pro Tag, die Seehofer an der bayerisch-österreichischen Grenze ohne bilaterale Abkommen nach Österreich zurückweisen lassen will. Merkel stemmt sich dagegen, weil sie darin einen Bruch des europäischen Rechts sieht.

CDU und CSU hatten sich nach ihrem Zerwürfnis in der Flüchtlingspolitik 2015 und den Verlusten bei der Bundestagswahl 2017 doch auf ein »Regelwerk der Migration« geeinigt, und im Koalitionsvertrag wurde mit der SPD sogar so etwas Ähnliches wie die von der CSU geforderte Obergrenze vereinbart. Die Union hatte erkannt, dass auch ihre Zerstrittenheit zum Einzug einer Partei weit rechts von ihr in den Bundestag geführt hat – und Besserung gelobt. Aber jetzt, gut 100 Tage nach der Regierungsbildung, fährt die CSU plötzlich Geschütze auf, als ginge es um das Überleben dieses Staates. Als stünden die weltweit 68 Millionen Flüchtlinge vor der deutschen Grenze, als seien die Zahlen der ankommenden Menschen nicht drastisch gesunken, sogar unter die mit der

CSU extra vereinbarte Richtgröße von bis zu 220 000 pro Jahr. Kaum einer versteht noch, worum es in dem Streit geht und warum er so eskalieren konnte. Ein Putsch liegt in der Luft.

In der Telefonschalte des Präsidiums am Morgen dieses 14. Juni um 8.00 Uhr warnt Kramp-Karrenbauer davor, der Kanzlerin – wie die CSU es gemacht hat – Bedingungen zu stellen und Fristen zu setzen für eine Einigung mit den EU-Partnern, die schon seit Jahren keine Solidarität in der Flüchtlingsfrage kennen. Sie beschwört die Einheit von CDU und CSU, aber auch den Stolz, die Würde und das Selbstbewusstsein der Christdemokraten. Die Saarländerin ist bekannt für ihre Konfliktfähigkeit, die sie über Jahre in der Runde der 16 Ministerpräsidenten mit ihren so unterschiedlichen Interessen bewies. Von der Parteibasis bis zur mittleren Führungsebene loben CDU-Leute, dass endlich wieder ein Profi im Konrad-Adenauer-Haus sitze. Viele Jahre habe es so gut wie keine Kommunikation mit den Landesverbänden gegeben, heißt es. Merkel habe sich als Parteivorsitzende und Kanzlerin dafür schon lange keine Zeit mehr genommen, aber ihren bisherigen Generalsekretären auch keine Prokura gegeben.

Bei Kramp-Karrenbauer ist das anders. Sie ist eher die geschäftsführende Parteivorsitzende, wie es einst Heiner Geißler war, ihr Vorbild in dem Amt. Sie telefoniert sich in diesen Tagen die Finger wund, ruft die Generalsekretäre in den Ländern an und die Landeschefs und die CDU-Ministerpräsidenten. Sie informiert die Mitglieder, sie ringt um größtmögliche Integration der widerstreitenden Interessen. Und sie schlägt Pflöcke ein.

In der Schalte wird ein Kompromissvorschlag vorgetragen, bei dem es im Wesentlichen um bilaterale Abkommen mit den EU-Staaten zur Rücknahme von Flüchtlingen geht. Wie immer bei diesen Telefonkonferenzen mit so vielen Zuhörern knackt es in der Leitung, man hört Räuspern oder Seufzen und bekommt inhaltlich nicht alles mit. Dennoch wirken fast alle Präsidiumsmitglieder mit dem Kurs der Generalsekretärin einverstanden. Sachsens Ministerpräsident Michael Kretschmer, der 2019 eine Landtagswahl bestreiten und Angst haben muss, dass die AfD stärkste Kraft wird, äußert noch Verständnis für die CSU-Position. Und Jens Spahn, der Gesundheitsminister und Merkel-Kritiker, fordert, der Kompromissvorschlag solle der Unionsfraktion vorgelegt und dann darüber abgestimmt werden. Er werde der Mehrheit folgen. Spahn wird die Stimmung zwei Tage zuvor, am 12. Juni, in der Fraktion im Hinterkopf gehabt haben, die sich gegen Merkel gedreht hatte. Hätten sie da gleich abgestimmt, wäre die Kanzlerin vielleicht bereits hinweggefegt worden von der plötzlich hochgekochten Wut in der Unionsfraktion.

Denn nach ihrer Rückkehr vom G7-Gipfel in Kanada hatte sie sich in der Sonntagabend-Sendung »Anne Will« nicht nur zum neuerlichen Eklat mit US-Präsident Donald Trump geäußert, sondern auch zu Seehofers »Masterplan«, den sie auf ihrem Überseeflug gelesen hat. Sie seien noch in intensiven Gesprächen, zu denen sie sich nicht öffentlich äußern wolle, sagt Merkel. Klar sei, europäisches Recht habe Vorrang vor dem nationalen Recht. Ein Nebensatz. Aber nur wer Merkel gut kennt, wusste, dass das ein Knaller war, erzählt ein Regierungsmitglied. Die meisten hätten darüber hinweggehört, weil sie noch mit der Ungeheuerlichkeit beschäftigt waren, dass Trump nachträglich via Twitter aus dem G7-Gipfel-Ergebnis ausgestiegen war. Global denkende Christdemokraten habe in dieser Phase mehr beschäftigt, dass durch Trumps Populismus die Stärke des freien Westens immer weiter bröckelt. So hätten sie übersehen, wie durch den CSU-Populismus die Bundesregierung bröckelt. Einer im Umfeld der CDU-Spitze sagt: »Wir stehen jetzt vor der Entscheidung, ob wir einen menschenfreundlichen oder einen menschenfeindlichen

Konservatismus haben wollen. Steuern wir auf die Haltung von Trump zu, Flüchtlingskinder von ihren Eltern zu trennen, die Kinder ins Heim und die Eltern in den Knast zu stecken? Oder nehmen wir eine Haltung ein, die wir noch als christlich bezeichnen dürfen?«

Die Fraktionssitzung am 12. Juni beschreiben CDU-Abgeordnete als katastrophal. Denn der Großteil von ihnen habe gar keine Ahnung gehabt, dass die CSU den Aufstand mit einigen Verbündeten aus der CDU wohl kalkuliert habe – und Merkel hart bleiben würde. Einige beklagen sich, dass es keine Aussprache über den Konflikt von Merkel und Seehofer geben sollte. Immerhin musste der Innenminister die für diesen Tag geplante Vorstellung seines »Masterplans« absagen, weil die Kanzlerin ja auch im Fernsehen erklärt hatte, dass sie damit nicht einverstanden war. Für ihn eine Demütigung. Öffentlich zurückgepfiffen von der Chefin. Es gibt aber keine Aussprache, weil Merkel und Seehofer vereinbart haben, dass es am Folgetag noch einen Versuch der Einigung geben soll. Die *Bild*-Zeitung titelt jedoch: »Merkel ganz allein«.

Annegret Kramp-Karrenbauer verlässt diese Fraktionssitzung vor dem Ende. Sie ist dort nur Gast. Der Bundestag ist nicht ihr Revier, die Saarländerin hat kein Mandat. Eine mögliche Achillesferse in ihrem sonst so perfekten Werdegang zur Generalsekretärin der letzten großen Volkspartei. Die Fraktion ist ein ganz eigenes Machtzentrum. Kramp-Karrenbauer hat keine Landesgruppe, keinen direkten Einfluss. Und sie kann ihre eigentliche Stärke, das geduldige Vermitteln hinter den Kulissen, hier nicht ausspielen. Sie läuft vom Sitzungssaal der Unionsfraktion in Richtung Fahrstühle. Auf dieser Ebene des Parlaments ist alles transparent. Licht fällt durch die Kuppel des Reichstagsgebäudes und dringt durch die riesigen Glasscheiben. Hier hat man alles im Blick: Wer bei Union und SPD kommt und geht, wann die Grünen, die

Liberalen, die Linken und die AfD sich versammeln. Der ideale Posten für Journalisten, Nachrichten aus den Sitzungen zu erfahren. Noch ist wenig los vor den Aufzügen. Wie folgenschwer diese Fraktionssitzung sein wird, hat sich in den Redaktionen der Hauptstadtmedien noch nicht verbreitet. Die Generalsekretärin grüßt freundlich. Sie bleibt auch kurz zum Small Talk stehen, mag aber keine Erklärung abgeben. Ihre Mitarbeiter drücken rasch den Knopf, um den Aufzug zu holen. Kramp-Karrenbauer spürt, wie die CSU Morgenluft wittert, Merkel mithilfe von willigen CDU-Abgeordneten loszuwerden. »Wir können das den Menschen nicht mehr erklären, warum wir nicht wenigstens diejenigen zurückweisen, die schon anderswo einen Asylantrag gestellt haben« – lautet der Tenor der meisten Wortmeldungen während der Sitzung, die sie gerade verlassen hat.

Kramp-Karrenbauer hat genug gehört. Einer der Abgeordneten, der auch das Etikett »Merkel-Kritiker« trägt, ist ihr aufgefallen: Armin Schuster, der vor seiner Zeit im Bundestag für die Bundespolizei gearbeitet hat, unter anderem im Grenzschutz. Schon 2016 setzte er sich mit der Idee von Transitzonen vermittelnd zwischen Seehofer und Merkel ein – ohne Erfolg. Kramp-Karrenbauer hört seine Kritik an Merkels Flüchtlingspolitik, empfindet seinen Ton aber als sachlich und differenziert. Sie beschließt, ihn anzurufen und sich einmal genauer schildern zu lassen, was er mit seinem Vorschlag einer verstärkten Schleierfahndung in einem Korridor von 30 Kilometern hinter der Grenze meint und welche Rolle dabei die im Koalitionsvertrag vereinbarten Ankerzentren für »**Ank**unft, **E**ntscheidung und **R**ückführung« spielen sollen. Das Treffen wird eine Woche später im Adenauer-Haus stattfinden und sich zu einem sehr langen Gespräch entwickeln, in dem der einstige Bundespolizist und die frühere Landesinnenministerin dem Unionskompromiss ein Stück näher kommen. Schuster dringt schon lange nicht mehr bei Merkel durch. Nun nimmt die Generalsekretärin auf, was er zu sagen hat, und trägt es in ihre Gespräche mit der Kanzlerin. Kramp-Karrenbauers Anhänger in der Partei sagen hinterher, sie sei in den heftigen Krisentagen die Einzige gewesen, die konkret und konstruktiv gearbeitet habe.

In der denkwürdigen Krisensitzung der CDU-Abgeordneten im Bundestag am 14. Juni ergreift Kramp-Karrenbauer das Wort, so viel ist ihr auch ohne Parlamentarier-Status gestattet. Sie sitzt von den Abgeordneten aus gesehen vorne rechts in der Reihe des Fraktionsvorstands. Sie kommt dem langjährigen Unionsfraktionschef Volker Kauder zu Hilfe, dem die Fäden in diesem Moment aus der Hand zu gleiten drohen. Sie kämpft für Kompromisse, für den Zusammenhalt der Fraktionsgemeinschaft, aber mehr noch für den Zusammenhalt Europas. Es gibt rund 50 Wortmeldungen. Die Parlamentarier sind aufgewühlt. Ihnen ist die historische Tragweite des Augenblicks bewusst.

Die eigentliche Wende hat zuvor Wolfgang Schäuble eingeleitet. Als er seine Stimme erhebt, wird es still. Unheimlich still. Der Bundestagspräsident ist seit 45 Jahren im Parlament. Nichts ist ihm fremd in der Politik. Für die meisten Abgeordneten, auch von der CSU, ist er eine Autorität. Und jeder weiß, dass seine Beziehung zu Merkel ambivalent ist und Jens Spahn seine Nähe sucht. Was Schäuble nun sagt, dringt schnell nach draußen. Als ältestes Bundestagsmitglied, der die Verwerfungen mit der CSU von Kreuth 1976 noch gut in Erinnerung habe, könne er nur vor einer Trennung der Union warnen, wird er zitiert. Die Rechtspopulisten in Europa hätten Auftrieb. »Das Modell der rechtsstaatlichen Demokratie steht auf dem Spiel«, sagt er. Auf keinen Fall dürfe Deutschland eine Bundeskanzlerin haben, die nicht mehr handlungsfähig sei. Er führt den Abgeordneten demnach vor Augen: Kanzlersturz, Neuwahl, Mandatsverlust, Machtverlust. Der Europäer Schäuble hält ein leidenschaftliches Plädoyer für Europa und für eine europäische Lösung des Asylstreits. Insofern hilft er Merkel. Deren Gegner haben aber vor allem die Botschaft gehört, dass er vor einem Bruch der Fraktionsgemeinschaft und vor einer handlungsunfähigen Kanzlerin warnt. Wären das nicht zwei Fliegen mit einer Klappe? Merkel ersetzen und die Fraktionsgemeinschaft sichern. Es wird schon spekuliert, Schäuble würde Übergangskanzler, Spahn Fraktionschef und Kramp-Karrenbauer Parteivorsitzende.

Im Konrad-Adenauer-Haus wird vorsorglich geprüft, bis wann die CDU sich für ein Antreten bei der Landtagswahl in Bayern Mitte Oktober angemeldet haben müsste. Die Partei stehe doch sowieso nur wegen dieser Landtagswahl Kopf, weil sie Angst habe, ihre absolute Mehrheit zu verlieren, so die strategische Überlegung in der CDU-Zentrale. Dann doch richtig Druck machen und den Bruch mit der CSU nicht ausschließen. Deren absolute Mehrheit wäre so ganz sicher weg. Diese Drohung habe auch 1976 geholfen, um die Schwesterpartei wieder in die Spur zu bekommen. Aber falls es zur Spaltung käme, würde das die Union pulverisieren. Die letzte große Volkspartei ginge in die Knie, sind sich viele sicher. Das hätte auch Folgen für Europa. Italien, Österreich, Ungarn seien schon auf dem rechten Pfad, und es sei noch nicht ausgemacht, dass sich Frankreichs Präsident Emmanuel Macron bei der nächsten Wahl gegen den rechtsnationalen Front National behaupten könne. Eine Horrorvorstellung, wenn auch noch Deutschland kippen würde, warnt ein Fraktionsmitglied am Rande der getrennten Sitzungen von CDU und CSU.

Aus der Zusammenkunft der CSU-Landesgruppe wird zeitgleich emsig gesimst, Söder habe gesagt: »Wir sind im Endspiel um die Glaubwürdigkeit.« Jens Spahn beantragt wenig später, dass CDU und CSU wieder gemeinsam tagen und über den Kurs der Flüchtlingspolitik abstimmen sollen. Doch die Abgeordneten folgen ihm nicht. In dieser Krise rücken die meisten CDU-Parlamentarier wieder zusammen. Ihr Grundgefühl sei gewesen, dass die CSU sehr wohl einen berechtigten Kritikpunkt an Merkels Kurs gefunden habe, aber der Umgang mit der Kanzlerin unter aller Würde sei, sagt einer. Wenn sie jetzt nachgäben, würde sich die CDU von der CSU erpressbar machen. Gleich wer Merkel nachfolgen würde – er oder sie hätte dasselbe Problem. Deshalb habe man dem Gebaren einen Riegel vorschieben müssen. »So kann man mit uns nicht umgehen und auch nicht mit Europa«, sei die Mehrheitsmeinung gewesen. In diesen Stunden wird Merkels Sturz verhindert.

Aber vorbei ist die Krise noch lange nicht. Am Abend schreibt Kramp-Karrenbauer ihren Brandbrief als Anwältin der Kanzlerin, als Generalin in der Auseinandersetzung mit der CSU und als dienstleistende Sekretärin ihrer Partei. Diese Art der Kommunikation ist ihre große Stärke, mit der sie in der existenziell bedrohlichen Lage ihre Partei stabilisiert. Nach dieser Fraktionssitzung weiß sie, dass sie die sich wieder für Merkel drehende Stimmung auch in der Partei verbreiten muss: »Mir ist sehr bewusst, dass viele von Ihnen diese Diskussion nur schwer nachvollziehen können und sich um den Schaden für die Union Sorgen machen«, schreibt sie. Mit diesen Worten solidarisiert sie sich erst einmal mit der Parteibasis, bevor sie Merkels Kurs im Namen der Partei zunächst mit vorsichtigen, dann mit immer klareren Worten als den richtigen präsentiert. Die CDU habe die Sorge, dass ungeordnete Zurückweisungen an der Grenze, als Land im Herzen Europas, nicht der richtige Weg seien, schreibt sie. Sie könnten zu einem negativen Dominoeffekt und letztlich der Infragestellung des europäischen Einigungswerks führen, für welches die CDU immer gestanden habe. »Eine solche Maßnahme, die ohne Absprache mit unseren Nachbarländern und zulasten Dritter vollzogen würde, birgt die Gefahr, Europa weiter zu spalten und zu schwächen.« Dann stößt sie in ihrer Argumentation zu den Wurzeln der Partei vor und packt damit auch jedes einzelne Mitglied bei seiner Ehre. Die CDU sei von Konrad Adenauer über Helmut Kohl bis zu Angela Merkel immer die Partei der Sicherheit und des europäischen Zusammenhalts gewesen. »Wir haben uns zu allen Zeiten darum bemüht, beides zusammenzubringen – auch wenn es oft schwierig und unpopulär war.« Schließlich grenzt sie die von ihr in ihrem europäischen Verantwortungsbewusstsein beschriebene CDU von der CSU ab. Seehofer bestehe weiter auf einer vorzeitigen nationalen, einseitigen Maßnahme ohne Abstimmung mit den Nachbarländern und ohne auf den Ausgang der Verhandlungen in den nächsten zwei Wochen zu warten. Seehofer schnaubt in der *Süddeutschen Zeitung*: »Frau Kramp-Karrenbauer stellt uns als Provinzfürsten aus Bayern hin, die die europäische Idee nicht verstanden haben.« Die Botschaft der CDU-Generalsekretärin ist angekommen.

In den nächsten drei Wochen wird die Republik durchgeschüttelt. Am 18. Juni tagen die Vorstände von CDU und CSU getrennt. Wie im Wettlauf geben Merkel und Seehofer zeitgleich Pressekonferenzen in Berlin und München. Merkel bekommt eine Frist bis zum 1. Juli, um beim EU-Gipfel Ende des Monats Ergebnisse zu erzielen. Was ihr in drei Jahren nicht gelang, soll sie nun innerhalb von zwei Wochen liefern.

Das Wochenende vom 23. Juni verbringt Kramp-Karrenbauer zu Hause im Saarland. Sie fliegt aber schon am Sonntag, dem 24. Juni, wieder zurück nach Berlin. Vielleicht ist es ja das letzte Mal in dieser Funktion. Denn geht Merkel, geht auch AKK, wird gemunkelt. Und zwar nicht, weil sie sich besonders ähnlich seien, sondern weil Kramp-Karrenbauer nicht für eine CDU zur Verfügung stünde, die ihre Zukunft in einem populistischen Rechtsruck sähe. Sie fliegt Economy. In Tegel gelandet, schäkert sie im Bus zum Terminal mit einem kleinen Kind. Die Eltern erkennen die CDU-Politikerin nicht. Im Saarland ist Kramp-Karrenbauer allseits bekannt, aber im Bund ist sie noch nicht in der Breite durchgedrungen. Wenn es eine parteiinterne Kritik an ihr in dieser Krisenzeit gibt, dann die, dass all ihre Interviews in Print, Funk und Fernsehen noch zu wenig gewesen seien. Sie habe noch keinen Wiedererkennungswert und hätte präsenter nach außen auftreten sollen, sagen Christdemokraten. Vom Bus eilt sie zu ihrer Limousine und lässt sich direkt ins Adenauer-Haus bringen. Auch wenn in diesen Tagen niemand eine Prognose wagt, wie lange Merkel als Kanzlerin noch durchhält: Marschrichtung und Strategie in der Parteizentrale sind klar. Es geht um die Deutungshoheit über die gesamte Flüchtlingskrise. Kramp-Karrenbauer will verhindern, dass die CDU erneut durch die Schlagworte der CSU gebrandmarkt wird, sie habe aus einer Laune heraus die Grenzen geöffnet. Wieder so ein »Framing«. Diese Binnengrenzen in Europa sind offen. Das ist der große Wert der Europäischen Union. Wenn die CSU die Grenze schließen will, müsste sie 3000 Kilometer abriegeln. Eine Mauer in der deutschen Geschichte reicht Merkel.

Sie verschärft jedoch abermals ihren Asylkurs und erreicht damit beim EU-Gipfel am 28. und 29. Juni mehr, als alle erwartet haben. Es werden ein besserer Schutz der EU-Außengrenzen und Verhandlungen darüber vereinbart, Lager in EU-Staaten und afrikanischen Ländern aufzubauen, in denen Flüchtlinge kontrolliert untergebracht werden. Die klare Botschaft: Europa schottet sich ab. Beim Vier-Augen-Gespräch am 30. Juni im Kanzleramt kommen Merkel und Seehofer dennoch nicht zusammen. Ein Foto zeigt die beiden auf dem Balkon. Sie läuft mit einem Glas Wein in der Hand zurück in den Besprechungsraum, sichtlich müde, abgekämpft und bedient. Er folgt langsam mit einem Glas Wasser mit einigem Abstand, aschfahl, versteinert. Die Gesichter sprechen Bände.

Die CDU-Spitze kommt am 1. Juli – Merkels Frist für Ergebnisse läuft aus – im Konrad-Adenauer-Haus zusammen, die CSU in der Landesleitung in München. Seehofer sagt, Merkel habe ihm »null Komma null« Kompromissangebote gemacht. Merkel-kritische CDU-Politiker erhalten Signale aus der CSU: »Tut was«. Sie fordern Unterstützung dafür, die Gipfel-Ergebnisse schlechtzureden. Doch die CSU hat den Bogen überspannt. Auch wer in der CDU-Spitze die inhaltlichen Anliegen der CSU teilt, will sich nicht vor deren Karren spannen lassen. Der CDU-Bundesvorstand ist im ersten Stock des Adenauer-Hauses zusammengekommen. Nun wird gewartet, wie sich die CSU entscheidet. Seehofer kündigt eine persönliche Erklärung für den Abend an. Doch die kommt erst einmal nicht. Gegen 22 Uhr entschließt sich Kramp-Karrenbauer, den wartenden Journalisten einen einmütigen Beschluss des Vorstands zu präsentieren, der Merkel stützt. Die meisten schauen draußen auf der Straße auf kleinen Monitoren der Kameraleute die Fußball-WM, gerade gibt es Elfmeterschießen im Spiel Kroatien gegen Dänemark. Es ist ein herrlich lauer Sommerabend. Das Leben könnte sorglos sein. Als Kramp-Karrenbauer auf dem Weg zu den Journalisten in den Fahrstuhl steigt, liest sie auf ihrem Handy die Eilmeldung aus München: Seehofer bietet seinen Rücktritt an. Sie geht auf die Bühne im Foyer, hinter ihr die großen Lettern »Die Mitte«, und stellt die Geschlossenheit der CDU fest. In dem Beschluss heißt es: »Ziel der CDU ist es, die Zuwanderung nach Deutschland besser zu ordnen, zu steuern und zu begrenzen. In diesem Ziel sind wir uns mit der CSU einig.« Wie man dieses Ziel erreicht, darüber herrscht weiter erbitterter Streit zwischen den Schwesterparteien. Kramp-Karrenbauer lässt keinerlei Zweifel an der CDU-Positionierung erkennen. »Dabei ist für uns klar: Wir brauchen wirksame, menschliche Lösungen, gemeinsam mit unseren europäischen Partnern. Dazu sind Maßnahmen auf EU-Ebene, zwischenstaatliche Vereinbarungen und nationale Maßnahmen notwendig. (…) Einseitige Zurückweisungen wären das falsche Signal an unsere europäischen Gesprächspartner.« Dann eilt sie wieder in die Vorstandssitzung.

Dort wird darüber beraten, der CSU das Innenministerium möglichst wieder wegzunehmen und ihr dafür das Wirtschaftsministerium zu geben. Es soll endlich Schluss sein mit dem Theater. Von »Kotzbrocken«, »Verrätern«, »Feinden« bei der CSU ist die Rede. Nun warten alle auf Seehofers persönliche Erklärung. Aber die bleibt weiter aus. Der CDU-Vorstand beschließt nach Mitternacht, die Sitzung zu unterbrechen und um 8.30 Uhr am Montag fortzusetzen. Kurz danach erklärt Seehofer, er werde bis Mittwoch entscheiden, ob er zurücktrete. Das Unsagbare wird auf den Fluren ausgesprochen: Neuwahl?

Am Montagmorgen versichert sich Kramp-Karrenbauer im Bundesvorstand noch einmal der Rückendeckung für die am Vorabend beschlossene Linie. Die Lage ist so explosiv, dass in jedem Moment alles krachen kann. Die CDU-Generalsekretärin muss wissen, ob in der kurzen Nacht ein Vorstandsmitglied wankelmütig geworden ist. »Wer jetzt noch für einseitige Zurückweisungen an der Grenze ist, der soll es jetzt sagen«, fordert sie. Niemand rebelliert. Sollte Seehofer Flüchtlinge an der Grenze zurückweisen lassen, würde Merkel ihre Richtlinienkompetenz als Kanzlerin wahrnehmen – und ihren Innenminister entlassen. Die Koalition stünde vor dem Aus. Für 17 Uhr haben sich acht Unterhändler von CDU und CSU im Konrad-Adenauer-Haus zur Kompromisssuche verabredet. Aber just bevor Merkel in ihrer Parteizentrale ankommt, ploppt auf ihrem Handy die Nachricht der *Süddeutschen Zeitung* auf, der Seehofer gesagt hat: »Ich lasse mich nicht von einer Kanzlerin entlassen, die nur wegen mir Kanzlerin ist.« Eigentlich könnte man das Ganze jetzt platzen lassen. Aber Merkel ignoriert auch diesen Anwurf. Allerdings sind dafür ein paar Atemübungen nötig.

Söder und der frühere bayerische Ministerpräsident Edmund Stoiber sind bei dem Gespräch der »Acht plus Acht« dabei. Stoiber ist ganz und gar kein Merkel-Fan und dann ist es überraschenderweise doch er, der die CSU im Spiel hält. Über Söder wird erzählt, dass er viel in sein Smartphone tippt und sich ziemlich raushält, was viele verwundert, weil er damit an diesem wichtigen Tag das Rennen um Seehofers Nachfolge als Parteivorsitzender weitgehend CSU-Landesgruppenchef Dobrindt überlassen habe. In der Asyldebatte haben sich die beiden Hardliner mit Kampfbegriffen wie »Asyltourismus« (Söder) und »Anti-Abschiebe-Industrie« (Dobrindt) gegenseitig überboten. Am späten Montagabend, der Sommer ist weiterhin lau, Brasilien spielt gegen Mexiko, warten unzählige Journalisten wieder stundenlang auf das Ergebnis im Konrad-Adenauer-Haus, auch etliche Schaulustige bleiben in der Klingelhöferstraße 8 stehen. Vielleicht erleben sie ja gleich, wie Geschichte geschrieben wird, sollte Merkel Seehofer rausschmeißen. Da kommt der CSU-Chef aus der CDU-Zentrale und verkündet, dass es einen Kompromiss gegeben habe, der es ihm ermögliche, Innenminister zu bleiben. Ein Raunen geht über das Pflaster. Merkel spricht kurz darauf im Foyer von einem guten Kompromiss, den Kramp-Karrenbauer und ihr CSU-Amtskollege Markus Blume danach erläutern. Er besteht aus einer Überschrift und drei Punkten in vier Sätzen. Es steht darin Seehofers Wort der Zurückweisung (»Zurückweisung auf Grundlage der Fiktion der Nichteinreise«) sowie Merkels Nein zu unabgestimmtem Handeln (»Dafür wollen wir nicht unabgestimmt handeln, sondern mit den betroffenen Ländern Verwaltungsabkommen abschließen oder das Benehmen herstellen«). Dieses Ergebnis reicht aus, um nach 28 Tagen Chaos den großen Bruch zu verhindern. Die CSU spricht von Asylwende und die CDU von Europa. Es gibt noch zwei Koalitionsausschüsse in der Woche mit der SPD, Merkel holt Kramp-Karrenbauer nicht dazu. Wo immer die Kanzlerin die Saarländerin aus dem Strudel des Asylstreits heraushalten kann, ist es für die Generalsekretärin von Vorteil. Denn so kann sie unabhängiger und freier von Merkel auftreten. Das wird sie künftig brauchen.

Seehofer knickt bei der ersten Gelegenheit am 5. Juli ein, als er mit Österreichs Bundeskanzler Sebastian Kurz über ein deutsch-österreichisches Verwaltungsabkommen zur Rücknahme von Flüchtlingen verhandelt. Zurückweisungen zulasten Österreichs seien nie beabsichtigt gewesen, sagt er. Man reibt sich die Augen. Zurück in Deutschland, droht er wieder mit nationalen Alleingängen. Seine Umfragewerte und die der CSU sinken danach. Es werden Wetten abgeschlossen, dass Seehofer nicht mehr lange Parteichef bleibt, es aber noch einmal versuchen wird: Merkel zu stürzen.

Das alles hinterlässt Wunden und Narben bei CDU und CSU. Schleswig-Holsteins Ministerpräsident Daniel Günther (CDU) sagt: »Es war ein Streit um nichts angesichts der Gesamtherausforderung der Migration und der anderen Herausforderungen. Ein Randthema – wenige Flüchtlinge an der Grenze – hat Deutschland und Europa Wochen in Atem gehalten. Das ist unverantwortlich.« Kramp-Karrenbauer habe einen großen Anteil daran, dass die Unionsgemeinschaft und die Regierung nicht auseinandergebrochen seien. »Annegret Kramp-Karrenbauer hat sehr stark nach innen kommuniziert, die Partei mitgenommen und transparent agiert. Das war enorm stabilisierend. Sie hat das brillant gemacht.«

Es war ein hartes Stück Arbeit. Kramp-Karrenbauer verfasst jetzt wieder einen Brief an die Parteimitglieder. Es ist der 6. Juli. Sie schreibt, dass die Regierung sich darauf verständigt habe, die Migration zu ordnen, zu steuern und zu begrenzen und dabei mit den europäischen Partnern zusammenzuarbeiten – »also nicht einseitig, nicht unabgestimmt und nicht zulasten Dritter«. Diese von Merkel so oft genutzte Formulierung übersetzt sie dann noch in ihre eigenen Worte. Die Flüchtlingspolitik werde auch weiterhin einem Dreiklang folgen: »wirksam, menschlich, gemeinsam«.

Während sie ihre Rundmails verfasst, sitzt sie in ihrem großen Büro im fünften Stock des Adenauer-Hauses. Nichts erinnert mehr an ihren Vorgänger Peter Tauber, den *Star-Wars*-Fan. Der Raum wirkt klarer und heller. Kein Jedi-Ritter mehr zu sehen. Auch Taubers massiver, bunt gefleckter Holztisch, den man sich als Esstisch in einer WG voller Individualisten vorstellen konnte, ist verschwunden. Bei Kramp-Karrenbauer sitzt man an einem Tisch mit einer großen weißen Resopalplatte. An den hohen weißen Wänden hängt ausgesuchte Kunst, die sich Kramp-Karrenbauer von der Galerie Beck aus Homburg im Saarland hat kommen lassen – auf eigene Kosten. Eine mannshohe Fotografie von Archimedes Ralle zeigt ein Wehr an der Isar in Nahaufnahme. Kleine Bilder von Walter Henn, die hinter ihrem Schreibtisch hängen, stellen Netze und Linien dar. Kramp-Karrenbauer, die ungern etwas dem Zufall überlässt, hat für ihre Besucher eine Erklärung, warum sie sich in ihrem Job ausgerechnet mit diesen Werken umgibt: »Die Aufgabe einer Generalsekretärin ist es, vernetzt zu sein und die Dinge im Fluss zu halten.«

INTERVIEW

»Die Alleinregierung ist schöner als eine Koalition«

Frau Kramp-Karrenbauer, auf einer Skala von 1 bis 10: Wie nah waren CDU und CSU im Juni 2018 an einem Bruch? 1 steht für: Wir hatten das im Griff. 10 steht für: Es hätte jeden Augenblick auseinanderbrechen können.

9,5.

Waren Sie wütend auf die CSU? Oder war es nur Ärger? Verzweiflung? Empörung?

Ich war fokussiert auf das Ziel, es eben nicht zum Bruch kommen zu lassen, und auch nicht zu einem Bruch innerhalb der CDU. Denn das war ja eine Debatte, die sich innerhalb beider Parteien abgespielt hat. Darauf habe ich meine ganze Arbeit konzentriert.

Welche Motive hatte die CSU, ohne Vorankündigung den Konflikt mit der CDU bei der Zurückweisung von Flüchtlingen an der bayerisch-österreichischen Grenze im nationalen Alleingang zu suchen?

Diesem Konflikt liegt eine sehr grundsätzliche Frage zugrunde: Setzen wir in der Flüchtlingspolitik unsere nationalen Interessen in europäischer Solidarität und in Absprache mit den Nachbarn um, oder starten wir nationale Alleingänge? Diese Frage stellte sich ja schon länger. Hinzu kam der Wahlkampf in Bayern. Diese Mischung ergab eine hohe Emotionalität, die zur Zuspitzung geführt hat.

Oder hatten die CSU und Teile der CDU Lunte gerochen, dass sie Merkel in diesem Moment einfach hätten wegputschen können?

Zumindest kann ich nicht zu hundert Prozent ausschließen, dass das auch eine Rolle gespielt hat.

Wen sehen Sie bei diesem Ziel in der CDU als Verbündete der CSU?

Ich will gar nicht von Verbündeten sprechen. Es gibt Kritik am Kurs der Parteivorsitzenden in der CDU und bei CDU-Bundestagsabgeordneten etwa rund um das Thema Flüchtlinge, auch rund um das Thema Euro und EU-Finanzen.

Waren Sie vorbereitet auf einen Bruch der Unionsfraktionsgemeinschaft im Bundestag, hätte die CDU in Bayern noch bei der Landtagswahl im Oktober antreten können?

Das wäre theoretisch noch möglich gewesen. Aber keine Option, mit der ich mich in diesen Krisenwochen ernsthaft befasst habe. Ich war, wie gesagt, vielmehr darauf konzentriert, es nicht zum Bruch kommen zu lassen. Denn eine solche Trennung würde sich weder für die CDU noch für die CSU auszahlen.

Welche Folgen hätte denn ein Bruch der Union? Es käme zu einer verschärften Konkurrenz der Unionsparteien im ganzen Land, aber dafür gäbe es vielleicht keine AfD mehr?

Es gibt Analysen, wonach CDU und CSU jeweils 20 Prozent plus auf Bundesebene bekommen könnten. Wenn wir das zusammenzählen, wären das mehr als unsere 32,9 Prozent bei der Bundestagswahl 2017. Eine solche theoretische Berechnung lässt aber vollkommen außen vor, dass wir bis in jeden Ortsvorstand eine Spaltung verkraften müssten. Es ist schlicht eine Milchmädchenrechnung, das Potenzial getrennter Unionsparteien zu addieren. Eine Abspaltung bedeutet eher einen Verlust von Einfluss für beide Seiten. SPD und Linke profitieren auch nicht voneinander. Eine Spaltung der Union bedeutete auch eine Destabilisierung des Parteiensystems in Deutschland insgesamt.

Fürchten Sie, dass die Historiker eines Tages sagen: Der Juni 2018 war der Anfang vom Ende der Volksparteien CDU und CSU?

Wenn wir nicht aufpassen, kann das ein Befund sein. Es liegt in unserer Hand. Es ist so, wie es Bundestagspräsident Wolfgang Schäuble gesagt hat: Es haben beide Parteien in den Abgrund geschaut. Manchmal ist ein Blick in den Abgrund aber auch hilfreich.

Hat die CSU denn etwas gelernt? Ihr geht es immer um den Erhalt der absoluten Mehrheit in Bayern, man könnte fast von einem Fetisch sprechen. Kann man in einem Parteiensystem, das so volatil geworden ist, einen solchen Anspruch überhaupt noch erheben? Oder muss sich die CSU daran gewöhnen, dass sie Kompromisse schließen muss mit einem Koalitionspartner in Bayern?

Eine Volkspartei muss grundsätzlich immer für sich das Ziel haben zu regieren, natürlich am besten allein.

Die CDU auch?

Ja. Die CDU Saar hat bei der Landtagswahl im Saarland 2017 zwei Sitze unter der absoluten Mehrheit der Mandate gelegen. Die Alleinregierung ist schöner als eine Koalition. Die CSU umfasst in Bayern breite Teile der Bevölkerung. Deswegen ist das auch kein Fetisch. Sie kämpft sehr hart, aber mit Fug und Recht, denn sie macht gute Regierungspolitik, das muss jeder neidlos anerkennen, der sich das Land vorurteilsfrei anschaut.

Die Kehrseite ist, dass alleinregierende Parteien kompromisslos werden.

Man muss aufpassen, dass man die Demut nicht verliert.

Passen die CDU von Merkel und die CSU des bayerischen Ministerpräsidenten Söder überhaupt noch zueinander?

Ich kann mit der Formulierung wenig anfangen. Was soll das sein? Weder CDU noch CSU gehören jemandem.

Wer ist in der CSU Ihr erster Ansprechpartner? Ihr Amtskollege Markus Blume?

Ich stehe mit vielen in der CSU, die Verantwortung tragen, im Kontakt.

Ist der Asylstreit zwischen Merkel und Seehofer jetzt ausgestanden?

Dieser Streit hat sich nicht um eine Petitesse gedreht. Es ging um etwas Grundsätzliches. Und dieser Streit hat Spuren hinterlassen. Unser Image hat Schaden genommen. Das kann man an den Umfragen sehen. Da muss jetzt einiges aufgearbeitet werden. In beiden Parteien und mit beiden Parteien. Das wird einer Nachbearbeitung bedürfen, wenn die Landtagswahlkämpfe vorbei sind.

Es hat abgrundtiefe, teilweise persönliche Auseinandersetzungen zwischen CDU und CSU gegeben. Können Sie da überhaupt zur Tagesordnung übergehen?

Jetzt haben wir erst einmal das Interesse – Horst Seehofer ganz sicher an erster Stelle –, dass die Einigung in der

Flüchtlingsfrage umgesetzt wird. Dazu gehört, bilaterale Abkommen mit betroffenen EU-Staaten abzuschließen. Sie sollen regeln, wie in anderen EU-Staaten begonnene Asylverfahren auch dort beendet werden können. Die Gespräche dazu führt der Bundesinnenminister sehr intensiv.

Bei Österreichs Bundeskanzler Sebastian Kurz, von dem die CSU viel hält, ist er aber erst einmal abgeblitzt.

Die Gespräche laufen. Die Rückmeldungen deuten auf ernsthafte Bemühungen hin, zu Ergebnissen zu kommen.

Seehofer hat aber auch davon gesprochen, wenn die angestrebten Abkommen nicht gelingen, strebe er doch einen nationalen Alleingang an.

Das Bundesinnenministerium arbeitet an einer Vereinbarung. Das ist für mich maßgebend.

Aber war es nicht doch eine Petitesse? Es ging um einen von 63 Punkten in einem umfassenden Plan zur Migrationspolitik und um fünf Flüchtlinge pro Tag an der bayerisch-österreichischen Grenze.

Nein, es ging um mehr. Hinter der Auseinandersetzung stand die Frage, ob man an europäischen Lösungen festhält oder nicht, auch für die Zukunft.

Die CSU hat sich eine blutige Nase geholt bei dem Versuch, die AfD auszubooten. Hat Ihre Schwesterpartei daraus gelernt, oder wird es das Konkurrenzgebaren gegenüber der AfD weiterhin geben?

Wir werden in der nächsten Zeit alle noch deutlicher spüren, dass der Populismus, egal ob von links oder rechts, die große Herausforderung für die etablierten demokratischen Parteien ist. Halten wir dem Populismus stand, wenn er sich gegen europäische Lösungen richtet? Wie reagieren wir darauf, dass er immer weiter auch in die Sozialpolitik reicht? Links- und Rechtspopulismus treffen sich hinter dem Vorhang. Unsere Herausforderung wird sein, die ordnungspolitische Linie nicht zu verlieren, die Vernunft nicht zu verlieren, unsere Haltung nicht zu verlieren. Diese Bewährungsprobe müssen wir bestehen.

CSU-Landesgruppenchef Alexander Dobrindt beklagt etwa eine »Anti-Abschiebe-Industrie« in Deutschland, weil Rechtsanwälte gegen Abschiebebescheide ihrer Mandanten vorgehen. Glauben Sie, dass das jetzt nur Wahlkampf ist?

Da ist vieles, aber nicht alles dem Wahlkampf geschuldet.

Was ist, wenn die CSU den Wahlkampf-Ton beibehält?

Das muss die CSU entscheiden. Es hängt sicher davon ab, ob es bei der Landtagswahl zu den gewünschten Ergebnissen führt.

Wie populistisch ist die CSU, wenn wir jetzt mal den Wunsch nach direkten Zurückweisungen an der Grenze aus dem sogenannten Masterplan von Herrn Seehofer nehmen?

Ein Grundproblem ist, dass viele Bürgerinnen und Bürger den Eindruck haben, dass der Staat zwar Regeln setzt für die Migration, für Abgaswerte, für Steuern und zur Bekämpfung der Alltagskriminalität, aber nicht mehr in der Lage oder willens ist, darauf zu achten, dass diese Regeln auch eingehalten werden. Dieser Eindruck wird als Kontrollverlust des Staates empfunden. Dem muss man mit konkreten Taten begegnen, und da sind Maßnahmen, die man etwa mit europäischen Nachbarn abstimmen muss, schwerer zu vermitteln.

Jetzt wissen wir nur noch nicht, ob Sie Seehofers Vorgehen als populistisch empfunden haben?

Es ist eine Politik, die Stimmungen in der Bevölkerung aufgreift.

Populismus ist, die einfachste Lösung zu propagieren – wie zum Beispiel direkte Zurückweisungen an der Grenze ohne Absprache mit Nachbarländern.

Die Kunst liegt darin, die Stimmung aufzugreifen und – in diesem Fall europäisch – verantwortungsvoll zu handeln.

Hatte Horst Seehofer den Konflikt eigentlich noch im Griff, oder war er selbst ein Getriebener von Dobrindt und Söder?

Nach den Ergebnissen, die Angela Merkel beim EU-Gipfel in Brüssel erzielt hatte, haben CSU-Politiker wie Edmund Stoiber oder Manfred Weber gesagt, das sei mehr gewesen, als erwartet wurde. Sie haben es auch als Erfolg der CSU verbucht, weil diese Druck gemacht habe. Das ist ja auch nicht von der Hand zu weisen. Horst Seehofer brachte dann aber einen anderen Zungenschlag in die Debatte, wonach die Verhandlungsergebnisse der Bundeskanzlerin schlechter als seine eigenen Pläne seien. Deshalb hatte ich nicht den Eindruck, dass er der Getriebene war. Im Gegenteil.

Wie bewerten Sie sein Rücktrittsangebot auf dem Höhepunkt der Auseinandersetzungen in der Union. War das Strategie?

Zunächst dachte ich, dass Horst Seehofer da eine sehr persönliche Entscheidung getroffen hat. Anscheinend hatte er aber den Eindruck, dass seine Partei nicht mehr geschlossen seiner Linie folgt. Mit dem angekündigten Rücktritt hat er die CSU auf seine Linie gebracht.

Und dann hat er gekniffen …

Die CSU hat seinen Rücktritt nicht angenommen, sondern wollte nochmals verhandeln. Das war aber der Ausgangspunkt dafür, dass wir am 2. Juli noch einmal verhandelt und einen Kompromiss gefunden haben.

War es nicht ein Fehler, dass die CDU der CSU das Innenministerium überlassen hat? Es war ja damit zu rechnen, dass Seehofer dann seine zu Merkel konträre Linie fahren würde.

Dass die CSU dieses Ressort erhalten hat, war Teil der vielen Kompromisse auf dem Weg zur Regierungsbildung. Das Innenministerium war für die CSU offensichtlich sehr wichtig auf dem Weg in diese Koalition hinein. Nach dem langwierigen und schwierigen Regierungsbildungsprozess wäre es nicht verantwortbar gewesen, die Regierungsbildung an der Frage scheitern zu lassen, wer welches Ministerium bekommt.

Während der Flüchtlingskrise 2015 entstand eine regelrechte Feindschaft zwischen den beiden Parteichefs der Union. Wie tief sitzt das Zerwürfnis zwischen den beiden Vorsitzenden?

Das müssen die beiden Vorsitzenden beantworten.

In der legendären Nacht vom 4. auf den 5. September 2015 konnte die Bundeskanzlerin, die gemeinsam mit Österreichs damaligem Kanzler Faymann in Budapest gestrandete Flüchtlinge aufnehmen wollte, den damaligen bayerischen Ministerpräsidenten Seehofer telefonisch nicht für Absprachen erreichen. Darüber war sie fassungslos. Er war fassungslos, dass sie die Entscheidung getroffen hat, obwohl sie ihn als den hauptbetroffenen Ministerpräsidenten nicht einbezogen hat, über dessen Bundeslandsgrenze Stunden später Tausende Flüchtlinge kamen. Wessen Verhaltensweise können Sie eher nachvollziehen?

Die entscheidende Frage ist doch, ob die grundsätzlichen Positionen, und das heißt die grundsätzlich unterschiedlichen Positionen der beiden, vereinbar gewesen wären. Es ging damals nicht um die Öffnung der Grenze, wie es viele Gegner von Merkels Flüchtlingspolitik immer wieder falsch darstellen. Die Grenzen im Schengen-Raum waren und sind grundsätzlich offen. Die Frage war, ob diese Grenzen, in dem Fall die österreichische und die deutsche, geschlossen werden sollten – ja oder nein. Die Kanzlerin hat sich für das Nein entschieden. Hätte sich Horst Seehofer dem angeschlossen? Ich weiß es nicht.

Waren Sie als Ministerpräsidentin im Saarland immer erreichbar? Gibt es ein rotes Telefon für solche Extremfälle? Es kann ja Notlagen, reale Sicherheitsgefahren geben.

Meine Privatnummer ist bekannt, meine Handy-Nummer ist bekannt, die Nummern meiner Mitarbeiter sind bekannt. Wenn die Hütte gebrannt hätte, wäre ich trotzdem – auch wenn ich das Telefon selbst nicht gehört hätte – informiert worden. Es wäre in der Nacht jemand zu mir gekommen und hätte mich aus dem Bett geklingelt.

Und hätten Sie umgekehrt eine Entscheidung dieser Tragweite ohne den dafür wichtigsten Ministerpräsidenten gefällt?

Ich weiß es nicht. Auf jeden Fall tut dies kein Verantwortlicher gern und sicher nicht leichtfertig.

Herr Seehofer ist näher an den Rechtsnationalen in Europa als an Frau Merkel, und diese ist wiederum näher an den Grünen als an Seehofer. Darin besteht doch die Instabilität der Regierung.

Der erbitterte Streit hat davon abgelenkt, dass Merkel und Seehofer dasselbe Ziel verfolgen: die Migration besser zu begrenzen und zu steuern, als das bisher der Fall war. Da gibt es Unterschiede zu den Grünen. Und auch die CSU in der Tradition von Franz Josef Strauß hat ihre Wurzeln in Europa.

Ja, aber die heutige Führung der CSU mit den Herren Horst Seehofer, Alexander Dobrindt und Markus Söder ist näher an Sebastian Kurz und Ungarns Ministerpräsidenten Viktor Orbán, die ihre Länder nach rechts gerückt haben und es immer wieder ablehnen, Lasten in Europa gemeinsam zu tragen. Ihre Hoffnung auf eine gemeinsame Europapolitik wirkt da eher unbegründet.

Europa muss sich auch durch das Verhalten von US-Präsident Donald Trump neu orientieren. Ich glaube, dass die Stimmen in der CSU stärker werden, die einen klar proeuropäischen Kurs fahren. Das Zerwürfnis in der Union hat viele Parteimitglieder aufgeschreckt und sensibilisiert.

Was halten Sie von Dobrindts Idee einer »konservativen Revolution«?

Ich kann damit nicht viel anfangen. Aus drei Gründen. Was konservativ ist, wird von jedem anders interpretiert. Insofern ist die Definition schon schwierig. Zweitens passen Revolutionen und die CDU als Volkspartei nicht zusammen. Und zum Dritten ist der Begriff der »konservativen Revolution« in der Tat historisch belastet. Er stammt aus der Weimarer Republik. Wir sollten Begriffe mit Sensibilität für die Historie behandeln.

Als im Juni 2018 die Union und die Koalition an einem Detail in der Flüchtlingspolitik auseinanderzubrechen drohten, drängten sich düstere Assoziationen zum Ende der Weimarer Republik auf.

Wir sind nicht Weimar. Eine der Lehren aus Weimar ist, dass die Republik nicht an den starken politisch extremen Rändern gescheitert ist, sondern an ihrer schwachen politischen Mitte. Dieser Befund muss eine Mahnung an uns sein. Wir erleben gerade, dass man um diese Mitte kämpfen muss. Nachdem wir uns jahrelang darüber beschwert haben, dass die Parteien nicht mehr richtig unterscheidbar seien, stehen wir nun vor der sehr grundsätzlichen Haltungsfrage, die die Franzosen eine »grande querelle« nennen. Wir müssen Werteentscheidungen treffen.

Eine Lehre aus der Weimarer Zeit ist auch, dass auf die Verrohung der Sprache – wie wir sie nun wieder erleben – die Gewalt folgte. Sehen Sie diese Gefahr?

Sprache kann hemmen und enthemmen. In öffentlichen Debatten sind wir auf dem Weg, Sprache zu enthemmen. Damit fallen Schranken, was in Schlimmerem enden kann.

Was hat sich seit 2015 in der öffentlichen Wahrnehmung verändert?

Die schrecklichen Bilder 2015 vom Krieg in Syrien, von dem an der Küste angespülten Leichnam des kleinen syrischen Jungen und die Bilder von Menschen, die verzweifelt Grenzen nach Europa überwinden wollten, hatten die große Hilfsbereitschaft in Deutschland ausgelöst, etwa auch das Willkommen am Hauptbahnhof in München. Heute würde es wohl einer ganzen Reihe solcher grauenvoller Bilder bedürfen, um noch einmal eine Welle der Hilfsbereitschaft auszulösen. Da ist in den letzten Jahren viel passiert und auch viel kaputtgegangen. Unter den Flüchtlingen waren eben nicht nur Schutzsuchende, sondern auch solche, die Schutz gefunden und missbraucht haben. Es wäre naiv zu glauben, dass es in der Gesellschaft keinen Widerstand erzeugt, wenn vor allem Migranten auf der Kölner Domplatte zu Silvester Frauen bedrängen.

Da sind wir aber bei einem ganz anderen Kontrollverlust des Staates, der nichts mit ankommenden Flüchtlingen, sondern mit ihrer Integration zu tun hat. Hier ist der Staat doch häufig inkonsequent, Asylbewerbern deutsche Regeln und deutsche Kultur zu vermitteln und Verstöße zu sanktionieren.

Die Flüchtlingswelle 2015 war der Katalysator dafür, hochzuspülen, was schon jahrelang nicht optimal funktionierte. Das Asylsystem hat Mängel, die unter der hohen Zahl der Flüchtlinge drastisch aufgefallen sind. Die Verfahren dauerten über Jahre viel zu lange. Als Innenministerin im Saarland hatte ich häufig mit Abschiebungen von Familien zu tun, die schon zehn Jahre im Land waren.

Nun sind die Verfahren kürzer geworden, die Probleme aber immer noch nicht gelöst.

Eine der größten Aufgaben dieser Legislaturperiode wird das Einwanderungsgesetz sein. Es darf nicht nur ein Gesetz für die Einwanderung von Fachkräften gemacht werden. Es muss auch die Idee des früheren Innenministers Thomas de Maizière aufgegriffen werden, nämlich ein richtiges Einwanderungs- und Integrationsgesetzbuch zu erstellen, durch das die Dinge einmal richtig geordnet werden. Dabei müssen wir klären, wie wir das Prinzip des Forderns und Förderns stringent durchdeklinieren. Derzeit verdammen wir Menschen oft zum Leerlauf, bis ihr Status geklärt ist. Dänemark ermöglicht viel früher Sprachkurse, greift aber auch viel härter durch, wenn die Integrationsangebote nicht wahrgenommen werden. Einen solchen Ansatz halte ich für besser. Wir haben jetzt die Chance, das gesamte System zu revidieren.

Da hätte Herr Seehofer ja schon mal mit anfangen können.

Sein Masterplan zur Migration – ergänzt um die Ergebnisse des EU-Gipfels – ist eine gute Grundlage für eine Gesamtsteuerung.

Wird der Juni 2018 dafür stehen, dass es eine Wende in der Asylpolitik gab?

Wir arbeiten schon seit 2015 daran, dass sich die Situation von damals nicht wiederholt. Das zeigt, dass wir den Kampf um die Begriffe – und das ist heute genauso wichtig wie der Kampf um die Inhalte – nicht gut geführt und auch ein Stück weit verloren haben. Die Legende, die Bundeskanzlerin habe die Grenze geöffnet, konnte sich doch nur festsetzen, weil wir nicht von Anfang an die Tatsache klargestellt und erklärt haben, dass wir in Europa offene Grenzen haben. Vor 2015 gab es dauerhaft keine Grenzkontrollen, es gab anlassbezogene Kontrollen zu internationalen Gipfeln oder Fußballspielen, aber wir haben erst nach 2015 in Bayern an drei Übergängen wieder permanente Grenzkontrollen eingeführt. Trotzdem wird gefordert, es sollte der Rechtszustand von vor 2015 wiederhergestellt werden. Wenn wir Politiker etwas aus dieser Diskussion für uns lernen müssen, dann den Punkt, dass der Kampf um die Begriffe von Anfang an mit aller Härte geführt werden muss. Man darf nicht zulassen, dass sich irreführende Begriffe und Aussagen festsetzen. Denn diese Begriffe vergiften die Stimmung seit 2015.

Das ist der Job einer Generalsekretärin?

Genau, das ist der Job einer Generalsekretärin.

CDU-Vize-Chefin Julia Klöckner hat in einem Fernsehinterview mit »Asyltourismus« eben einen solchen populistischen Begriff benutzt.

Das zeigt das schleichende Gift des Populismus, dass es ihm gelingt, die Alltagssprache zu prägen. Ich bin eine große Anhängerin von Ephraim Kishon, der gesagt hat: »Sprache ist eine Waffe, haltet sie scharf.« Aber gerade mit scharfen Waffen muss man sorgsam umgehen. Die Hauptwaffe von Populisten ist die Sprache. In dem Moment, in dem man Begriffe der Populisten übernimmt, haben sie schon den ersten Sieg eingefahren. Und wir haben durch unseren Streit in der Union Begriffe der AfD hoffähig gemacht. Wir selbst.

Das Verhältnis von Angela Merkel und Horst Seehofer gilt als zerrüttet. Wird die Koalition bis 2021 halten?

Davon gehe ich aus.

KAPITEL 2

KINDHEIT IN PÜTTLINGEN

»Lass sie lesen«

Nach dem Mittagessen hat es sich die Zehnjährige auf dem Sofa bequem gemacht. Ihre Beine ruhen angewinkelt auf dem Sitzkissen der Couch. Das Mädchen hat das Kinn auf die Brust sinken lassen und sich in ein Buch vertieft. Das Klappern in der Küche hört es nicht. Die Mutter taucht mit feuchten Spülhänden im Türrahmen auf, ein Geschirrtuch in der Hand. Sie ruft: »Annegret, abtrocknen!« Immer dasselbe, auf diesem Ohr ist das Kind taub. In der Küche türmt sich der Abwasch der Großfamilie mit drei Mädchen und drei Jungen, aber die jüngste Tochter hat Besseres zu tun. Es duftet noch nach geschmortem Fleisch und Soße, es ist Sonntag. Annegret verschlingt jetzt aber das nächste Buch und rührt sich nicht. Die Geschwister zieht es eher nach draußen. Hinter ihrem Haus im kleinen Püttlingen bei Saarbrücken beginnt das Feld. Da können sie toben – wenn der Abwasch denn gemacht ist. Dem Vater, von Beruf Lehrer, geht das Herz auf, wenn sich seine jüngste Tochter aus der Bücherei zum Erstaunen der Leute deutsche oder sogar russische Literatur ausleiht. Die Mutter wartet, der Vater brummt: »Lass sie lesen.«

Er greift sich dann selbst das Geschirrtuch und übernimmt die Arbeit, die in den 1960er- und frühen 70er-Jahren eigentlich die Töchter zu erledigen haben. Das Wirtschaftswunder hat schon seinen Zenit überschritten, aber die Geschirrspülmaschine gehört noch nicht zum Standard in den Haushalten. Die Rollenaufteilung ist klar. Die Mädchen helfen in der Küche, die Jungs draußen.

Aber Deutschland ist im Umbruch. Die Ära der CDU als Kanzlerpartei neigt sich ihrem vorläufigen Ende zu. Die junge Generation hat längst begonnen, ihren Eltern Fragen zur Nazizeit zu stellen und damit auch die Gesellschaftsordnung der Nachkriegszeit zu hinterfragen. Immer mehr junge Menschen rebellieren gegen die gesellschaftliche Enge, in der ihre Eltern leben. Sie begehren auf gegen die Verhältnisse, in denen der Zugang zu Bildung und Wohlstand ungleich verteilt ist. In Berlin und Frankfurt provoziert die Spontiszene die bürgerliche Öffentlichkeit. Die Studentenrevolte, deren Protagonisten in den nächsten Jahrzehnten die Republik verändern werden, verliert nach der Einführung der umstrittenen Notstandsgesetze an Kraft. Während sich die Studenten mit ihren umwälzenden gesellschaftspolitischen Forderungen auf den viel zitierten Marsch durch die Institutionen machen, gründen Andreas Baader und Ulrike Meinhof die RAF, die Deutschland mit Terror überzieht.

Auch im Saarland prallen die Weltsichten aufeinander. Im Rat der Kleinstadt Püttlingen ist die DKP eine feste Größe. Die Mehrheit der bürgerlichen Familien ist aber näher an Adenauer als an der Revolution der 68er. Die Familie Kramp bildet da keine Ausnahme.

Die Eltern sind katholisch und fest im Glauben. Sie singen im Kirchenchor und erziehen ihre Kinder Ulrike, Evi und Annegret und Engelbert, Hans-Günter und Michael streng – die älteren noch mehr als die jüngeren. Ihr Weltbild ist konservativ, wie das ihrer Nachbarn auch. Sonntags geht die Familie in die Kirche. Man zieht sich dafür feiner an als an Werktagen. Schon auf dem Weg dorthin riecht es aus den Häusern nach Braten, den die Hausfrauen vor dem Kirchgang aufgesetzt haben. Vor dem Essen beten die Familien und danken Gott für das, was sie haben.

Während der Woche müssen die Väter »schaffe«, wie man im Saarland sagt. Sie arbeiten in den Steinkohlegruben und Eisenhütten von Saarberg, bei der Bahn, bei der Post oder im öffentlichen Dienst. Die Mütter kümmern sich um Kinder und Haushalt. Am Samstagabend sitzen die Kramps gemeinsam vor dem Fernseher und schauen »Einer wird gewinnen« mit Hans-Joachim Kulenkampff. Der Vater weiß auf alles eine Antwort. Heute könnte er im Fernsehquiz bei Günther Jauch die Million abräumen, ist sich seine Familie sicher. Der Familienvater ist nicht nur politisch konservativ. Seinen Plattenspieler verteidigt er gegen Rock, Pop und Schlager, also gegen das, was seine Kinder gern hören. Alles andere als Klassik schade dem Gerät, behauptet er.

Annegret und ihre Geschwister machen selbst Musik. Der ältere Bruder Hans-Günter ist Mitglied einer Schülerband. Annegret hat Talent zum Singen und darf mit Mikro in der Hand zum Rhythmus wippend vorne stehen, wenn sie Juliane Werdings »Wildes Wasser« spielen. Damit zieht die gesellschaftliche Aufbruchstimmung der frühen 70er-Jahre in einer wenig revolutionären Variante auch in die Kinderzimmer der Kramps ein. Sechs Kinder sind schon damals eine Ausnahme. Mutter Else bringt zwischen 1951 und 1963 sogar sieben Kinder zur Welt. Annegrets ältere Schwester stirbt aber im Alter von zwei Jahren.

In jener Zeit kennt man in der Kleinstadt im Südwesten der Republik die Lebensumstände der anderen Familien. Im Hauswirtschaftsunterricht ruft die Lehrerin nach dem Kochen die älteste Tochter der Kramps, die 1951 geborene Ulrike, zu sich. Sie drückt ihr ein noch warmes Paket in die Hand, darin die Reste des soeben zubereiteten Essens. Die Lehrerin meint es nur gut. Zu Hause bei den Kramps gibt es ja so viele hungrige Münder. Ulrike möchte am liebsten »Nein, danke« sagen. Sie schämt sich, auf diese Weise beschenkt zu werden. Sie sind zwar eine große Familie, aber sie sind doch nicht arm. Ulrike möchte auch nicht so behandelt werden. Sie überlegt, das Päckchen auf dem Schulweg einfach wegzuschmeißen. Das traut sie sich dann aber doch nicht und gibt es brav zu Hause ab. Die Mutter nimmt es an. So gut sind die Zeiten nicht, dass man Essen wegwirft.

Ulrike wird später Hauswirtschafterin. Die Eltern legen großen Wert darauf, dass alle Kinder einen Beruf erlernen. Sie sollen sich selbst versorgen können, auch die Mädchen. Der Mutter, die als Jugendliche keine Ausbildung machen durfte, ist das wichtig. Die Bedeutung der Erwerbstätigkeit von Frauen schärft sie ihren Töchtern ein. Und so gehen sie später alle – soweit es die Betreuungsmöglichkeiten zulassen – auch mit Kindern ihren Berufen nach.

Sonntags bricht die Familie häufig zu Ausflügen auf. Eltern und Kinder verteilen sich in einem VW-Variant. In den Kofferraum zwängen sich die beiden Jüngsten, Anne und Michi – Anschnallpflicht und Kindersitze gibt es noch nicht. Bis auf Ulrike und die Mutter kürzen alle Familienmitglieder den Namen Annegret mit Anne ab. Daheim sprechen sie den Dialekt der Region. Sie sagen »jo« statt »ja« und »isch« statt »ich«. Viele Begriffe haben mit dem Hochdeutschen keine Ähnlichkeit mehr – so sind Kartoffeln »Grumbeere«. Weiblichen Vornamen stellt man ein »es« oder »das« voran, wie einen Artikel. Annegret ist also »es Anne«.

Es Anne, gerade noch lesend auf dem Sofa, balgt sich jetzt hinten im Auto mit ihrem 15 Monate jüngeren Bruder. Zimperlich sind beide nicht. Sie haben sich ständig in der Wolle. Bis die größeren Geschwister ausziehen und Anne ihr eigenes Zimmer bekommt, teilt sie sich eines mit Michi. Darin steht ein Doppelbett, in dem sie beide schlafen – und in dem sie immer wieder ausfechten, wo genau die Mittellinie verläuft. Einmal geht das Bett zu Bruch. Es ist bei Weitem nicht das einzige Mal, dass etwas kaputtgeht. Aber der jüngere Bruder ist handwerklich begabt: Sogar ein Türschloss repariert er, bevor die Eltern den Schaden bemerken. »Ich war stärker als Anne, aber mit Worten war sie mir immer haushoch überlegen«, sagt Michael Kramp. Er ist Bergmann geworden und arbeitet im Rettungstrupp.

Mutter Else ist resolut und hat Temperament. Einmal lässt sie sich von der Nachbarin ein Rezept für Dampfnudeln geben – leider ohne exakte Backzeit. Als die Dampfnudeln im Ofen schwarz geworden sind, wirft die Mutter eine davon vor Ärger gegen die Wand. Die Kinder sind sich nicht sicher, wie ernst die Lage ist. Aber so ein Dampfnudel-Geschoss in der Küche macht richtig Eindruck. Auch bei den sechs Kindern reißt ihr mal der Geduldsfaden, wenn sie lärmen, nicht gehorchen oder zu viel streiten. Dann entlädt sich ein spontanes Gewitter. Sie maßregelt lautstark – aber Schläge gibt es nicht. Dass sie der Tod ihres fünften Kindes immer begleitet und schmerzt, lässt sie ihre anderen Kinder nicht spüren. Härte und Selbstdisziplin gehören auch zu ihrem Charakter.

Der Vater erzieht die Kinder mit pädagogischem Anspruch. Wenn sie etwas ausgefressen haben, ruft er sie zu sich und erklärt, was sie falsch gemacht haben. Er verhängt Strafen wie Unkrautjäten oder Feuerholzhacken. Der Garten sieht daher meist picobello aus. An einem Mittag müssen Anne und Michi still neben dem Vater sitzen, während er Mittagsschlaf hält. Sie haben sich zuvor so laut gestritten, dass an Ruhe nicht zu denken war. Bei solchen Auseinandersetzungen hat Annegret normalerweise einen guten Stand und kann unangenehme Strafen abwehren. »Sie hat immer argumentiert«, erinnert sich ihr Bruder Hans-Günter. »Meist ist sie damit durchgekommen.« Er ist das vierte der sechs Kinder. Der Heimatstadt Püttlingen bleibt er als Verwaltungsbeamter verbunden.

Hans Kramp korrigiert bei seinen Kindern als leidenschaftlicher Lehrer, er ist später Rektor der Sonderschule, die Hausaufgaben mit Rotstift und lässt sie danach alles neu schreiben. Als Hans-Günter für eine längere Zeit krank ist, kommt immer ein Schulfreund mit Hausaufgaben vorbei. Auch dessen Arbeiten sind anschließend mit Rotstift verziert. Bei Annegret hat der Vater nicht viel zu tun. Das Lernen fällt ihr leicht, sie bringt gute Schulnoten nach Hause. Die wortgewandte Tochter mit ihrer Neugierde und ihrer Wissbegier imponiert ihm. »Anne und Vater hatten eine besondere Beziehung«, sagt Hans-Günter. Wenn der Vater mit einem Besucher zu Hause über Politik diskutiert, sitzt sie dabei und hört zu. Er lässt sie. Wie er sie auch lesen lässt.

Oft geht es im Wohnzimmer der Kramps hoch her: Ein Bruder des Vaters ist Gewerkschafter. Der Onkel sei zwar nicht SPD-Mitglied gewesen, aber »rot«, der Vater hingegen »schwarz wie die Kohle«, umreißt Hans-Günter die politische Frontstellung in der Familie. Die Mutter hat einen kritischen Blick auf die Politik und ihre Protagonisten. Auch später, als ihre Tochter schon selbst zum Politikbetrieb gehört, beurteilt sie Entscheidungen oder Äußerungen von Politikern oft skeptisch: »Ich sag dir jetzt mal, was das Volk denkt.« Das Volk sind ihre Freundinnen, die Nachbarschaft, der Kirchenchor und die Gymnastikgruppe. Die Familie lacht oft, wenn die Mutter auf diese Art loslegt. Treffsicher finden sie ihre Analysen aber dennoch. Als Else Kramp ihre Annegret als junge Landtagsabgeordnete im Fernsehen sieht, kommentiert sie trocken: »Ich wusste nicht, dass Annegret so frech sein kann.«

Gut zwei Monate nachdem ihre Schwester zur CDU-Generalsekretärin gewählt wurde, treffen sich ihre Geschwister bei Evi Raubuch in Püttlingen. Sie sind zu viert. Bruder Engelbert, der erste Sohn der Eheleute Kramp, lebt nicht mehr. Im Jahr 2000 erlag er einem Hirntumor.

Am Rande der Terrasse und rund um den großen gemauerten Grill liegt das bunte Spielzeug der Enkelkinder. Hinter dem Garten geht der Wald mit riesigen Tannen steil bergauf.

Evi ist das dritte Kind der Familie und hält seit dem Tod der Mutter 2016 die Familie zusammen. In ihrem Haus trifft sich die Großfamilie zu Geburtstagen, Hochzeiten, Weihnachten und auch in Trauerzeiten. »Dann ist Anne auch immer da. Sie ist ein Familienmensch«, sagt Evi. In ihrem Haus hat sie im Treppenaufgang ein großes Foto mit Paralympic-Läuferinnen aufgehängt. Evi Raubuch, ausgebildete Sport- und Gymnastiklehrerin, war von 2007 bis 2016 Co-Trainerin in der Nationalmannschaft der Para-Leichtathletik. Ihre Athletin hat Bronze und Silber bei EM, WM und den Paralympics gewonnen, einmal Gold bei der WM in Lyon. Die Staffeln, die sie betreut hat, bringen keine Medaillen nach Hause. Aber die Freude, einen Lauf ohne Disqualifikation überstanden zu haben, sei immer riesig gewesen, sagt Raubuch.

Jetzt sprechen die Geschwister über die Karriere der prominenten Schwester. Es stehen sehr große, selbst gebackene Kuchen in den Varianten Käse und Rhabarber auf dem Tisch. Die Kaffeelöffel klingen in den Porzellantassen. Sie sind stolz auf die Frau, die für sie auch heute noch »es Anne« ist. AKK sagt hier niemand. Die Frage, ob sie gern mit ihr tauschen würden, wird einhellig mit Ausrufezeichen beantwortet: »Oh, nein!«, »Niemals!«, »Nicht für Geld und gute Worte!« Sie diskutieren mit ihrer Schwester auch nicht über Politik. »Da hast du keine Chance«, befindet Hans-Günter.

Evi, die wegen fehlender Betreuungsmöglichkeiten nach

der Geburt ihres zweiten Kindes ihre Berufstätigkeit weitgehend aufgibt und noch auf Honorarbasis arbeitet, hilft über Jahre ihrer Schwester und ihrem Schwager bei der Vereinbarkeit von politischer Karriere, Arbeit als Bergbauingenieur und drei Kindern. Regelmäßig gehen diese nach der Schule zur Tante. Dort bekommen sie ein Mittagessen, ebenso wie Helmut Karrenbauer, der sich als Bergbauingenieur dauerhaft Nachtschichten hat geben lassen, um tagsüber mehr für seine Kinder da sein zu können. Hausaufgaben, Arztbesuche, Fahrten zum Sportverein. Im Spielkreis für Kleinkinder ist er der einzige Mann. Am Abend erzählt er seiner Frau nicht immer, was tagsüber mal schiefgelaufen ist. Sie regiert das Saarland und führt auch gern beim Tanzen. Er ist ein Gemütsmensch. Wenn sie den ganzen Tag zwischen Landtag, Staatskanzlei und öffentlichen Terminen hin- und hergehetzt ist, erspart er ihr abends Debatten über schlechte Schulnoten.

Die Familie der Spitzenpolitikerin ist so bodenständig und heimatverbunden, dass man sie am treffendsten mit dem Ausdruck »normal« charakterisieren kann. Sie gehören zu der Sorte Menschen, die auch die CDU-Generalsekretärin im Auge hat, wenn sie mit ihrer Politik näher an jene Bürger heranrücken möchte, die einer Arbeit nachgehen, ihre Steuern zahlen, Familien gründen, sich ehrenamtlich in der Schule und in Vereinen engagieren sowie bei Nachbarschaftsfesten Würstchen grillen. Es ist nicht selbstverständlich, dass in einer so großen Familie alle einträchtig um eine Kaffeetafel sitzen und der berühmten Schwester den Erfolg gönnen.

Über ihren Wechsel nach Berlin sind die Geschwister geteilter Meinung. Ulrike Kreutz sieht ihn skeptisch. Sie sagt, ihre Mutter hätte wahrscheinlich auf dem Standpunkt gestanden: Ministerpräsidentin im Saarland – das ist ein toller Posten, Parteibonze in Berlin – das geht nicht. Die anderen Geschwister sehen das weniger kritisch. Sie trauen ihrer

Anne auch noch mehr zu. Bruder Hans-Günter erzählt von ihrer Zeit als Beigeordnete im Stadtrat Püttlingen, wie sie sich schon als »junge Frau im Haifischbecken« durchgesetzt habe. Damals habe er schon gedacht: »Die wird mal eine ganz Große.« Seine Anerkennung für die Schwester ist hoch: »Sie kann knallhart analysieren.« Der Familienrat ist sich weitgehend einig: Es Anne kann es ins Kanzleramt schaffen.

Der Vater stirbt 1983 an Leukämie. Annegret Kramp studiert da gerade Politik- und Rechtswissenschaften in Trier. Für die ganze Familie ist es ein schwerer Schlag. Für die jüngste Tochter, die die engste Beziehung zu ihm hatte, besonders. Wenn sie sich das Foto anschaut, das ihren Vater und sie als Zweijährige auf seinem Arm zeigt, erinnert sie sich an seine Worte: »Das ist mein Trost im Alter.« Sein Trost, das waren die Kinder. Er wird keine 60 Jahre alt. Was seine Anne aus ihren Talenten macht, die er früh erkannt und denen er Raum gelassen hat, erlebt er nicht mehr. Aber seine Prinzipien der katholischen Soziallehre, die seine Weltsicht prägten, werden zu politischen Standpunkten seiner Tochter. Das wiederum ist ein Trost für sie.

Der Vater bleibt trotz seiner tiefen Verwurzelung im katholischen Glauben auf kritischer Distanz zur Institution Kirche. Zeit seines Lebens hat er ein Herz für die Schwachen. Neben seinem Beruf als Sonderschullehrer engagiert er sich sozial. Er gründet eine Hilfegruppe für Erwerbslose, investiert dort viel Zeit. Dorthin kommen Menschen, die nicht nur ihren Job verloren haben, sondern auch mit anderen Schwierigkeiten zu kämpfen haben – kaputte Ehe, Alkohol, Krankheit.

Die Studentin Annegret Kramp zieht nach dem Tod des Vaters wieder zu Hause ein, um ihrer Mutter in der neuen schwierigen Lebensphase beizustehen. Von Püttlingen nach Trier sind es anderthalb Stunden mit öffentlichen Verkehrsmitteln. In Püttlingen ist sie ohnehin ständig: Sie mischt schon in der Lokalpolitik mit. Der CDU-Ortsvorsitzende Josef Strauß bringt sie dazu, in die Partei einzutreten, und der Bürgermeister von Püttlingen, Rudolf Müller, unterstützt 1984 ihre Kandidatur für den Stadtrat. »Mir sind ihre katholische Prägung und das soziale Elternhaus aufgefallen. Und dann studierte sie noch Politik- und Rechtswissenschaften«, sagt der Christdemokrat, der von 1974 bis 2001 Bürgermeister in der damals 21 000-Einwohner-Stadt war. Mit ihren 21 Jahren habe sie zur Erneuerung der CDU-Fraktion in Püttlingen beigetragen. Und für ihre politische Karriere konnte sie sich gleich in dieser Disziplin üben: »Sie musste lernen, sich gegen Platzhirsche durchzusetzen und sich Gehör zu verschaffen«, sagt Müller. Es gibt noch einen anderen guten Grund, in Püttlingen zu leben: Mit gerade 22 Jahren heiratet sie Helmut Karrenbauer. Er ist ebenfalls Püttlinger. Schon als Kinder standen sie auf dem Schulweg an derselben Bushaltestelle.

Viele Jahre später kommt sie als Ministerpräsidentin zu einem Empfang in ihre Heimatstadt. Sie trägt sich in das Goldene Buch der Stadt ein, in dem auch Helmut Kohl einen Gruß hinterlassen hat. Kramp-Karrenbauer schreibt: »Heimat ist dort, wo mein Herz schlägt. Mein Herz schlägt in Püttlingen.«

INTERVIEW

»Ich war das Papa-Kind«

Was bedeutet für Sie Heimat?

Heimat ist für mich dort, wo mein Zuhause ist, wo meine Familie lebt, wo Menschen leben, zu denen ich persönliche Beziehungen habe.

Welche Rolle spielt das Saarland für Sie persönlich?

Das Saarland ist für mich beides. Heimat und Zuhause. Wenn ich aus Berlin hierher zurückkomme, dann rede ich wieder im Dialekt mit den Leuten. Damit könnte in Berlin niemand etwas anfangen.

Zum Beispiel?

Die Begrüßung: Unn? Gudd? Aus diesen Fragen ergibt sich im Saarland schon fast ein tagesfüllendes Gespräch über das persönliche Befinden. Man kommt damit schnell zueinander. Das fühlt sich einfach vertraut an. Vertrautheit gibt einem ja auch immer Sicherheit.

Die AfD hat der Union im vorigen Bundestagswahlkampf das Thema Heimat abgenommen. Wie konnte Ihrer Partei, die immer Wert auf Heimat gelegt hat, das passieren?

Die AfD vertritt Heimat für eine spezielle Gruppe. Der Heimatbegriff dieser Partei definiert sich über den Ausschluss von Menschen. Es wird definiert, wer und was nicht dazugehört – zu dieser Trutzburg. Das ist ein völlig anderer Begriff von Heimat als unserer. Wir leben das Gefühl von Heimat in Europa – mit der notwendigen und gewollten Offenheit anderen gegenüber.

Wie war Ihr Verhältnis zu Ihren Eltern?

Mein jüngerer Bruder war das Mama-Kind und ich als Zweitjüngste das Papa-Kind. Vielleicht ist das Verhältnis von Töchtern zu Müttern oft schwieriger als zu den Vätern. Ich habe vieles an meiner Mutter erst richtig schätzen gelernt, als ich selbst erwachsen war und Kinder hatte. Mein Vater ist früh gestorben. Da war ich 21 Jahre alt. Ich habe erst später ein Gefühl dafür bekommen, was meine Mutter durchgemacht hat. Meine ältere Schwester ist gestorben in dem Jahr, als ich zur Welt kam. Da war sie zwei Jahre alt. Sie war mit einer Behinderung auf die Welt gekommen. Für mich war der Umgang mit diesem Tod normal. Ich wusste, ich hatte eine Schwester, die gestorben ist, und wir sind immer zu ihr auf den Friedhof gegangen. Aber was das für meine Mutter bedeutet haben muss, konnte ich erst ermessen, als unser erstes Kind auf die Welt kam. Als mein Sohn gesund geboren wurde, ist mir im Krankenhaus bewusst geworden, was das für ein Glück ist.

Was haben Sie bei Ihren Kindern anders gemacht als Ihre Eltern bei Ihnen?

Ich habe mich manchmal ertappt, dass ich mich angehört habe wie meine Mutter. Bei der Mitarbeit zu Hause zum Beispiel. Für die Jungs das Autowaschen, für das Mädchen die Hausarbeit. Die klassische Arbeitsteilung von damals. So habe ich einmal meine Söhne zum Spielen nach draußen geschickt und wollte mit meiner Tochter Kuchen backen. Da habe ich mir dann selbst gesagt: Spinnst du eigentlich?

Waren Ihre Eltern streng?

Meine älteren Geschwister behaupten immer, unsere Eltern seien nur bei ihnen streng gewesen, die jüngeren hätten das Paradies auf Erden gehabt und nichts mehr durchkämpfen müssen. Aber es gab für uns alle Regeln, und die mussten eingehalten werden. Wer abends feiert, der kann am nächsten Morgen auch in die Schule gehen. Es gab nicht den Hauch einer Chance, nicht zum Unterricht zu gehen, wenn man über die Stränge geschlagen hatte und einem deswegen schlecht war.

Haben Sie mit Ihren Eltern über die Nazizeit gesprochen?

Meine Eltern waren nicht in der NSDAP. Sie haben aus der Nazizeit eher persönliche Erlebnisse geschildert. Über die Evakuierungen etwa. Das Saarland war Kriegsfront. Die Saarländer sind schon 1939 und 1940 evakuiert worden. Sie mussten nach Thüringen und Hessen umsiedeln. Mein Vater, Jahrgang 1926, war in St. Wendel auf dem Gymnasium im Internat der Steyler Missionare. Das ist zur Nazizeit aufgelöst worden. In Völklingen hat er ein Notabitur gemacht, und dann sind sie alle zur Flak eingezogen worden und kamen an die Front. Mein Vater sagte immer, zu seinem Glück sei er von den Amerikanern verwundet worden. Meine Mutter musste wie alle jungen Frauen das Pflichtjahr ableisten. Sie hat das durchaus als Ausbeutung empfunden.

Wie war das mit den Großeltern?

Mit meinen Großeltern habe ich nicht über die Nazizeit gesprochen. Für mich waren sie diejenigen, bei denen man toll die Ferien verbringen konnte. Ganz klassisch. Der Kontakt zur Großelterngeneration war intensiv: Ich bin in einem Drei-Generationen-Haushalt groß geworden. Die früh verwitwete Schwester meiner Großmutter – der Mutter meiner Mutter – lebte auch bei uns. Ich war sehr viel bei ihr. Sie war Jahrgang 1901. Sie hatte eine Kiste mit alten Bildern zum Teil aus der Kaiserzeit. Ich habe liebend gern in den Bildern gestöbert. Sie hat mir gezeigt, wie sie Kaisers Geburtstag gefeiert haben und wie es war in der Weimarer Republik. Als Norbert Blüm über Einschränkungen in der Rentenpolitik sprach, hat sie gesagt: Genau wie Brüning! Ich konnte damit damals gar nichts anfangen.

Der katholische Zentrumspolitiker und letzte frei gewählte Reichskanzler der Weimarer Republik, der den Bürgern Sparpolitik verordnen musste. Was haben Ihre Eltern Ihnen in den Gesprächen über die Nazizeit mitgegeben?

Die politischen Gespräche über die Nazizeit haben wir erst geführt, als ich darüber auch im Schulunterricht gesprochen habe und es dann zu Hause thematisierte. Wir sind mit meinen Eltern in die Gedenkstätte Dachau gefahren. Es war auch für sie das erste Mal, dass sie ein früheres Konzentrationslager besichtigt haben. Insbesondere meine Mutter war danach erschüttert. Sie hat sich dem gestellt.

Was kann man in einer Großfamilie für die Politik lernen?

Dass es gut ist, wenn man in einer Gemeinschaft lebt. Dass sie Halt und Schutz gibt. Dass es auch anstrengend ist, weil es sehr unterschiedliche Meinungen gibt. Machtkämpfe auch. Man kann lernen, wie man Koalitionen bildet, um Interessen durchzusetzen, und wie man taktisch vorgeht. Wenn die Abstimmung unter den Eltern nicht funktioniert, ist es leichter, mit dem eigenen Willen durchzukommen. Das habe ich bei meinen eigenen Kindern anders zu machen versucht. Ich habe mich zuerst mit meinem Mann abgestimmt, bevor ich den Kindern gegenüber Entscheidungen getroffen habe. Die Großfamilie ist eine ziemlich gute Vorbereitung auf das Leben und die Politik.

Sind Sie froh, dass Sie kein Einzelkind sind?

Ja. Für mich war auch immer klar, dass ich selbst Familie und Kinder haben will. Mehr als ein Kind. Mit meinen vielen Geschwistern war es etwas ganz Besonderes, wenn man seine Eltern einmal allein hatte. Das haben wir sehr genossen. Ansonsten läuft man als Kind in einer Großfamilie so mit. Wir mussten alle Skat lernen, weil mein Vater ein begeisterter Skatspieler war und er sicherstellen wollte, dass er trotzdem spielen kann, wenn mal einer ausfällt. Wenn wir von der Schule nach Hause kamen, haben wir Hausaufgaben gemacht und sind dann raus zum Spielen. Wir haben dann den ganzen Tag draußen gespielt. Rollschuhfahren und so. Ich hätte gern auch drinnen gelesen, aber meine Eltern schickten mich viel raus. Vor der Einschulung habe ich angefangen zu turnen. Und es war nach der ersten Eingewöhnung völlig selbstverständlich, dass ich da bei Wind und Wetter und im Dunkeln allein hingegangen bin.

Heute werden die Kinder von ihren Eltern von A nach B gefahren. Warum gibt es diese Freiheiten von früher nicht mehr?

Es ist unsicherer geworden, allein schon im Straßenverkehr. Es gibt weniger Kinder, und diese haben nicht mehr so viele gleichaltrige Spielgefährten. Und Kinder werden immer stärker schon sehr früh gefördert. Ich wollte ins Ballett. Das war völlig undenkbar, denn es gab nur ein Angebot und das war die Ballettschule in Saarbrücken am Stadttheater. Da wäre ich nicht hingekommen. In Püttlingen gab es den Schwimmverein, den Turnverein und den Fußballverein. Ich habe dann geturnt. Musik wurde zu Hause gemacht.

Niemand wäre auf die Idee gekommen, dass ein Kind schon im Kindergarten alles Mögliche lernen muss.

Übertreiben Eltern heute mit der Betreuung ihrer Kinder?

Es kommt auf das rechte Maß an. Kinder lernen spielend leicht eine Fremdsprache. Gerade im Saarland können Kinder leicht ins Französische hineinwachsen. Da muss man sich an den Kopf fassen, warum wir unseren Kindern nicht ermöglichen, mit zwei Sprachen groß zu werden. Sport, Klavier und Chinesisch im Kindesalter – alles parallel –, das ist Stress. Unsere Tochter hat Abitur gemacht, und unsere beiden Söhne haben auf einem mittleren Bildungsabschluss aufgebaut und ihren Bildungsweg fortgesetzt. Ich bin mehr als einmal schräg angeschaut worden, nach dem Motto: Was ist denn da schiefgelaufen, dass die Kinder nur Mittlere Reife haben? Dafür habe ich als Kultusministerin im Saarland das Bildungssystem auch persönlich von vielen Seiten gekannt.

Großfamilien gibt es nur noch wenige. Wie hält die Gesellschaft im Alter zusammen, wenn die Familie nicht mehr füreinander einstehen kann? Vielleicht schon deshalb, weil man aus beruflichen Gründen Hunderte von Kilometern entfernt wohnt. Brauchen wir Generationen-Häuser? Leih-Opas, Beute-Enkel?

Es gibt ein afrikanisches Sprichwort: Es braucht ein ganzes Dorf, um ein Kind zu erziehen. Da ist etwas dran. Wir müssen klären, wie wir heute über die Familie hinaus im Dorf, in der Nachbarschaft Gemeinschaft schaffen. In Schwalbach gibt es eine Initiative, da kochen Frauen einmal im Monat nach Großmutters Rezept. Traditionelle Hausmannskost. Viele ältere, alleinstehende Menschen kommen regelmäßig. Wegen des Essens und wegen des Heimatgefühls und der Geborgenheit. Es gibt auch Projekte mit

Gemeinschaftsanlagen, wo die Studenten im Garten helfen und dafür verbilligt wohnen können, während die Rentner auf die Kinder aufpassen. Das sind neue Gemeinschaften ohne Konkurrenz zur Familie, aber als Hilfe.

Wie werden Sie persönlich in Ihrer Familie damit umgehen, wenn einer von Ihnen ein Pflegefall wird?

Für uns war immer ganz klar: Meine Mutter kommt auf keinen Fall ins Heim. Egal was passiert. Sie wollte das nicht, und wir haben ihr das in die Hand versprochen. Einige Wochen, bevor sie gestorben ist, 2016, war sie bei mir zu Hause. Das war eine Zeit, die ich nicht missen möchte, weil eine ganz besondere Nähe entstanden ist. Wie das bei mir selbst wäre? Ich habe das bisher verdrängt. Ich glaube, ich würde alles versuchen, meinen Mann zu Hause zu betreuen, ich weiß aber nicht, ob ich es umgekehrt ihm oder meinen Kindern aufbürden würde. Irgendwie hofft man immer, dass es einen selbst nicht trifft.

Was hat Sie an der Zeit mit Ihrer Mutter vor deren Tod genau berührt?

Wir haben morgens zusammen gefrühstückt, was ewig nicht mehr vorgekommen war. Ich habe versucht, in der Zeit weniger Termine zu machen, mehr Nähe zu ihr zu haben. Sie hat die letzten Tage im Krankenhaus verbracht, aber ihre Kinder und Enkel waren in den Tagen um sie herum.

Ihr Vater ist früh gestorben. Schon mit 57 Jahren. Sie hatten eine sehr enge Beziehung. Wie sind Sie damit als junge Frau klargekommen?

Mein Vater hatte Leukämie – langsam verlaufend. Als er die Diagnose bekam, war ich 12, 13 Jahre alt. Ich war ein typisches Papa-Kind. Als er gestorben ist, war ich 21. Für mich brach eine Welt zusammen. Es hat lange gedauert, bis ich damit umgehen konnte. Mich hat das ganz schön durchgeschüttelt. Ich habe überlegt, ob ich das Studium schmeißen sollte. Es war eine harte Zeit. In diesen Monaten bin ich ein bisschen schneller erwachsen geworden. Als jüngste Tochter in der Großfamilie war ich bis dahin das behütete Nesthäkchen. In der Zeit hatte ich auch gerade meinen Mann kennengelernt, und mir wurde klar, dass ein neuer Lebensabschnitt kommt. Der Tod meines Vaters hat mich dennoch über viele Jahre begleitet. Es ist bis heute ein schmerzhafter Verlust geblieben.

Sie haben ja Ihre große Familie – wie wichtig ist die in solchen Trauersituationen?

Es zeichnet unsere Familie aus, dass wir in solchen Situationen zusammengehalten haben. Das war auch so, als mein ältester Bruder mit 47 an einem Gehirntumor gestorben ist. Über diesen Zusammenhalt bin ich sehr froh. Da haben meine Eltern gute Arbeit geleistet.

Gibt es etwas, was Sie von Ihrer Mutter übernommen haben?

Diesen Hang zum Glucken. Ich mag es, wenn meine Kinder zu Hause sind und wir es wirklich schaffen, zusammen zu essen. 2017 haben wir vier Wochen mit der ganzen Familie Urlaub gemacht. Das war ein tolles Erlebnis. Das hat meiner Mutter immer sehr am Herzen gelegen, die Familie zusammenzuhalten. Sie hatte einen sehr gesunden Menschenverstand und einen sehr klaren Blick auf die Realität. Tricks und Eitelkeiten von Menschen konnte sie sehr gut durchschauen. Sie konnte sehr unverblümt sagen, was sie denkt. Das war manchmal auch verletzend. Meist hat sie aber recht gehabt, auch mit ihrem Gespür, ob Politiker ehrlich sind und echte Wahlchancen haben.

Fehlt Ihnen das?

Ja. Sie hat mich auch oft angerufen und meine Kleidung kommentiert oder meine Äußerungen kritisiert. Was die heutige politische Auseinandersetzung angeht, bin ich froh, dass sie das nicht mehr erlebt. Der Wahlkampf 2017 im Saarland war sehr hart. Das hätte sie sehr mitgenommen. 2012, als das Kabinett der neuen großen Koalition im Landtag vereidigt wurde, hatte Heiko Maas seine Eltern mitgebracht. Ich bin damals zu seiner Mutter gegangen und habe mich für alles entschuldigt, was ich Schlechtes über ihren Sohn im Wahlkampf gesagt hatte. Weil ich das bei meiner eigenen Mutter erlebt habe, wie sehr sie unter öffentlicher Kritik an mir gelitten hat. Für mich ist das normal, man teilt ja auch selbst aus, vieles ist ein Ritual. Aber für die Angehörigen ist es wirklich schwierig. Auch für meinen Mann und meine Kinder.

Gibt es noch jemanden, bei dem Sie sich entschuldigen müssen?

Oh ja, jede Menge.

Bei wem?

Das ist privat.

Was bedeutet für Sie Zeit?

Zeit habe ich richtig schätzen gelernt, seit ich keine mehr habe. Seitdem ich in diesen politischen Funktionen bin. Zeit, über die ich frei verfügen kann, ist Luxus.

Wie viel Schlaf brauchen Sie?

Ich kann auch mit kurzen Nächten auskommen, danach brauche ich aber Regeneration. Das ging früher besser. Meine Nächte sind kürzer, als sie sein sollten. Ich bin ein Nachtmensch, und die Tage gehen sehr früh los. Im Schnitt sind es vier bis sechs Stunden Schlaf. Ich habe aber ein gutes Gen. Ich kann überall schlafen, vor allem, wenn sich etwas bewegt. Beim Fahren, Fliegen. Den Flug von Saarbrücken nach Berlin verschlafe ich in der Regel.

Von welchem Beruf haben Sie als Kind geträumt?
Ich habe immer Schule gespielt und wollte die Lehrerin sein. Und ich hatte einen Plan B, wenn ich das Abitur nicht geschafft hätte. Dann wäre ich Hebamme geworden.

Waren Sie eine gute Schülerin?
Guter Durchschnitt. Mein Abitur habe ich mit 2,0 bestanden. Ich habe nie geschwänzt. Nicht, weil ich nicht wollte, sondern weil ich keine Nerven dazu hatte. Viel zu ängstlich. Ich war kein freches, aufmüpfiges Kind. Kein Wildfang.

Waren Sie der Typ Klassensprecherin?
Ich war auch in der Klassen- und Schulgemeinschaft aktiv.

Haben Sie Selbstzweifel?
Ja, jeden Tag. Ich habe mich schon immer sehr hinterfragt. Manchmal fühlt es sich für mich unwirklich, surreal an, dass ich diejenige bin, die da oben steht. Die Saarländerin aus der Provinz. Als ich 1998 in den Bundestag kam, ging hinter mir Joschka Fischer, den ich bis dahin nur aus dem Fernsehen kannte. Ich hatte das Gefühl, dass ich aus Versehen in eine Fernsehserie geraten war. So ein Gefühl beschleicht mich heute immer noch.

Wie ehrgeizig sind Sie?
Jetzt betätige ich mich mal als Hobby-Psychologin. Wenn man in einer Großfamilie zu den Jüngsten gehört, will man immer auch das machen, was die Älteren können.

Ich musste warten, bis mir jemand etwas vorliest. Also habe ich versucht, so schnell wie möglich selbst lesen zu können. Wenn die Größeren Hausaufgaben gemacht haben, saß ich daneben und habe die Buchstaben nachgemalt. Wenn mir Möglichkeiten verschlossen waren oder Grenzen gesetzt wurden, hat mich das immer besonders angepikst. Dann sage ich immer: Das werden wir jetzt erst einmal sehen.

Was war Ihr Lieblingsfach?

Deutsch, Geschichte, Politik. Sprachen fallen mir schwerer. Mathe und Naturwissenschaften – na ja. Ich könnte vor den polyglotten, sprachbegabten Leuten niederknien. Vor Peter Altmaier zum Beispiel.

Wer hat sie in Ihrer Jugend geprägt – außer den Bay City Rollers?

Meine Geschwister. Und »Bonanza«.

Wenn von dem konservativ-katholischen Milieu in den 1960er-, 1970er-Jahren im Saarland die Rede ist, wie hat man sich diese Zeit heute vorzustellen?

Ich bin 1967 eingeschult worden. Da waren die Konfessionsschulen noch nicht so lange abgeschafft worden. Es gab die Gottesdienste, Prozessionen, die Rituale an den Feiertagen, die Verhaltensregeln. Das hat den Alltag geprägt.

War die Abschaffung der Konfessionsschulen gut oder schlecht?

Das war wohl eine ganz harte politische Diskussion auch innerhalb der CDU. Sicher haben damals viele gesagt, die CDU ist nicht mehr konservativ genug. Aber es war der absolut richtige Schritt.

Warum?

Weil damit auch die große Trennlinie zwischen der evangelischen und der katholischen Kirche eingerissen wurde. Trennscharf jeden von jedem zu unterscheiden erschwert das Zusammenleben. Es ist gut, dass die Gesellschaft nicht mehr so eindeutig nach Milieus und Gruppen definiert wird.

Sie haben mit 22 Jahren geheiratet. Warum so früh?

Ich war eine kluge Frau, die erkannte, was sie für einen besonderen Menschen gefunden hatte. Ein Jahr vorher war mein Vater gestorben. Das war ein echter Einschnitt. Mit meinem Mann hat es sich richtig angefühlt, und wir wollten Nägel mit Köpfen machen. Damals war es ziemlich verpönt, zusammenzuziehen, ohne verheiratet zu sein. Aber als wir gesagt haben, wir heiraten, wurden wir gefragt, ob wir nicht erst einmal zusammenziehen wollen.

Wie viel Einfluss hat Ihr Mann auf Sie?

Sehr viel bei allen wichtigen Entscheidungen und auch bei den unwichtigen. Vielleicht sieht er das selbst gar nicht so.

KAPITEL 3

FRAUEN IN DER POLITIK

Die Strategin

An einem sonnigen Septembertag 2004 sitzen zwei Frauen in Business-Kleidung im Café auf dem St.-Johanner-Markt im Herzen der Saarbrücker Innenstadt und stecken die Köpfe zusammen. Kein ungewöhnlicher Anblick. Der St.-Johanner-Markt in Saarbrücken ist das saarländische Pendant zum Café Einstein Unter den Linden in Berlin. Sehen und gesehen werden. Den großzügigen Platz säumen Cafés, Restaurants und Boutiquen. Samstags ist hier Markt. In der Mitte steht ein denkmalgeschützter Brunnen mit hohem Obelisk. Rund um den Brunnen kommen Entscheider aus Wirtschaft, Politik und Kultur zusammen. Die Beamten der Ministerien haben es auch nicht weit zu dem beliebten Treffpunkt. Kramp-Karrenbauer mag den Ort. Sie ist gern mitten im Geschehen. Wenn Bürger mit Anliegen auf sie zukommen, hört sie zu, fragt nach, antwortet. Egal wo, auch wenn sie nur zum Einkaufen in den Supermarkt geht. Sie ist nicht der Typ, der lieber ungestört ist. Volksnah nennt man so eine.

An diesem Tag bleiben die Frauen unter sich. Sie sprechen mit gedämpften Stimmen. Gesehen werden wollen sie schon, gehört lieber nicht. Der experimentierfreudige Ministerpräsident des Saarlands, Peter Müller (CDU), hatte die Idee, das

Innenministerium um die Bereiche Jugendhilfe und Frauenpolitik zu erweitern. Gaby Schäfer, die bei dem Treffen noch einfache CDU-Landtagsabgeordnete ist, soll Staatssekretärin für die neuen Bereiche und damit die erste Sozialarbeiterin an den Schalthebeln des Innenministeriums werden. Kramp-Karrenbauer ist bereits seit vier Jahren die Ressortchefin im Saarland. Sie ist zuständig für Inneres, Polizei, Integration, Kommunales und Sport. Nun kann sie ihr großes Haus weiter ausbauen. Sie hat sich den Ruf erworben, eine Law-and-Order-Innenministerin zu sein. Ihr Prinzip ist einfach: Wir müssen uns an die Gesetze halten und sie durchsetzen. Sollten die Gesetze untauglich oder überholt sein, müssen diese geändert werden.

Viele Jahre später in der Flüchtlingskrise – sie ist längst Ministerpräsidentin einer großen Koalition – gehört das Saarland neben Bayern zu den Bundesländern, die als strikt und gut organisiert gelten bei Aufnahme, Identifizierung und Verteilung von Flüchtlingen. Kramp-Karrenbauer redet in der Flüchtlingskrise zwar wie Merkel, aber sie handelt eher wie Seehofer: Als in Deutschland nach dem gewaltsamen Tod einer 14-jährigen Schülerin durch einen angeblich 15-jährigen Flüchtling im baden-württembergischen Kandel eine Debatte um die medizinische Altersfeststellung von Flüchtlingen ausbricht, herrscht im Saarland Ruhe: Dort gehört das umstrittene Verfahren, das aus Sicht von Ärzten einen Eingriff in die körperliche Unversehrtheit bedeutet, zur Routine. Hätte Kramp-Karrenbauer in der Flüchtlingskrise anders gehandelt als die Kanzlerin? Auch sie hätte sich im Sommer 2015 dafür entschieden, die in Ungarn festsitzenden Flüchtlinge nach Deutschland einreisen zu lassen, vermutet einer, der sie gut und lange kennt. Die Kommunikation aber wäre eine andere gewesen, der Kontrollverlust womöglich nicht so weit gegangen.

Kramp-Karrenbauer ist resolut. Intern macht sie als Innenministerin deutlich, dass sie die Chefin ist und das Sagen hat. Mitarbeiter erleben, dass sie zuhört und Argumente wägt, bevor sie entscheidet. An ihrer Autorität lässt sie aber keinen Zweifel. »Man muss schon wissen, wer Koch ist und wer Kellner« – der Spruch, mit dem Kanzler Gerhard Schröder das Machtverhältnis zwischen SPD und Grünen klarstellte, gefällt ihr so gut, dass sie ihn sich in Konfliktsituationen zu eigen macht. Die Kommunikation findet auf Augenhöhe statt, die Entscheidungen fallen aber nicht im Kollektiv. »Politik macht sie immer selbst«, wissen ihre Berater. Karl Rauber, der zu Zeiten von Ministerpräsident Peter Müller Staatskanzleichef war und heute noch ein Freund und Berater von Kramp-Karrenbauer ist, beschreibt sie als unbeirrbar. Typisch sei, dass sie mit einer festen Meinung in Gespräche gehe und mit dieser auch wieder herauskomme. Sie sammele zwar die Gegenpositionen ein, bleibe aber bei ihrer Ansicht.

Wenn die Ministerin zur Besprechung trommelt, sitzen alle ohne hierarchische Ordnung zusammen, am großen Tisch oder einfach mit zusammengerückten Stühlen. Dass sie sich hinter ihrem Chef-Schreibtisch verschanzt und jemanden davor Platz nehmen lässt, setzt sie nur gezielt ein. Gleich nach Übernahme des Landesinnenministeriums wendet sie diese Technik bei einem führenden Mitarbeiter an. Es passt nicht in dessen Weltbild, dass nun eine Frau das Ressort führt, für dessen Spitze der Regierungschef traditionell einen harten Hund mit Schlips und Kragen aussucht. Mit einem autoritären Auftritt klärt sie die Fronten. Sie ist nicht der Typ, der laut wird. Aber ihre Sprache ist sehr klar, und ihre Stimme hebt sich, wenn sie wütend ist. Die Herren müssen sich nicht nur an der Spitze des Ministeriums an neue Zeiten gewöhnen: Elternzeit, Teilzeit, Homeoffice – Kramp-Karrenbauer gibt als Chefin Frauen Chancen und ebnet ihnen mit modernen Arbeitszeitmodellen den Weg.

Dass Frauen in Männerdomänen ernst genommen werden, ist im Jahr 2000 bei der CDU nicht selbstverständlich. Angela Merkel ist seit April des Jahres Bundesparteivorsitzende, und die Christdemokraten beschäftigen sich mit der Frage: Kann die das? Die Protestantin aus dem Osten wird von ihrer durch die Spendenaffäre schwer angeschlagenen Partei geduldet, nicht getragen. Sie wird als Übergangsvorsitzende betrachtet. Die Mehrheit der Herren in der Partei ist fest entschlossen, ihr die Kanzlerkandidatur 2002 nicht zu überlassen. Dass sie Merkel völlig unterschätzen, bemerken die mächtigen Unionsmänner wie Friedrich Merz, Roland Koch und Edmund Stoiber erst spät – und dann schmerzhaft.

In der vierten Kanzlerschaft Merkels kommt niemand mehr auf die Idee, bei einer unideologisch auftretenden ehrgeizigen Pragmatikerin die Frage zu stellen: Kann die das? Im Gegenteil. Inzwischen sind alle gewarnt, dass dieser Typus Politikerin es versteht, sich die Macht zu sichern. Kramp-Karrenbauer weiß, dass sie als CDU-Generalsekretärin gänzlich anders wahrgenommen wird als einst Merkel. Sie unterlässt auch die Tiefstapelei. »Das hat sie vielen Frauen voraus: Sie sagt einfach: Ich kann, ich will und ich werde«, sagt Schäfer, die ihrer früheren Chefin auch heute noch freundschaftlich verbunden ist. »Oft haben Frauen Angst, so hoch zu greifen. Ich bewundere an ihr, dass sie den Kopf so weit rausstreckt, egal, was da ist.«

Schäfer gehört zu den Vorkämpferinnen für eine Frauenquote in der Saar-CDU. Beide Frauen haben in den 90er-Jahren die Erfahrung gemacht, dass sie zwar grundsätzlich in einflussreiche Stellen gelangen können, die Diskriminierung aber spätestens einsetzt, wenn sie Kinder bekommen. 1994 im Oktober schafft Schäfer den Einzug in den saarländischen Landtag. Ihr Sohn ist drei Monate alt. Anfangs nimmt sie den Kleinen mit in Sitzungen, weil sie keine andere Möglichkeit hat, den Säugling zu versorgen. Von Parteifreunden muss sie sich den Vorwurf anhören: So viele Männer hätten gern ein Landtagsmandat. Ob es denn nötig sei, mit dem Kind den Platz zu besetzen? »Daran wächst man«, sagt Schäfer rückblickend. Sie ist dadurch zur Verfechterin der Frauenquote geworden.

Obwohl sie im Jahr 1995 auch den Chef der CDU Saar, Peter Müller, auf ihrer Seite haben, gelingt es Kramp-Karrenbauer und ihren Mitstreiterinnen nicht, beim Parteitag in Dillingen ein Quorum durchzusetzen, wonach mindestens ein Drittel aller Parteiämter und Mandate mit Frauen besetzt werden sollen. Die alten Herren sind dagegen und die jungen Frauen auch. Der Gegenantrag der Jungen Union bekommt beim Parteitag die Mehrheit. Die JU-Frauen meinen, dass sie weder Quote noch Quorum benötigen. Sie sehen es sogar als Diskriminierung an, per Quote auf eine Stelle zu rücken, die sie ja auch ohne dieses Instrument erreichen könnten. So hat Kramp-Karrenbauer auch mal gedacht. Heute wird sie von ihren Mitstreiterinnen als Feministin wahrgenommen. Auch wenn sie es nicht vor sich herträgt.

Auch Kramp-Karrenbauer erlebt, dass sie bei Parteiveranstaltungen mit einem Baby auf dem Arm auf Ablehnung stößt, insbesondere bei den Damen aus der Frauen Union. Es ist die Zeit, in der sich Frauen noch entscheiden müssen: Kind oder Karriere. Für Kramp-Karrenbauer keine Option. Sie macht beides – gegen äußere und gegen innere Widerstände. Als sie 1988 Tobias zur Welt bringt, studiert sie noch und hat in der Lokalpolitik bereits Feuer gefangen. In dem Jahr, in dem sie ihr Studium abschließt, 1990, wird sie mit Tochter Laurien zum zweiten Mal Mutter. Mit zwei kleinen Kindern startet sie ihre Berufslaufbahn auf einer Halbtagsstelle als Grundsatzreferentin der Geschäftsstelle der CDU Saar. Chef des Landesverbandes ist zu dieser Zeit der damalige Bundesumweltminister Klaus Töpfer. »Was sie machte, machte sie. Man konnte sich 150 Prozent darauf verlassen«, sagt Töpfer.

Ausgerechnet als ihr Jüngster, Julian, Ende 1997 geboren wird, kommt ihre Karriere richtig in Fahrt. Püttlingens Bürgermeister Rudolf Müller hatte sie beim Parteitag in St. Ingbert 1994 für einen überraschend frei gewordenen Nachrückerplatz im Bundestag vorgeschlagen. »Du musst das machen«, sagte er damals zu ihr. Und sie ließ sich aufstellen. Anfang 1998, Julian ist gerade geboren, zieht sich Klaus Töpfer als Umweltminister und saarländischer Bundestagsabgeordneter zurück, um Exekutivdirektor des Umweltprogramms der Vereinten Nationen zu werden. Damit ist der Platz im Bundestag frei für die dreifache Mutter und aufstrebende Kommunalpolitikerin. Müller spürt ihre Entscheidungsnot. Er drängt sie, die Doppelaufgabe mit Familie und Bundestag anzunehmen, und er sagt zu ihr: »Du schaffst das, und das machst du jetzt.« Und sie tut es.

Bei der Bundestagswahl im Herbst 1998 kann sie ihr Mandat aber nicht verteidigen. Ein herber Rückschlag. Hatte sie doch gerade trotz Baby ihr Leben völlig umgekrempelt. Die heutige Vorsitzende der Frauen Union Annette Widmann-Mauz, die 1998 erstmals über die Landesliste Baden-Württemberg in den Bundestag einzog, erinnert sich an ein Treffen der ausscheidenden und der neuen CDU-Frauen im Bundestag. Die Frauen sitzen in Bonn in der Villa Dahm – der damaligen Residenz der Parlamentarischen Gesellschaft – zusammen. Kramp-Karrenbauer ist auch zum Abschied gekommen. »Ich habe bewundert, mit welcher Gelassenheit sie die Veränderung bewältigt hat«, erinnert sich Widmann-Mauz, die eine Vertraute von Kramp-Karrenbauer geworden ist. Sie bescheinigt ihr »ein starkes Gottvertrauen in das, was sie kann«. Kramp-Karrenbauer habe eine innere Festigkeit. »Sie ruht in sich, weil sie sich auf sich selbst verlassen kann. Sie hat keine Angst.«

Zurück im Saarland, setzt die damals 36-Jährige auf die Landespolitik, wo sich fast 15 Jahre SPD-Regierung ihrem Ende zuneigen. Die Grundlagen für eine landespolitische Karriere sind bereits gelegt: Während ihrer Zeit als Grundsatz- und Planungsreferentin bei der CDU Saar hatte sie Peter Müller kennengelernt, der bei ihr »enormes politisches Potenzial« entdeckt. Schnell wird sie im Landesverband hoch gehandelt. 1999 schafft sie den Sprung in den Landtag. Gerade in den Landtag gewählt, bekommt sie den Posten der Parlamentarischen Geschäftsführerin. In einer Fraktion ist das der Manager-Job hinter dem Fraktionschef. Ein Karrieresprungbrett. Als Fraktionschef Peter Hans, der Vater des heutigen saarländischen Ministerpräsidenten Tobias Hans, für längere Zeit erkrankt, nimmt Kramp-Karrenbauer ganz selbstverständlich die Dinge in die Hand. »Loyal, aber bestimmt«, habe sie übernommen, sagt Tobias Hans heute. »Sie weiß, wie man führt. Sie weiß, wie man Machtpositionen einnimmt.«

Die erste Regierung Müller ist gerade mal ein gutes Jahr alt. Da muss Innenminister Klaus Meiser wegen Beihilfe zur Untreue in einem Millionenskandal zurücktreten. Ministerpräsident Müller, Staatskanzleichef Rauber und Fraktionschef Hans beraten, wer dem zu einer Geldstrafe verurteilten Innenminister nachfolgen kann. Die Wahl fällt schnell auf Kramp-Karrenbauer. Rauber wird als Emissär zu ihr geschickt. Er übermittelt ihr das Angebot von Ministerpräsident Müller und schiebt schnell hinterher: »Jetzt sag bitte nicht Nein.« Sie schaut ihn nur an und fragt freundlich: »Warum sollte ich Nein sagen?« Rauber, der sie so gut kennt, hat ihren Eifer und ihr Selbstvertrauen unterschätzt. »Sie ist unheimlich ehrgeizig«, sagt er heute über Kramp-Karrenbauer, mit der er zwischen Saar und Spree immer noch viel telefoniert. So wird Kramp-Karrenbauer Deutschlands erste Innenministerin. Sie ist 38 Jahre alt.

Ministerpräsident Müller, der heute Verfassungsrichter in Karlsruhe ist, sitzt derweil in der Staatskanzlei und freut sich über seinen Personal-Coup. »Es darf kein Amt geben, das Männern vorbehalten ist. Deshalb hat es mir Spaß gemacht, auf diese Stelle eine Frau zu setzen«, sagt er rückblickend.

»Das Wort gab es ja bis dahin gar nicht: Innenministerin«, erinnert sich Norbert Rupp, der damals gerade für die Laufbahn des höheren Dienstes der Polizei zugelassen worden war. Er betont es noch einmal deutlich: »InnenministerIN«. Der Name Kramp-Karrenbauer sagte ihm etwas. Rupp kommt aus Köllerbach, einem Stadtteil von Püttlingen. Rupp ist heute Landespolizeipräsident. Seit 1979 arbeitet er bei der Polizei, damals eine Männerdomäne. Die neue Innenministerin sei als Erstes von Dienststelle zu Dienststelle gereist, so wie sie 2018 mit ihrer Zuhör-Tour die CDU-Mitglieder im ganzen Land aufsuche. »Wer hat denn bis dahin schon ernsthaft den Leuten an der Basis zugehört? Die Bereitschaft, zu diesem Gespräch zu gehen, war enorm.« So sei sehr schnell Vertrauen in die Ministerin entstanden – und »zwar nicht nur bei Christdemokraten«, sagt Rupp. Am Ende hilft es ihr, die unpopuläre Polizeireform durchzusetzen, durch die der mittlere Dienst abgeschafft wird.

Das Prinzip, vor politischen Reformen im Saarland herumzureisen und erst einmal alle Meinungen einzuholen, macht sie im Laufe ihrer wechselnden Regierungsämter zu einer Art politischen Maxime. 2007 bringt sie eine Interventionsstelle für Gewalt gegen Frauen auf den Weg. Dabei reformiert sie auch die Aus- und Weiterbildung der Polizei, um die Beamten für das Thema zu sensibilisieren. Für Reformen wie die Einrichtung der Interventionsstelle lotet sie von Frauenverbänden bis zur Polizei auf allen Seiten aus, was geht, bevor sie das Gesetz dazu auf den Weg bringt – auch bei diesem Thema eine Art Zuhör-Tour. Diese Form, Politik zu machen, ist aufwendig und raubt Zeit, schafft ihr aber sichere Netzwerke, die sie vom Innenministerium über das Kultus- und Sozialressort bis ins Amt der Ministerpräsidentin tragen. Zwischenzeitlich erwirbt sie sich den Ruf als »fleißiges Lieschen« der Landesregierung – eine herablassende Form der Anerkennung. Wer dabei übersieht, dass ihr Fleiß strategisch und zielgerichtet ist, wird sich später wundern.

Die stellvertretende Ministerpräsidentin des Saarlands, die Sozialdemokratin Anke Rehlinger, lernt Kramp-Karrenbauer von Anfang an von ihrer kühlen, machtpolitischen Seite kennen. Die beiden Frauen finden keinen guten Draht zueinander. In Verhandlungen erlebt Rehlinger die Ministerpräsidentin vor allem als Strategin. »Sie überlegt sich vorher, was am Ende herauskommen soll.« Bei Gesprächen habe sie immer ein Ziel. Darauf arbeite sie mit Beharrlichkeit hin. Dabei würde sie auch »Sachverhalte anpassen«, meint die ehemalige Regierungspartnerin.

Als Ministerpräsidentin schafft sich Kramp-Karrenbauer systematisch ihre Netzwerke auch in Berlin. Die Vorsitzenden der Frauen Union, über viele Jahre Maria Böhmer, seit 2015 Annette Widmann-Mauz, sind ihre Verbündeten und Vertrauten. Auch im Arbeitnehmerflügel ist die Saarländerin tief verankert.

Über Jahre hält Kramp-Karrenbauer Kontakt auch zu Hauptstadt-Journalisten. Dafür lädt sie zum »AKK-Kreis« in die saarländische Landesvertretung ein – ein bescheidener Bau neben den großen repräsentativen Niederlassungen der anderen Bundesländer »In den Ministergärten« nahe dem Potsdamer Platz. In den Gesprächen analysiert sie die bundespolitische Lage und den Zustand ihrer Partei. Dabei hinterlässt sie bei vielen den Eindruck, dass diese Regierungschefin mehr kann und will, als das kleine Saarland zu repräsentieren.

Kramp-Karrenbauer hat verinnerlicht, dass die Ministerpräsidenten der Länder als Führungsreserve der Union auch für die Bundesebene gelten. Ernst genommen wird man in dieser Rolle aber nur, wenn man regelmäßig auf sich aufmerksam macht. Sie weiß ihre Themen zu setzen: höherer Spitzensteuersatz, Nein zur Ehe für alle, Frauenquote, Mütterrente.

Von Anfang an zieht sie beim Thema Mütterrente mit Maria Böhmer an einem Strang. Im Vorfeld des berühmten Leipziger Parteitags, bei dem Merkel ihre Gesundheitsprämie und Friedrich Merz seine Bierdeckel-Steuerreform bekommt, sitzen Böhmer und Kramp-Karrenbauer zusammen und überlegen, wie sie neben diesen prominenten Themen ihren Plan von der Mütterrente, die damals freilich noch nicht so heißt, ins Programm hieven können. Kramp-Karrenbauer hat die Idee, ihren argumentationsstarken Ministerpräsidenten Peter Müller vorzuschicken. Es funktioniert. Er setzt sich für die Rentenerhöhung der Kriegerwitwen und jener Mütter ein, die noch ohne umfassende öffentliche Betreuungsangebote ihre Kinder großziehen mussten. So geht der Leipziger Parteitag auch als derjenige in die Geschichte ein, bei dem Peter Müller die Mütterrente im CDU-Programm verankert hat. Böhmer freut sich rückblickend über die »strategischen« Fähigkeiten ihrer Mitstreiterin, die sie eine Freundin nennt – was in der Politik selten genug vorkommt.

Mütterrente und Frauenquote – das ist Frauenpolitik für unterschiedliche Lebensentwürfe. Als Ministerpräsidentin gehört Kramp-Karrenbauer im Dezember 2011 zu den Erstunterzeichnerinnen der »Berliner Erklärung«. Prominente und mächtige Frauen aus Politik, Wirtschaft, Kultur und Sport fordern darin eine Quote bei den Aufsichtsräten der börsennotierten, mitbestimmungspflichtigen und öffentlichen Unternehmen. Zunächst soll sie 30 Prozent betragen, und Nichterfüllung soll mit Sanktionen belegt werden.

Auf Grundlage dieser Erklärung bringt das SPD-geführte

Hamburg im September 2012 einen Gesetzentwurf in den Bundesrat ein. Die saarländische Ministerpräsidentin geht in die Offensive. Gegen die Linie der damaligen Frauenministerin Kristina Schröder (CDU) gibt sie bundesweit in den Medien Interviews zum Nutzen der Frauenquote. »Ich sehe nicht ein, warum ich eine Position aufgeben soll, nur weil sie von einem SPD-geführten Bundesland vertreten wird«, sagt sie vor der Abstimmung der Länderkammer in den ARD-»Tagesthemen«. Ohne die Stimme des ebenfalls in einer schwarzroten Koalition regierten Sachsen-Anhalt wäre der Antrag im Bundesrat nicht durchgekommen. Auch CDU-Ministerpräsident Reiner Haseloff hebt die Hand für die Frauenquote. Mit dem Votum der Länderkammer hat Kanzlerin Merkel ein weiteres Problem in ihrer damaligen zerstrittenen schwarz-gelben Bundesregierung. Die Liberalen sind dagegen. Noch nicht einmal der weichen Flexi-Quote, die Frauenministerin Schröder vorschlägt, stimmt die FDP zu.

Es ist die damalige Arbeitsministerin Ursula von der Leyen, die im Frühjahr 2013 gegen die eigene Frauenministerin im Kabinett und gegen weite Teile der Unionsfraktion die Rebellion für die Frauenquote anführt. Sie und ihre Mitstreiterinnen drohen, einem Antrag zur Frauenquote der Oppositionsfraktionen SPD und Grüne zuzustimmen. Der Großteil der Unionsfraktion ist stocksauer. Merkel springt von der Leyen aber zur Seite. Hätte die Ministerin wirklich mit der Opposition gestimmt, hätte Merkel sie rauswerfen müssen, finden damals viele Unionsabgeordnete. So aber kommt die Forderung nach einer konkreten Frauenquote ins Wahlprogramm. Sie entspricht in etwa den Vorgaben der »Berliner Erklärung« zu diesem Thema. Der Plan geht auf: Die nächste große Koalition aus Union und SPD, die ab Ende 2013 wieder am Ruder ist, führt eine entsprechende Frauenquote für Unternehmen ein.

Einmal im Jahr begibt sich Kramp-Karrenbauer in eine Branche, die garantiert keine Frauenquote benötigt. In der Hochphase des Karnevals tritt sie in der Rolle der Putzfrau Gretel vom Landtag auf. Karierte Kittelschürze, geknotetes Kopftuch, Schrubber, bequemes Schuhwerk – so lästert sie in der »Narrenschau« in breitem Dialekt über die Regierung an der Saar, die Berliner Politik und internationale Größen. Die »Narrenschau« ist die zentrale Karnevalssitzung im Saarland, präsentiert von den regionalen Vereinen, übertragen vom Saarländischen Rundfunk. Kramp-Karrenbauers Humor erweist sich in diesen Jahren als deftig und zielsicher. Ihre Pointen in der Rolle der Putzfrau: gern auch mal nach einfachem Strickmuster. 2014 macht sie sich über die ordentlich gekämmten und gescheitelten Haare ihres Finanzministers lustig. Der Mann muss über Nehmer-Qualitäten verfügen: War der gut frisierte Minister Stephan Toscani doch neben ihr der aussichtsreichste Anwärter auf den Job des Ministerpräsidenten, bevor Müller sie als Nachfolgerin empfahl.

Bei einem Auftritt 2016 ist die von ihr selbst eingeführte Rohkost bei den Kabinettssitzungen Gegenstand der Betrachtung. An die deutschen Wurzeln des US-Präsidenten Donald Trump erinnert sie 2017 und stellt fest: »Hätten die uns gefragt, was wir von den Pfälzern halten, hätten die den Depp in Amerika nicht gewählt.« Über die Kuppel des Reichstagsgebäudes befindet sie in ihrer Putzfrauenrolle, dass sie auch noch nie einen Zirkus mit Flachdach gesehen habe.

Entstanden ist die Rolle in ihrer Zeit als saarländische Innenministerin. Zunächst nur intern tritt sie bei der Karnevalsparty ihres Ministeriums gemeinsam mit ihrer Staatssekretärin Schäfer als Duo Gretel und Klärchen auf. Die Texte denken sich die beiden Politikerinnen kurz vor ihren Auftritten aus. Bei dieser Art des Spontan-Humors bleibt Kramp-Karrenbauer auch, wenn sie später als Ministerpräsidentin in der Rolle der Gretel allein auf die Bühne geht. Zwischen Regierungsgeschäft und Terminen schreibt sie die Pointen oft erst am Tag des Auftritts.

Als Putzfrau Gretel bekommt sie bundesweit Aufmerksamkeit. Der Aachener Karnevalsverein verleiht ihr im Jahr 2015 den »Orden wider den tierischen Ernst«, eine der traditionsreichen und begehrten Karnevalsauszeichnungen der Republik. Kramp-Karrenbauer erhält als fünfte Frau bei der 66. Verleihung den Ritterorden. Diese schlechte Frauenquote zieht sie in ihrer Narrenansprache zur Verleihung durch den Kakao. »Hallo, geht`s noch?«, ruft sie in den Saal. »5 aus 66 – das ist ja schlechter als 6 aus 49. Da wird man ja eher Lottomillionär als Ritterin in Aachen.«

Doch bevor sie sich in einer solchen Rede die Herren aus dem Elferrat vorknöpft, sich über Merkels einstigen Widersacher Friedrich Merz im Saal lustig macht und danach über Männer im Allgemeinen herzieht, lässt sie erst einmal über sich selbst lachen. So stellt sie fest, sie sei eine »schwarz lackierte Sozialistin, eine konservative Quotenfrau, ein Zungenbrecher auf zwei Beinen«. Wer so über sich selbst spricht, sorgt dafür, dass die Witze der anderen über einen nicht so wehtun. Veranstaltungen wie die Aachener Ordensverleihung oder auch der politische Aschermittwoch bieten Politikern die Gelegenheit, das, was sie denken, unverblümt vorzutragen, mal Dampf abzulassen.

Bei der Verleihung des Ordens wider den tierischen Ernst fällt FDP-Chef Christian Lindner die Rolle des Laudators zu. Es gehört zur Tradition beim Aachener Karnevalsverein, dass der Ordensträger des Vorjahrs die Lobrede auf seinen Nachfolger hält. In diesem Fall ist das pikant, denn Kramp-Karrenbauer hatte die FDP-Bundespartei gedemütigt, als sie die Saar-Liberalen 2012 ausgerechnet am 6. Januar, dem Tag des traditionellen Dreikönigstreffens der Liberalen, aus ihrer

Jamaika-Regierung warf. Lindner trägt seine mit zahlreichen Spitzen durchsetzte Laudatio in Reimform vor und kommt auf diese Schmach zu sprechen: »Die Dame ist zwar äußerlich von zarter Gestalt, doch ist ihr Partner nicht willig, so braucht sie Gewalt.« Kramp-Karrenbauer lacht zu diesen Zeilen herzlich.

Im Januar 2015 – Merkel ist noch Umfragekönigin, die Flüchtlingskrise in Deutschland noch nicht sichtbar und auf die Ministerpräsidentin von der Saar sind als mögliche Merkel-Nachfolgerin noch nicht viele aufmerksam geworden – hat Lindner sie schon auf dem Schirm. In den Versen des Büttenredners stellt er fest: »Macht Mutti irgendwann doch die Biege, wartet auf ihr Erbe eine Damenriege.« Nachdem er die damalige rheinland-pfälzische Oppositionsführerin Julia Klöckner und Verteidigungsministerin Ursula von der Leyen als Anwärterinnen auf das Merkel-Erbe abgehandelt hat, kommt er auf die Saarländerin zu sprechen: »Aber fällt in Berlin der Name Kramp-Karrenbauer, bekommt so mancher ehrfürchtige Schauer.«

INTERVIEW

»Von der Saula zur Paula«

Sie waren 19 Jahre alt, als Sie 1981 zu den Christdemokraten unter Helmut Kohl kamen. Wie sehr mussten Sie damals gegen Chauvinismus ankämpfen?

Ich traf natürlich vor allem auf ältere Männer, die erfahrene Kommunalpolitiker waren. Für mich waren das keine Chauvinisten. Es war ein normales Verhältnis der Älteren zu den Jüngeren. Interessanterweise wurde ich zunächst vor allem von Frauen kritisiert. Als ich mein erstes Kind bekam, studierte ich noch und war zugleich parteipolitisch engagiert. Ich erinnere mich gut, wie ich Ende der Achtzigerjahre zu meiner ersten Veranstaltung der Frauen Union ging – mit meinem Sohn auf dem Arm, weil mein Mann Schichtdienst hatte. Einige Frauen reagierten ablehnend: Oh Gott, da kommt jetzt eine Frau und bringt ihr Kind mit in eine Parteiveranstaltung! Es war also nicht vorherbestimmt, dass ich später einmal ein enges Verhältnis und wirklich auch viele Freundschaften zu Frauen in der Union haben würde.

Warum waren Sie damals gegen die Frauenquote?

Ich war damals entschieden dagegen, weil ich das Gefühl hatte, mir steht die ganze Welt offen. Ich sah überhaupt keinen Unterschied zu meinen männlichen Mitschülern oder Kommilitonen oder Mitstreitern in der Jungen Union. Es dauerte dann einen Schritt auf dem weiteren Lebensweg, bis ich feststellte, dass es für mich doch schwerer ist als für Männer. Dieses Bewusstsein musste erst wachsen.

Wie ist das Bewusstsein gewachsen? Wann sind Sie von der Quoten-Gegnerin zur Quoten-Befürworterin geworden?

Mir ist bewusst geworden, dass Frauen durch die Quote eine Chance eingeräumt wird – eine Chance, sich zu beweisen. Mit Qualifikation allein bekommen Frauen diese Chance oft nicht. Es ist wirklich nur eine Chance: Eine Frau, der es dann nicht gelingt, sich zu beweisen, ist schnell wieder weg. Die Notwendigkeit der Quote ist mir noch stärker mit zunehmender Verantwortung in der CDU bewusst geworden. Im Grunde genommen funktioniert das gesamte Aufstellungsverfahren einer Volkspartei auch nach Quoten. Da wird geschaut, wer ist katholisch, wer ist evangelisch, wer kommt aus welchem Stadtteil oder aus welcher Region. Wer ist jung, wer ist alt, wer ist Arbeitnehmer, wer ist Unternehmer. Alle diese Abwägungen dienen der Volkspartei, damit wir breit aufgestellt sind. Nur beim Thema Frauenquote bricht jedes Mal eine Diskussion los, als ob sie der Untergang des Abendlandes wäre. Als mir diese Mechanismen bewusst geworden sind, war ich Mitte zwanzig, und dann hat es mich so richtig gepikt. Ich habe das als große Ungerechtigkeit empfunden. Somit habe ich mich in der Quoten-Frage vom Saulus zum Paulus gewandelt – oder von der Saula zur Paula.

Die CDU ist immer noch der Saulus. Eine feste Frauenquote haben Sie bis heute nicht. Wie ist es Ihnen als Politikerin und Mutter auf dem Weg nach oben ergangen?

Ich habe mit meinen drei Kindern selbst erlebt, wie schwierig die Vereinbarkeit von Familie und Beruf ist – obwohl mein Mann mich immer sehr unterstützt hat. Vielfach musste ich mir anhören: Oh Gott, die armen Kinder. Eine wirklich schwierige Situation war es, als ich 1998 das Bundestagsmandat bekam. Ich war nach der Geburt unseres jüngsten Sohnes gerade einen Tag aus dem Krankenhaus zurück zu Hause, als der Landeswahlleiter anrief und mir sagte, Professor Töpfer höre im Bundestag auf, und ich sollte nachrücken. Ich hatte unseren Jüngsten gerade im Arm, und mein erster Impuls war: Das geht nicht. Der Kleine war gerade eine Woche alt. Ich kann doch jetzt nicht nach Bonn. Unmittelbar danach rief aber mein alter Bürgermeister aus Püttlingen, Rudolf Müller, an. Eine einnehmende Persönlichkeit. Er hatte mich Jahre vorher in die Politik gebracht. Bevor ich auch nur Hallo sagen konnte, jubelte er ins Telefon: »Das ist toll, jetzt geht es erst richtig los, jetzt machst du Karriere.« Ich war total erschlagen. Wenn dieser Anruf nicht gekommen und ich mir selbst überlassen gewesen wäre, hätte ich gesagt: Ich lasse das.

Im Bundestag sitzen jetzt wieder weniger Frauen als in der vorigen Legislaturperiode. Was muss passieren, dass es nicht bei diesem Rückschritt bleibt?

Jede Partei hat ihre eigene Verantwortung. In der CDU läuft das Frauen-Quorum oft ins Leere, weil die Regelung bei Listen greift, aber nicht bei den Direktmandaten. Das wird in der CDU zunehmend ein Thema. Die Parteimitglieder empfinden es als Problem, wenn der Frauenanteil niedrig ist. Es gibt zwei Möglichkeiten: Entweder geben sich die Parteien eine Quote, über die auch Frauen Mandate bekommen. Oder es wird wie in Frankreich eine Frage des Wahlrechts werden. Der Bundestag ist sehr groß geworden, und wir haben eine Diskussion über eine Reform des Wahlrechts, damit das Parlament wieder kleiner wird. In dieser Diskussion muss die Präsenz der Frauen ein Thema sein.

Sie fordern also eine Wahlrechtsänderung, die Frauen die Hälfte der Parlamentssitze über das Wahlrecht sichert?

In Frankreich ist gesetzlich klar vorgeschrieben, dass die Hälfte der Kandidaten Frauen sein müssen. Und zwar im Reißverschlussverfahren und nicht, dass auf den ersten 20 Plätzen Männer stehen und danach 20 Frauen kommen. Diese Regelung ist mit Sanktionen verbunden, zum Beispiel bei der Erstattung von Wahlkampfausgaben. Eine solche Wahlrechtsänderung wird in Deutschland sicher auf die Tagesordnung kommen, wenn Parteien besonderen Nachholbedarf haben und selbst kein schlüssiges Konzept vorlegen, wie sie den Frauenanteil in ihren eigenen Reihen erhöhen wollen.

Da wird sich vor allem Ihre Schwesterpartei umstellen müssen. Die CSU hat es nicht geschafft, auch nur eine einzige Frau ein Bundesministerium führen zu lassen.

Ich habe das bedauert, weil ich gerade in der CSU sehr viele wirklich gute Kolleginnen kenne, die natürlich das Zeug gehabt hätten, eine gute Bundesministerin zu sein.

Zurück zu Ihnen: Wie sehr haben Sie mit Ihrer Mutterrolle gehadert, als Sie dann das Bundestagsmandat angenommen hatten?

Als ich das erste Mal mit meinem kleinen Seat Marbella nach Bonn gefahren bin – die hatten mir fürs Parken einen Ausweis in der Größe meiner halben Windschutzscheibe geschickt –, habe ich den ganzen Weg nur geheult. Die älteren Kinder waren im Kindergarten und in der Schule, aber mein Mann stand da mit Julian im Arm, und ich musste weg. Das war schrecklich für mich. Später hat sich das eingespielt, aber das schlechte Gewissen bleibt. Immer. Deswegen kann ich auch Kristina Schröder verstehen, die nach einer Legislaturperiode gesagt hat: Das will ich mir nicht mehr antun als Bundesministerin mit Kindern. Das schlechte Gewissen teile ich mit vielen berufstätigen Frauen. Bei jeder schlechten Schulnote, bei jeder handfesten Auseinandersetzung ist der erste Gedanke: Passiert das, weil du berufstätig bist?

Immerhin war Ihr Mann für die Kinder da. War es für ihn selbstverständlich, die Rolle zu übernehmen, die in der großen Mehrheit der Familien damals die Mütter ausfüllten?

Als wir geheiratet haben, waren wir beide in der Ausbildung. Ich habe studiert, und mein Mann hatte als gelernter Bergmann berufsbegleitend ein Studium zum Bergbau-Ingenieur aufgenommen. Das war eine harte Zeit vor allem für ihn. Zwei- bis dreimal in der Woche in der Hochschule, den Rest unter Tage arbeiten. Als das erste Kind kam, haben wir eine sehr nüchterne Vereinbarung mit Blick auf das Haushaltseinkommen getroffen. Mit der Ingenieurs-Ausbildung verdiente er mehr Geld als ich. Also war klar, dass er ganztags arbeiten geht und ich nach meinem Studium mit einem halben Tag einsteige. Durch meine politischen Ämter hat sich die Einkommenssituation bei uns umgedreht und damit auch die Arbeitszeiten.

Das war in den 90er-Jahren noch ein ungewöhnliches Rollenmodell. Hat dieser Wendepunkt zu Konflikten zwischen Ihnen beiden geführt?

Nein. Als ich in den Bundestag gegangen bin, hat er Erziehungsurlaub genommen und war dann zu Hause. Er war der absolute Star in jeder Krabbelgruppe. Er ist unglaublich kinderlieb und sehr familienverbunden.

Würden Sie sich heute wieder so entscheiden?

Ja. Heute ist es ohnehin für viele Kinder normal, mit berufstätigen Eltern groß zu werden. Unsere Kinder haben auch keinen Schaden davongetragen – hoffe ich zumindest. Nach der verlorenen Bundestagswahl 1998 – ich hatte das Direktmandat nicht gewonnen und über die Landesliste kam ich auch nicht rein – war ich zwischenzeitlich wieder zu Hause. Unser ältester Sohn Tobias sagte damals: Dass du jetzt nicht für den Bundestag gewählt bist, heißt das, du bist jetzt wieder zu Hause und schaust auch wieder die Hausaufgaben an? Ich sagte: Ja. Und er: Oh Mist.

Die Zeit zu Hause hat nicht lange gedauert. Sie sind dann schnell in die saarländische Landespolitik eingestiegen. Beneiden Sie Ihre Geschwister um mehr Ruhe, mehr Zeit, mehr Anonymität?

Nein. Jeder von uns hat seinen eigenen Lebensweg gewählt. Ich bin in meine Rolle nicht gezwungen worden. Ich kann jetzt nicht andere dafür beneiden, dass ich auch die Begleiterscheinung eines solchen Amtes in einer solchen Funktion mitzutragen habe.

Wann war Ihnen klar, dass Politik Ihr Beruf werden soll?

Relativ früh. Bei uns zu Hause wurde viel über Politik debattiert. Das hat mich immer interessiert. Die Frau in der katholischen Pfarrbücherei war total platt, als ich mir mit zwölf Jahren den *Archipel Gulag* von Alexander Solschenizyn ausgeliehen habe. Das war nicht die klassische Kinderliteratur. Im Politik-Leistungskurs in der Oberstufe hatte ich einen fantastischen Lehrer, klassischer Alt-68er. Politisch meilenweit von mir entfernt. Aber er hat immer gesagt, bei ihm gelte jede Meinung, solange sie ordentlich begründet sei. Er hat wirklich zum Diskurs erzogen. Ich habe dann Politik und Jura studiert. In die Kommunalpolitik bin ich durch Zufall während des Studiums gekommen, habe aber schnell festgestellt, dass ich gern konkrete politische Fragen entscheide und dies dann umsetze. Ich habe das Glück gehabt, mein Hobby zum Beruf machen zu können.

Sind Sie auf Ihrem Weg nach oben oft unterschätzt worden?

Ja. Ich habe mich aber in der Situation immer sehr wohlgefühlt. Das spornt mich an. In der Oberstufe mussten wir entweder Musik oder Kunst wählen. Ich habe im Chor gesungen, allerdings kein Instrument gespielt. Aber ich konnte erst recht nicht zeichnen oder malen. Basteln auch nicht, ein Horror. Die Musiklehrerin sagte mir, ich solle Kunst wählen, weil ich ja kein Instrument spiele. Das hat mich so geärgert, dass ich entschied, nun erst recht Musik zu wählen. Ich wollte beweisen, dass ich das kann. Ich habe auch mit einer guten Note abgeschlossen.

Wann wurde Ihnen in jüngerer Zeit etwas nicht zugetraut?

Bei der Landtagswahl im Saarland 2017. Am Wahlabend sagte Oskar Lafontaine zu mir: Na ja, 35 Prozent hätte ich Ihnen ja zugetraut, aber über 40 nun wirklich nicht.

Angela Merkel ist auch einst unterschätzt worden. Ist das für Sie ein strategischer Nachteil, dass nun alle gewarnt sind und Ihnen alles zugetraut wird, auch das Kanzleramt?

Bei meiner Entscheidung, nach Berlin zu gehen, war mir vollkommen klar, dass damit die Debatte verbunden sein wird, ob das der nächste Schritt auf dem Weg zur Nachfolge von Angela Merkel ist. Aber die entscheidende Frage für mich war, lasse ich mich davon abhalten, jetzt das zu machen, was ich für die Partei und auch für mich für richtig halte? Und ich habe mich entschieden, mich nicht davon abhalten zu lassen.

Wie finden Sie es, dass Sie auch die »kleine Merkel« genannt werden?

Ach, ich habe schon so viele Zuschreibungen bekommen. Kleine Merkel. Müllers Mädchen, weil ich Nachfolgerin von Peter Müller als Ministerpräsidentin geworden bin. Das fleißige Lieschen der Landesregierung, weil ich alle möglichen Ministerämter innehatte. Ich kann das nicht verhindern. Ich weiß, wer ich bin und was ich kann. Es gibt ein paar wenige Menschen, deren Meinung mir wichtig ist.

Aber wenn man jetzt an den Musikkurs in der Oberstufe denkt, könnte man ja auch darauf kommen, dass Annegret Kramp-Karrenbauer aus dem Titel »kleine Merkel« nun eine »große Merkel« machen will.

Als ich im Wahlkreis die Nachfolge von Klaus Töpfer angetreten habe, hieß es, das seien riesige Fußspuren, die er hinterlässt. Ich habe mich damals beworben mit dem Satz: Ich will meine eigenen Fußstapfen hinterlassen. Insofern versuche ich mich von all diesen Vergleichen frei zu machen. Man muss seinen eigenen Weg gehen.

Gehört die spöttische »Kann die Frau das überhaupt?«-Frage gegenüber Politikerinnen der Vergangenheit an?

Frauen haben inzwischen alle relevanten Positionen in der deutschen Politik besetzt bis auf das Amt des Bundespräsidenten. Wer jetzt immer noch fragt, ob Frauen dieses oder jenes können, ist aus der Zeit gefallen.

Machen Frauen denn anders Politik als Männer?

Ach, das ist so eine Standardfrage. Die würde ich nie pauschal beantworten. Jeder macht auf eine sehr individuelle Art und Weise Politik. Ich kenne Frauen, die sehr stringent sind, sehr strikt in ihrem Führungsanspruch, und ich kenne sehr empathische Männer. Frauen in der Politik verbindet sicherlich, dass sie bestimmte Erfahrungen zusammen haben. Sie werden sich mit einem Ministerpräsidenten-Kollegen nie über die Frage unterhalten, wie sie an einem Tag mit vielen unterschiedlichen Terminen das Kleiderproblem lösen. Oder was die beste Technik ist, sich im Auto umzuziehen. Hannelore Kraft und ich haben das schon untereinander ausgetauscht. Das würde ich jetzt nicht mit Volker Bouffier oder mit Horst Seehofer besprechen. Die haben das Problem ja auch nicht, die machen den Tag mit einem Anzug durch.

Wie ungerecht. Bei Angela Merkel ist ja immer wieder Gegenstand der Berichterstattung, ob sie beim EU-Gipfel am Abend in Brüssel denselben Blazer anhat, den sie morgens bei der Regierungserklärung im Bundestag trug. Das wäre bei Bundespräsident Frank-Walter Steinmeier nie der Fall.

Das ist in der Tat so. Als ich 1994 für den Bundestag kandidierte, gab es einen Pressetermin mit allen Kandidatinnen in Bonn. Jede sollte sich mit einem kurzen Text vorstellen. Ich habe wochenlang an dem Text gefeilt, was meine Ziele als Bundestagsabgeordnete sein werden. Und dann ging es in einem Artikel im gesamten ersten Teil nur darum, wer von uns was trug. Wer kam im Kleid? Wer im Hosenanzug? Wenn Peter Altmaier da gewesen wäre, hätte sich kein Mensch dafür interessiert, ob der einen blauen oder schwarzen Anzug anhatte. Das ist nun mal bei Frauen so. Dafür haben wir mehr zu bieten als so ein Mann, der kann höchstens noch bunte Socken wählen.

Zurück zur Standardfrage, ob Frauen anders Politik machen als Männer. Warum haben Frauen nicht so gute Netzwerke wie Männer? Wir denken an den einstigen Anden-Pakt einer Reihe junger CDU-Politiker, die sich gegenseitig einen Nichtangriffspakt versprachen? Wie wäre es mit einer weiblichen Gemeinschaft der Gipfelstürmerinnen – Mount-Everest-Connection oder so?

Wir Frauen haben dazugelernt. Das ist eine meiner positivsten Erfahrungen aus der Frauen Union. Sie ist ein großes Netzwerk. Mich verbinden heute Freundschaften mit der Vorsitzenden Annette Widmann-Mauz oder ihrer Vorgängerin Maria Böhmer. Wir unterstützen uns, wir bauen uns gegenseitig auf, wenn es mal schlecht läuft.

Das klingt noch nicht nach dem Gegenstück des sehr wirksamen Old-Boys-Network …

Männer knüpfen Kontakte für Seilschaften nach oben. Sehr funktional. Frauen bilden Netzwerke in die Breite, für etwas, was einen trägt, wenn man mal aufknallt. Wir unterstützen uns auch gegenseitig in unseren Karrieren, aber idealerweise bauen wir strategisch auch Männer mit ein. Und trotzdem ist es keine Seilschaft. Mit Blick auf die Langlebigkeit und Nachhaltigkeit von nützlichen Beziehungen ist dieses Vorgehen das bessere Konzept.

Während der Jamaika-Gespräche sagten Unterhändlerinnen, wenn mehr Frauen der drei Parteien zusammensaßen, sei relativ stringent verhandelt worden – mit den Männern habe es mehr Gepolter gegeben. Stimmt das?

In meiner Arbeitsgruppe war das in der Tat so. Wir waren hart in der Sache, aber eben konziliant im Ton. Einfach in dem Bewusstsein, dass da jetzt vier Partner zusammensitzen, die alle ihre eigene Sicht der Dinge haben. Man darf dem anderen nicht unterstellen, dass er nur das Schlechteste auf der Welt will. Das ist eine andere Gesprächsatmosphäre. Wobei ich sagen muss, dass wir zwei Männer in der Arbeitsgruppe hatten – den CSU-Familienexperten

Paul Lehrieder und den stellvertretenden NRW-Ministerpräsidenten Joachim Stamp von der FDP –, die sich da gut eingefügt haben.

Seit 2005 wird Deutschland von einer Frau regiert, das prägt die junge Generation, die niemand anderen als Angela Merkel als Bundeskanzlerin kennt. Wächst da vielleicht der Wunsch nach einem Mann im Kanzleramt?

Für die heutige Jugend spielt es keine Rolle mehr, ob eine Frau oder ein Mann an der Spitze steht. Es geht sowieso um die konkrete Person. Das hat sich durch Merkels Kanzlerschaft nicht verändert.

Helmut Kohl wurde 1998 nach 16 Jahren Kanzlerschaft auch abgewählt, weil viele Menschen Sehnsucht nach etwas Neuem hatten, neue Inhalte, andere Politik, ein neues Gesicht – die junge Generation kannte nur ihn als Kanzler. Wie ist das heute? Spüren Sie eine Wechselstimmung?

Ich kann diese Frage nicht objektiv beantworten. Ich habe weder Helmut Kohl noch Angela Merkel nur aus der Brille einer einfachen Bürgerin gesehen. Ich bin mit beiden politisch verbandelt.

Welche dicken Bretter müssen in der Frauenpolitik heute noch gebohrt werden?

Beim Thema der Verantwortungsübernahme von Frauen, auch der Repräsentanz in Führungsfunktionen, treten wir noch auf der Stelle. Im Bundestag, in Vorständen, in Start-up-Unternehmen, den Unternehmen der Zukunft, sind noch zu wenig Frauen. Das ist wie im Hamsterrad, hier müssen wir ständig in Bewegung bleiben. Andere Staaten sind weiter als wir. In Amerika ist es verpönt, in einem Vorstand keine angemessene Zahl von Frauen zu haben.

Hat Sie das Ausmaß von #metoo – der großen gesellschaftlichen Debatte über sexuelle Übergriffe – überrascht?

Nein. Es geht in dieser Debatte um ein weites Feld mit fließenden Übergängen. Wann beginnt ein Übergriff? Die Antwort auf diese Frage liegt auch in persönlichen und gesellschaftlichen Einstellungen, was noch tolerabel ist und was nicht. Das wird heute anders diskutiert als noch vor zehn oder vor 20 Jahren. Es ist eine gesellschaftliche Diskussion, an deren Ende veränderte Einstellungen stehen werden und auch stehen müssen.

Werden die Männer jetzt vorsichtiger?

Ich glaube schon. Viele werden sich jetzt ihre Gedanken machen und zurückhaltender sein als vorher.

Wie ist es Ihnen persönlich ergangen?

Ich kann mich nicht erinnern, dass ich mit Kollegen mal in der Situation gewesen wäre, wo ich hätte sagen müssen: Das geht zu weit.

Woran liegt es, dass Sie so etwas gar nicht erlebt haben? Hat das auch mit Auftreten oder mit der Macht von Frauen zu tun?

Nein, das würde ich auf keinen Fall sagen. Wenn das die These wäre, hätten die Frauen wieder die Schuld. Nach dem Motto: Wäret ihr anders aufgetreten, hätte der Kerl seine Finger von euch gelassen. Dieser Eindruck wäre fatal. Jeder Mann ist für sich selbst verantwortlich und kann keiner Frau ein Missverständnis zuschieben oder ihr unterstellen, sie habe ihn provoziert. Ich weiß nicht, woran es liegt, dass ich das nie erlebt habe. Vielleicht habe ich Dinge nicht als übergriffig empfunden, die andere Frauen verletzt haben. Ich bin ziemlich robust. Ich bin froh, dass es so ist.

KAPITEL 4

AN DER MACHT

Mit Herz und Härte

Mit einem Schlag verschafft sich Annegret Kramp-Karrenbauer an diesem Tag bundesweit Respekt. Es ist der 6. Januar 2012, der Tag des Dreikönigstreffens der FDP in Stuttgart. 1866 kamen hier Vertreter demokratischer Volksvereine zu Beratungen zusammen, die Demokratische Volkspartei und ihre Nachfolgepartei FDP machten daraus eine Tradition. In der Staatsoper spricht gerade der neue FDP-Chef Philipp Rösler, als bekannt wird, dass 222 Auto-Kilometer entfernt die erste Jamaika-Koalition auf Landesebene geplatzt ist. Die saarländische Ministerpräsidentin macht dafür die FDP verantwortlich.

An der Saar ist die FDP tatsächlich in einem desaströsen Zustand. Die Fraktion ist führungslos, nachdem ihr Vorsitzender zur CDU übergelaufen ist – und die Partei tief gespalten. Kramp-Karrenbauer selbst ist noch nicht einmal ein halbes Jahr als Regierungschefin im Amt, als sie alle und alles auf die Machtprobe stellt. Ihr Urteil über die Saar-Liberalen steht fest: nichtregierungsfähig.

Mit dem Gedanken, sich aus der Jamaika-Koalition zu befreien, trägt sich die neue Regierungschefin schon einige Zeit. Es ist ein Bündnis ohne Vertrauen. Im August 2011 benötigte sie zwei Durchgänge zur Wahl der Ministerpräsidentin, weil ihr aus den eigenen Reihen zwei Stimmen fehlen. Die Polit-Heckenschützen kennt sie nicht.

Im Silvester-Urlaub in Holland spricht sie mit ihrem Mann über das Chaos bei den Liberalen. Helmut Karrenbauer sagt ihr, er persönlich würde diese Koalition auflösen. Er erinnert sie noch einmal an ihre holprige Wahl zur Regierungschefin. Als sie nach Neujahr wieder ins Saarland kommt, trifft sie sich am 4. Januar mit ihrem Vertrauten Karl Rauber, früherer Staatskanzleichef und graue Eminenz der saarländischen Politik, und mit dem Chef der Saar-SPD Heiko Maas. Es ist nicht das erste Treffen der drei – schon Mitte Dezember hatte Rauber angesichts der desolaten Lage der Koalition Kramp-Karrenbauer ermuntert: »Lass uns doch mit Maas sprechen.« Das taten sie dann auch und wussten danach: Da geht was. Einen Tag später wird auch noch CDU-Fraktionschef Klaus Meiser eingeweiht. Er ist gegen den Bruch.

In diesen Tagen telefoniert sie auch mit der Kanzlerin, die damals selbst auf Bundesebene mit einer taumelnden FDP als Partner von einer Krise in die nächste stolpert. Kramp-Karrenbauer schildert die Lage der FDP: zerstritten, überfordert, Affäre. Merkel kommt das bekannt vor. Auch auf Bundesebene erweisen sich die Liberalen als schwieriger Regierungspartner. Dennoch appelliert sie an die Saarländerin durchzuhalten. Man müsse sich »durchbeißen«, meint die Kanzlerin. Schließlich macht sie das auf Bundesebene ja auch. Kramp-Karrenbauer ist nicht überzeugt.

Obwohl das Risiko hoch ist, dass mit einem Scheitern des Bündnisses die CDU die Macht im Saarland verlieren könnte, fährt die noch neue Ministerpräsidentin volles Risiko. Sie setzt eine gut durchdachte zweieinhalbseitige Erklärung mit dem Tenor auf: erst das Land, dann die Parteien. Merkel informiert sie nicht noch einmal.

Sie wirft die FDP in Saarbrücken aus der Landesregierung, während Rösler vor der versammelten Liberalen-Prominenz gerade seine Pläne für 2012 skizziert. Auf Bundesebene liegt die Partei laut Umfragen unter fünf Prozent. Während der FDP-Parteichef auf der Bühne der Staatsoper Stuttgart redet, leuchten im Saal und auf den Rängen die Bildschirme der Handys. »Wir saßen da wie die dummen Jungen. Vorne spricht Rösler. Im Publikum gehen die SMS ein, dass die Koalition geplatzt ist.« Rösler kann man nicht warnen, er spricht ja gerade. »Das macht man nicht«, sagt Jörg-Uwe Hahn, damals Justizminister in Hessen.

Die in den Bruch Eingeweihten und Kramp-Karrenbauer beteuern bis heute, dass ihnen das Datum schlicht nicht präsent gewesen sei. Die FDP verzeiht der CDU-Politikerin dieses Timing dennoch nicht. »Ich weiß nicht, was schlimmer ist, wenn man ein solches Datum nicht auf dem Schirm hat oder wenn man extra an einem solchen Tag eine Koalition auflöst«, sagt Daniel Bahr, damals Bundesgesundheitsminister für die FDP. Er verweist auf den Druck, unter dem die Bundesregierung aus Union und FDP zu diesem Zeitpunkt steht. »Die FDP wollte mit einem erfolgreichen Auftakt bei Dreikönig wie jedes Jahr den Ärger abschütteln und neuen Schwung gewinnen.« Eine Regierung in einem Bundesland aufzukündigen habe immer auch eine bundespolitische Wirkung, betont Bahr.

Bevor Kramp-Karrenbauer ihre Erklärung zum Bruch der Jamaika-Koalition in die Kameras spricht, ruft sie ihrer öffentlichen Erklärung zufolge Vize-Ministerpräsident Christoph Hartmann (FDP) und den damaligen Grünen-Fraktions- und -Parteichef Hubert Ulrich an. Ulrich kann sich an ein solches Telefonat nicht erinnern. Bei Hartmann ist die Nachricht trotz der geringen Zahl der Mitwisser über die Medien schon angekommen. »Du hast es wahrscheinlich schon gehört«, sagt

Kramp-Karrenbauer zu Hartmann am Telefon. Tatsächlich hat er schon einen Anruf seiner Pressesprecherin erhalten, die ihm die schlechten Nachrichten überbracht hat. Sein Fernseher im Büro des Wirtschaftsministers läuft: Der Saarländische Rundfunk berichtet bereits, was ihm die Regierungschefin zu sagen hat. Das Telefonat mit AKK dauert zwei Minuten. Danach haben sie keinen Kontakt mehr. Bis heute.

Nach dem Jamaika-Aus gehen Hartmann und Ulrich getrennte Wege. Ulrich bleibt noch bis 2017 Chef der Saar-Grünen und mischt weiter in der Kommunalpolitik mit. Hartmann zieht sich ganz aus der Politik zurück, lebt mit seiner Familie in Dudweiler, einem Vorort von Saarbrücken. Er ist heute Finanzdirektor eines Unternehmens mit 350 Mitarbeitern und lehrt als Wirtschaftsprofessor in Luxemburg. Rückblickend formulieren die beiden so unterschiedlichen Typen erstaunlich übereinstimmend ihre Sicht auf die Ereignisse von damals. »Vertragsbruch« werfen ihr beide vor. »Es gab keinen Grund, die Koalition zu brechen. Eine Koalition ist am Ende, wenn man keine Mehrheiten mehr zustande bekommt«, sagt Ulrich. Das sei bei Jamaika im Saarland aber nicht der Fall gewesen. »Es gab keine klassische Koalitionskrise.« Kramp-Karrenbauer habe die Saar-FDP zum »Sündenbock« gemacht, kritisiert Hartmann. Er räumt ein, die Liberalen hätten damals einen hohen Anteil an den Problemen der Koalition gehabt. »Die FDP hat viele Fehler gemacht. Diese Koalition hätte aber weitergeführt werden können.« Hartmann sieht bei Kramp-Karrenbauer das Muster, in schwierigen Situationen öffentlich vorzupreschen, um sich die Deutungshoheit zu sichern.

Hartmann beteuert, noch in der ersten Januarwoche habe die FDP Kramp-Karrenbauer angekündigt, ihre Personalprobleme bis zum Wochenende zu lösen. Darauf habe sie aber sehr kühl reagiert. »Geplant war, dass ich mich als Wirtschaftsminister zurückziehe und Fraktionschef werde«, sagt

Hartmann. Die Entscheidung der Ministerpräsidentin ist da aber bereits gefallen.

Beide früheren Koalitionspartner verweisen auch auf den Druck, unter dem die Ministerpräsidentin wegen einer Museumsaffäre stand. Damals holt sie ein Fehler aus ihrer Zeit als Kultusministerin ein. Sie veranschlagte die Kosten für einen Museumserweiterungsbau in Saarbrücken deutlich zu niedrig. Es bleibt der einzige Skandal, der mit dem Namen Kramp-Karrenbauer verbunden ist. Hartmann und Ulrich vermuten, dass sie mit dem Koalitionsbruch darauf spekulierte, die Sozialdemokraten in die Regierung zu holen, um den damals bereits eingesetzten Untersuchungsausschuss zu dem Museumspavillon leichter zu überstehen. In SPD-Kreisen wird das ähnlich gesehen.

Kramp-Karrenbauer hat sich aber auch anders als ihr Vorgänger Peter Müller immer gut mit Saar-SPD-Chef Heiko Maas verstanden. Ulrich sagt, sie sei von Anfang an bei Jamaika nicht mit dem Herzen dabei gewesen. Respekt zollt er ihr allerdings für ihre politischen Überlebensinstinkte: »Für sich und für die CDU hat Kramp-Karrenbauer richtig gehandelt. Sie ist eine Machtpolitikerin.«

Als die Ministerpräsidentin ihre Kündigung an FDP und Grüne öffentlich macht, trägt sie ein schwarzes Jackett und eine Kette mit weißen Perlen – was auch für einen Trauerakt passend gewesen wäre. Der Koalition weint sie aber keine Träne nach. Mit ruhiger Stimme trägt sie vor offenen Mikrofonen, klickenden Fotoapparaten und laufenden Kameras fast wortgetreu ihre vorbereitete Erklärung vor. Sie verweist auf ihr Versprechen, »Schaden von unserem Land abzuwenden«. Dann benennt sie die Aufgaben, vor denen das Saarland steht, unter anderem Schuldenabbau, die Aufrechterhaltung der öffentlichen Infrastruktur und die Umsetzung der Energiewende. Sie führt den »Zustand der Zerrüttung« an, in dem sich die Liberalen befinden. Während sie spricht, dreht sie den Kopf mal nach rechts, mal nach links, sodass alle Kameraleute ihre unbewegten Gesichtszüge einfangen können. Ihre Gefühle lässt sie in dieser bis dahin schwierigsten Situation ihrer Karriere nicht durchscheinen. Die Zukunftsaufgaben erforderten von den die Landesregierung tragenden Parteien »Mut, Geschlossenheit und Handlungsfähigkeit«, fährt sie fort. Die seit Monaten anhaltenden Zerwürfnisse innerhalb der Saar-FDP stellten dieses »notwendige Fundament aus Vertrauen, Stabilität und Berechenbarkeit« in einem Maße infrage, das aus ihrer persönlichen Sicht und aus Sicht der Saar-CDU nicht mehr länger hinnehmbar sei.

Es dauert nicht lange, da hat die saarländische Regierungschefin die Kanzlerin am Telefon. Merkel schreit selten. In diesem Moment jedoch muss Kramp-Karrenbauer den Telefonhörer eine Armlänge vom Ohr entfernt halten. Die Kanzlerin ist außer sich. Auf Bundesebene muss sie sich mit den Liberalen über den Atomausstieg, die Eurorettung und ausbleibende Steuersenkungen auseinandersetzen. Mit dem geplatzten Bündnis im Saarland, ausgerechnet am Dreikönigstag, handelt sie sich zusätzlich Ärger mit der FDP ein. Dass Merkel nicht eingeweiht war, wollen die Liberalen erst einmal nicht glauben.

Kramp-Karrenbauer aber hat nun einen rationalen und zugleich radikalen Schlussstrich unter ein Bündnis gezogen, dessen Entstehung schon einen Untersuchungsausschuss beschäftigte. Die Geschehnisse von damals sind spannend wie ein Krimi und illustrieren, wie eng in dem nur knapp eine Million Einwohner zählenden Saarland die Mächtigen miteinander verwoben sind: Am Anfang des bundesweit ersten Jamaika-Bündnisses auf Landesebene steht eine erdrutschartige Wahlniederlage. Die CDU von Ministerpräsident Peter Müller stürzt bei den Wahlen 2009 auf 34,5 Prozent. Noch fünf Jahre zuvor hatte sie mit 47,5 Prozent die absolute Mehrheit errungen. Damit steht das Saarland vor einer Richtungsentscheidung mit den Grünen als Zünglein an der Waage. Rot-Rot-Grün unter dem damaligen saarländischen SPD-Landeschef Heiko Maas und Linken-Führer Oskar Lafontaine könnte eine Regierungsmehrheit auf sich vereinen. CDU-Chef Müller, der eine Große Koalition vermeiden möchte, ist nur noch mit FDP und Grünen im Bunde mehrheitsfähig. Grünen-Chef Hubert Ulrich, dessen Partei gerade einmal 5,9 Prozent bei der Landtagswahl errungen hat und damit nur drei Mitglieder in den saarländischen Landtag entsenden kann, entscheidet sich für das Bündnis mit den bürgerlichen Parteien.

Als Zukunftsprojekt, gar als politische Avantgarde lässt sich das »Saarmaika«-Bündnis, wie die Koalition an der Saar in Kombination aus den Farben der jamaikanischen Flagge Schwarz, Grün und Gelb auch genannt wird, allerdings nicht verkaufen. Dafür gibt es zu viele Fragen nach und Berichte über den schillernden Unternehmer Hartmut Ostermann. Ostermann ist zu diesem Zeitpunkt FDP-Mitglied und Kreisvorsitzender seiner Partei in Saarbrücken. Er herrscht über die Altenheimkette Pro Seniore mit mehr als 100 Einrichtungen bundesweit, besitzt Hotels und andere Firmenbeteiligungen. Von 1998 bis 2007 ist er Präsident des 1. FC Saarbrücken. Seit 2013 steht er wieder an der Spitze des Vereins. Nicht nur seine Vorliebe für Sonnenbrillen und schwarze Hemden trägt ihm den Beinamen »Pate von der Saar« ein. Mit Geschick und Geld pflegt der umtriebige Geschäftsmann über Jahre enge Kontakte in die Politik. 2002 wird er wegen des Vorwurfs der »gewerbsmäßigen Steuerhinterziehung« über 17 Millionen Euro festgenommen, aber nach wenigen Tagen wieder entlassen. Das Verfahren wird eingestellt. Für den Gefängnisaufenthalt bekommt er eine Entschädigung. Fünf weitere Ermittlungsverfahren in Steuersachen gegen Ostermann oder seine Firmen werden im Oktober 2009 von der Saarbrücker Staatsanwaltschaft ebenfalls eingestellt. Diese Entscheidung fällt ausgerechnet in die Zeit der Jamaika-Verhandlungen, bei denen Ostermann als FDP-Kreisvorsitzender mitmischt. Auch diesen Umstand machen die Oppositionsparteien im Untersuchungsausschuss zum Thema.

Zentrale Figuren der damaligen Jamaika-Koalition stehen in enger Verbindung zu Ostermann. So verdingt sich CDU-Fraktionschef Klaus Meiser jahrelang als Projektmanager der Hotelkette Victor's, die zu Ostermanns Geschäftsgeflecht gehörte. FDP-Fraktionschef Horst Hinschberger ist bis 2010 Präsident des 1. FC Saarbrücken, dessen früherer Präsident und Dauer-Sponsor wiederum Ostermann ist. Viel Kritik erntet auch die zentrale Figur der Grünen der Jamaika-Koalition, Hubert Ulrich. Er steht viele Jahre bei der IT-Firma, think & solve in Lohn und Brot, an der Ostermann damals mit 25 Prozent beteiligt ist. Vollzeit ist Ulrich dort nur von 2001 bis 2002 beschäftigt. Während seiner aktiven Zeit als Landtags- und Bundestagsabgeordneter hält er das Arbeitsverhältnis in geringem Umfang aufrecht, um – wie es der Abschlussbericht des Untersuchungsausschusses im Landtag zur Regierungsbildung festhält – »sich eine berufliche Basis im Falle des Ausscheidens aus der Politik zu erhalten«. Zum 1. Oktober 2009, also kurz vor der endgültigen Entscheidung für ein Jamaika-Bündnis im Saarland, kündigt er sein Arbeitsverhältnis mit think & solve.

Die Parteispenden des Unternehmers beschäftigen den Untersuchungsausschuss mit der Frage, ob Ostermann die Bildung der Jamaika-Koalition mit Geldgaben befördert habe. Allerdings zeigt sich der Unternehmer nicht nur gegenüber den Grünen großzügig. Regelmäßig spendet er auch an FDP, CDU und SPD. Allein die Linke geht leer aus. Das Ergebnis des Untersuchungsausschusses ist erwartbar: In dem am 27. September 2011 veröffentlichten Abschlussbericht halten die Oppositionsfraktionen fest, dass eine unternehmerische Einflussnahme auf die Regierungsbildung offensichtlich gewesen sei. Die Regierungsfraktionen kommen hingegen zu dem nicht überraschenden Schluss, Spekulationen über eine gezielte Beeinflussung der Grünen hätten ausgeräumt werden können. Zu diesem Zeitpunkt war die Koalition schon fast am Ende.

Während Ulrich immer wieder beteuert, allein aus politischer Überzeugung das Jamaika-Bündnis eingegangen zu sein, wird er von jenen, die auf Rot-Rot-Grün im Saarland gesetzt hatten, scharf, mitunter polemisch angegriffen. »Saarlands Grünen-Chef Hubert Ulrich halte ich seit langem für eine zweifelhafte Persönlichkeit. Er ist ein Mafioso«, sagt der damalige Europa-Parlamentarier der Grünen, Daniel Cohn-Bendit, in einem Interview mit der *taz* am 12. Oktober 2009. Allerdings hatte Ulrich einen Koalitionsvertrag ausgehandelt, der so viele grüne Projekte enthielt, dass es in der Union Ärger über die Dominanz des kleinsten Koalitionspartners gab.

Lafontaine, von 1985 bis 1998 Ministerpräsident des Saarlandes für die SPD, begleitet den Start des Jamaika-Bündnisses an der Saar mit beißendem Spott. »Der Ministerpräsident dieses Landes heißt nicht Müller, sondern der heimliche Ministerpräsident dieses Landes heißt Ostermann«, sagt Lafontaine im Landtag. Dabei zielt er darauf, dass Ostermann bei den Koalitionsverhandlungen seine Hände im Spiel hatte und sogar von der FDP in den Koalitionsausschuss berufen worden ist.

Um Peter Müller gibt es schon während seiner Amtszeit als Jamaika-Regierungschef die Gerüchte, er wolle Verfassungsrichter in Karlsruhe werden. Seinen Rückzug vom Amt des Ministerpräsidenten und vom Parteivorsitz der Saar-CDU erklärt er am 22. Januar 2011. Er schlägt seine politische Ziehtochter und damalige Arbeits- und Sozialministerin Kramp-Karrenbauer als Nachfolgerin vor. Obwohl die Koalitionspartner von FDP und Grünen Zustimmung zur Rochade in der Staatskanzlei signalisiert haben, erhält Kramp-Karrenbauer im ersten Wahlgang am 10. August 2011 nur 25 Stimmen der 51 Landtagsabgeordneten. Zwei Stimmen weniger, als die Koalition Mandate besitzt. In der Neuauflage des Jamaika-Bündnisses unter Kramp-Karrenbauer ist also von Anfang an Misstrauen gesät. Der Verdacht fällt auf zwei FDP-Abgeordnete. Es bekennt sich aber niemand. Es gilt auch nicht als ausgeschlossen, dass der Kandidatin zumindest eine Stimme aus der CDU fehlte.

Erst im zweiten Wahlgang kann sich Kramp-Karrenbauer durchsetzen. Jenseits des mühsamen Regierungsgeschäfts im Saarland braucht sie die FDP im November noch einmal, um eine wichtige Personalie glatt zu ziehen: Der Bundesrat wählt am 25. November 2011 einen neuen Verfassungsrichter. Im Vorfeld telefoniert Kramp-Karrenbauer mit dem damaligen Koordinator der FDP-Länder, Jörg-Uwe Hahn, um sich der Stimmen der Liberalen für Peter Müller im Bundesrat zu vergewissern. »An ein Telefonat mit Kramp-Karrenbauer kann ich mich gut erinnern. Sie hat die Moralplatte aufgelegt und gesagt, die bürgerlichen Parteien müssten zusammenhalten«, sagt Hahn. An der Qualität von Müller als Jurist habe er nicht gezweifelt. »Ich wollte aber eine Gegenleistung haben.« Das Präsidium der Bundes-FDP beschließt dann jedoch, dass man Müller im Bundesrat unterstützen wolle – ohne Gegenleistung. Die FDP habe nicht im Weg stehen wollen, sagt Hahn.

Nach dem Jamaika-Aus geht der dramatische Machtpoker an der Saar weiter. Kramp-Karrenbauer bietet Maas Sondierungsgespräche an. Mit der Aussicht auf eine Regierungsbeteiligung bringt Maas seine SPD-Fraktion dazu, am 18. Januar 2012 für die Entlassung der vier Minister von FDP und

Grünen aus der Regierung zu stimmen. Ohne die Stimmen der Sozialdemokraten wäre Kramp-Karrenbauer die Minister nicht losgeworden. Die SPD hat keinen Vorteil von der Gefälligkeit. Kommissarisch übernehmen die CDU-Minister die Ressorts. Der Plan von Maas besteht darin, eine große Koalition zu bilden und dann die nächste Landtagswahl um ein Jahr auf den Tag der Bundestagswahl 2013 vorzuziehen. Die Sozialdemokraten könnten dann aus der Regierungsposition heraus Wahlkampf machen. Doch seine Landespartei drängt ihn zur sofortigen Neuwahl. Die Umfragen stehen zu diesem Zeitpunkt gut für die Sozialdemokraten, sie versprechen sich einen schnellen Regierungswechsel. Maas befürchtet eher, dass sich Kramp-Karrenbauer Respekt und Reputation mit dem Bruch der Koalition verschafft hat, die von vielen als Chaos wahrgenommen worden war.

Sie reden an diesem 19. Januar 2012 stundenlang unter vier Augen. Die beiden schätzen sich. Aber ihr gemeinsamer Wunsch, mit einer großen Koalition weiterzuregieren, scheitert. Es kommt der nächste Paukenschlag für das Saarland: Neuwahl. Eine große Koalition verabreden Maas und Kramp-Karrenbauer dennoch schon jetzt für die Zeit nach dem Wahlkampf. Der Deal: Wer die Mehrheit bekommt, stellt den Ministerpräsidenten. Der andere gibt den Juniorpartner. Als Ministerpräsidentin mit einem reinen CDU-Kabinett hat Kramp-Karrenbauer eine gute Startposition.

Am 27. Januar verteidigt Maas im Landtag seinen Pakt mit AKK. »Es geht um stabile Verhältnisse«, mahnt er. Mehrfach verweist er in seiner Rede auf den Sanierungsbedarf des Saarlands und warnt, dass sich ein Sparhaushalt mit den Linken nicht machen lasse. Seine Entscheidung für die Koalitionsaussage an die CDU lädt er dramatisch auf. Es gehe um nicht mehr oder weniger »als die eigenständige Existenz dieses Landes«. Als Faustpfand listet er die Universität des Saarlands, das Staatstheater und den Saarländischen Rundfunk auf. Im Wahlkampf plakatiert die Linke eine Fotomontage mit Kramp-Karrenbauer und Maas als Brautpaar – sie steht im Vordergrund, er schüchtern hinter ihr.

Maas zieht den Kürzeren. Die CDU gewinnt die Wahl. Kramp-Karrenbauer bleibt am Ruder. Maas hält sich an die Vereinbarung und geht trotz Spott und Kritik eine große Koalition ein. Der saarländische Karneval dankt. Maas wird nach drei verlorenen Landtagswahlen zur Zielscheibe der Pointen.

Lange muss es Maas aber nicht mehr im Saarland aushalten. Überraschend holt ihn der damalige SPD-Chef Sigmar Gabriel Ende 2013 als Justizminister in die neu aufgelegte große Koalition unter Merkel. Im Saarland übernimmt Anke Rehlinger den Posten der Vize-Regierungschefin. Die Begeisterung von Kramp-Karrenbauer über diesen Personalwechsel bei ihrem Koalitionspartner sei »überschaubar« gewesen, sagt Rehlinger. Sie ist Juristin, ansonsten das Gegenteil des Triathleten Maas: groß, kräftig, offensiv. Den saarländischen Landesrekord im Kugelstoßen aus dem Jahr 1996 hält sie bis heute: 16,03 Meter.

Ein Vertrauensverhältnis wie mit Vorgänger Maas entwickelt sich zwischen Kramp-Karrenbauer und ihr nicht. »Sie ist die saarländische Variante der Kanzlerin. Sie reagiert eher, als dass sie agiert«, sagt Rehlinger.

Wie die Kanzlerin läuft Kramp-Karrenbauer auch zur Hochform auf, wenn sie mit dem Rücken zur Wand steht, wie beispielsweise im Landtagswahlkampf 2017. Deutschland steckt gerade im Schulz-Hype, in jenem kurzen und heftigen Aufwind für die SPD in den Umfragen, den die überraschende Kanzlerkandidatur von Martin Schulz auslöste. Eine am 9. März veröffentlichte Forsa-Umfrage sieht die CDU im Saarland bei 34 und die SPD bei 33 Prozent. Nun lädt die Ministerpräsidentin im Wahlkampf noch einmal nach. Ihre Staatskanzlei verbreitet am 13. März 2017 eine kurze Erklärung, in der sie ankündigt, keine Wahlkampfauftritte türkischer Politiker zuzulassen. »Wahlkampfauftritte, die den inneren Frieden in unserem Land gefährden, gehören verboten«, heißt es darin. Bis dahin ist kein türkischer Spitzenpolitiker auf die Idee gekommen, ausgerechnet im Saarland für das Verfassungsreferendum zu werben, um das es damals geht. Im Vergleich zu NRW und Berlin leben im Saarland auch kaum Türken. Aber das Thema elektrisiert bundesweit. Kramp-Karrenbauer bekommt mit ihrem Vorstoß Schlagzeilen in allen großen Zeitungen und auf den viel geklickten Online-Portalen. Ein medialer Volltreffer – zu einem Zeitpunkt, zu dem CDU und SPD in den Umfragen nah beieinanderliegen. Die deutsche Öffentlichkeit sieht Wahlkampfauftritte türkischer Spitzenpolitiker höchst kritisch, ebenso die Nazi-Vorwürfe des türkischen Präsidenten Erdoğan gegen Deutschland. Rehlinger, die da noch hofft, mit ihren Themen und im Zuge der damaligen Begeisterung für den SPD-Kanzlerkandidaten Martin Schulz Ministerpräsidentin zu werden, nötigt der Vorstoß rückblickend Respekt ab: »Das hatte zwar keine sachliche Grundlage. Aber das war kein schlechter Schuss.«

Kramp-Karrenbauer geht in diesem Wahlkampf aufs Ganze. Am selben Tag erscheint auch ein Artikel in der *Saarbrücker Zeitung*, in dem sie indirekt mit ihrem Ausstieg aus der Politik oder zumindest aus dem Regierungsgeschäft droht, wenn sie nicht die Nummer eins bleibt. »Ich stehe nur als Ministerpräsidentin weiter zur Verfügung«, sagt sie. Es ist ein kalkuliertes Risiko, denn ihr spielt in die Hände, dass die Sozialdemokraten laut über ein Bündnis mit den Linken nachdenken. Die Saarländer sind aber zufrieden mit ihrer großen Koalition – der Garant für ihre Fortsetzung ist mit diesem Satz die leutselige Landesmutter. Ihr Wahlsieg mit 40,7 Prozent ist dann trotzdem eine Sensation. In der CDU heißt es, sie habe den Schulz-Zug gestoppt. Persönlich hatte Kramp-Karrenbauer aber alles auf eine Karte gesetzt. »Oppositionsführerin hätte sie nicht gemacht«, da sind sich ihre Vertrauten einig.

Es ist diese Risikobereitschaft, diese Entschlossenheit, harte Arbeit und die Fähigkeit, brutale Geduldsproben aushalten zu können. Es ist dieser unbedingte Wille zur Macht, den es braucht, um in der Politik ganz nach oben zu kommen. Dort, wo Angela Merkel seit 2005 steht.

Ein bekennender Fan der Bundeskanzlerin ist Baden-Württembergs Ministerpräsident Winfried Kretschmann. Er ist unverdächtig, die CDU pushen zu wollen, denn er ist Grüner. Der erste Ministerpräsident seiner Partei. Er hat es im Südwesten geschafft, die CDU zum Juniorpartner zu machen. Insofern hat er ein Gespür für die Christdemokraten entwickelt, die ihm näher sind als die Linken. In den Konferenzen mit der Kanzlerin und seinen 15 Amtskollegen hat er sich so manches Mal Gedanken über die Zeit nach der Merkel-Ära gemacht. Und er ist zu dieser Einschätzung gelangt: »Keiner von uns Ministerpräsidenten kann Angela Merkel das Wasser reichen. Sie spielt in einer ganz anderen Liga.« Kramp-Karrenbauer hat ihn aber neugierig gemacht. »Ich hätte in 100 Jahren nicht geglaubt, dass eine Ministerpräsidentin Generalsekretärin wird. Das nötigt mir Respekt ab. Der Weg ist normalerweise umgekehrt, weil man vom Parteiamt endlich in die Exekutive will.« Kramp-Karrenbauer habe mit Herz das Saarland vertreten, sie sei sachorientiert, kompetent, führungsstark und jovial. Und: »Sie macht Politik mit Klarheit und Härte.«

Kretschmanns Erfahrung, dass Politiker vom Parteiamt in die Exekutive wollen, muss aber gar kein Widerspruch zu Annegret Kramp-Karrenbauer sein. Ihr nächster Schritt wäre nur vom Parteiamt ins Kanzleramt. Mit Herz und Härte.

INTERVIEW

»Darauf vorbereitet, den nächsten Sprung zu machen«

Sie haben 2012 die FDP aus der Jamaika-Koalition im Saarland herausgeworfen. Würden Sie wieder so handeln?

Ja!

Kanzlerin Angela Merkel hat Ihnen damals von dem Schritt abgeraten. Hätten Sie politisch das erreicht, was Sie erreicht haben, wenn Sie auf sie gehört hätten?

Das ist schwer zu beantworten. Für die CDU im Saarland wäre es schwierig gewesen, in der damaligen Jamaika-Konstellation verantwortliche und verantwortbare Politik fürs Land zu leisten. Das aber ist das A und O, um als Regierungspartei wiedergewählt zu werden.

Sie haben die Regierung ausgerechnet am 6. Januar, dem Tag des traditionellen Dreikönigstreffens der Liberalen, aufgelöst. Die tragen Ihnen das bis heute nach. Wie schlecht ist Ihr Verhältnis heute zur FDP?

Das spielt sicher bei dem ein oder anderen noch eine Rolle – insbesondere bei denen, die landespolitisch Verantwortung getragen haben. Das wird wahrscheinlich nie ganz vergehen, trotzdem muss man professionell miteinander arbeiten können.

Das heißt, Sie könnten heute mit der FDP von Christian Lindner wieder koalieren?

Ich habe mit Christian Lindner ja noch nie in einer Koalition zusammengearbeitet. Insofern kann ich das nicht beurteilen.

Können Sie es sich denn vorstellen – nach dem Desaster bei den Jamaika-Verhandlungen auf Bundesebene?

Eine Koalition muss von gemeinsamen Projekten getragen sein, die man miteinander verwirklichen möchte. Es bedarf zudem eines Grundstocks an Vertrauen. Da müsste man die Vergangenheit zunächst miteinander aufarbeiten.

Sie haben schon mit FDP, Grünen und SPD zusammengearbeitet. Welcher Partner war aus Ihrer Sicht am geschmeidigsten?

Das ist kein Maßstab für Koalitionen, wer nun am angenehmsten für die CDU ist. Es geht um die Frage, mit wem die CDU die meisten Inhalte fürs Land umsetzen kann. Im Saarland war die inhaltliche Nähe zur FDP am größten. Die schwierigsten inhaltlichen Debatten mussten wir mit den Grünen führen. Wenn die ausgetragen waren, standen die Grünen aber als sehr verlässlicher Koalitionspartner zu den Entscheidungen. Für bürgerliche Politik haben wir nach wie vor mit der FDP die größte Schnittmenge.

2017 haben Sie noch einmal alles auf eine Karte gesetzt. Kurz vor der Wahl haben Sie gegenüber der Saarbrücker Zeitung *gesagt, dass Sie nur als Ministerpräsidentin zur Verfügung stehen. War das ernst gemeint?*

Das war ernst gemeint, und das war meine Antwort auf den Versuch der anderen politischen Parteien, eine Kampagne zu fahren, wonach es nicht schlimm wäre, wenn ich nicht wiedergewählt werden würde, da der Ersatzjob in Berlin ja schon bereitstehe. Deshalb war es für mich wichtig, deutlich zu machen, dass es um die Frage geht, wer Ministerpräsidentin wird. Also habe ich erklärt: Ich stehe für dieses Amt zur Verfügung und für kein anderes. Es gab ja auch Spekulationen, dass die Saar-CDU den Termin für die Listenaufstellung zum Bundestag nach der Landtagswahl gelegt habe, damit ich für den Bundestag kandidieren kann. Dem wollte ich klar entgegentreten, deshalb bin ich so deutlich geworden. Diese Festlegung hat in meiner eigenen Partei nicht nur für Begeisterung gesorgt. Es gab viele irritierte Reaktionen: Wie kann man kurz vor einem Wahltermin vom eigenen Scheitern reden und sagen, was man im Fall einer Niederlage tut? Ich bin in dieser Frage nach meinem Bauchgefühl gegangen. Im Nachhinein hat es sich als richtig erwiesen, alles auf eine Karte zu setzen.

Hätten Sie sich im Fall einer Wahlniederlage wirklich aus der Politik zurückgezogen?

Ja.

Was hätten Sie gemacht?

Ich hätte zuerst eine Auszeit genommen, um mich nach vielen Jahren in der Politik zu sortieren. Dann hätte ich mit meinem Mann und meiner Familie besprochen, wie wir uns das weitere Leben vorstellen. Danach hätte ich vermutlich geschaut, wie ich mich ehrenamtlich engagieren kann. Wahrscheinlich hätte ich mich aktiver in die Hospiz-Arbeit eingebracht. Ich war viele Jahre Schirmherrin der Arbeitsgemeinschaft Hospiz im Saarland, und ich muss sagen, dass ich vor dieser Arbeit eine riesige Hochachtung habe.

Hätte sich Ihre Familie gefreut, wenn Sie komplett aus der Politik ausgestiegen wären?

Ich bin mir nicht ganz sicher, ob sie sich gefreut hätten. Es wäre schon schön gewesen, mehr Zeit fürs Privatleben zu haben – vor allem für meinen Mann. Meine Kinder sind ja inzwischen erwachsen. Aber mein Mann war skeptisch, ob ich das wirklich durchhalten könnte.

Sie hatten im Wahlkampf zugesagt, dass Sie im Saarland bleiben wollten. Nehmen es Ihnen die Leute übel, dass Sie dann doch nach Berlin gewechselt sind?

Der Wechsel nach Berlin war für mich auch keine einfache Entscheidung. Bei einer Wahl gewinnt man mehr als das Kreuz auf dem Papier. Man gewinnt Vertrauen. Gerade bei dieser Wahl 2017 im Saarland haben mir viele Menschen über die Stammwählerschaft hinaus ihre Stimme und ihr Vertrauen geschenkt. Damit geht man nicht leichtfertig um. Es gibt sicher einen Teil, der mir das übel nimmt, was ich auch nachvollziehen kann. Die Mehrheit aber akzeptiert es, auch aus dem Grund, weil ich nicht in ein Ministeramt gewechselt bin, sondern weil ich ins Parteiamt gegangen bin.

Merkel wird oft als Physikerin der Macht beschrieben. Kann man sagen, dass Sie eine Pokerspielerin der Macht sind?

Nein. Ich bin überhaupt keine Pokerspielerin. Ich habe noch nicht einmal ein Pokerface. Ich spiele auch nicht gern.

Wenn Sie nicht gern spielen, wie wichtig ist dann Geduld, um Macht zu erlangen?

Geduld ist sehr wichtig. Es ist oft eine Frage von Gelegenheiten, von Zufällen, von Entwicklungen, die zu Ämtern führen. Es ist ein verklärtes Bild von Politik, wenn man meint, politische Karrieren könnten zu 100 Prozent durchgeplant werden. Vieles ergibt sich einfach. Ich habe nie gesagt: Heute bin ich in jenem Amt, in einigen Jahren möchte ich ins nächste Amt kommen. Für mich gilt: Das Amt, das ich innehabe, möchte ich bestmöglich ausfüllen, und dann wird man schauen, was kommt. Ergibt sich eine Gelegenheit, dann ist man mit einer guten Arbeitsbilanz darauf vorbereitet, den nächsten Sprung zu machen. Ergibt sich diese Gelegenheit nicht, dann kann man immer sagen, man hat sein Bestmögliches geleistet. Mit dieser Einstellung bin ich bisher stets gut gefahren.

Was bedeutet Ihnen Macht?

Macht ist für mich die Möglichkeit, etwas umzusetzen. Im Saarland habe ich 15 Jahre Oppositionszeit mitgemacht. In dieser Position kann man sich die tollsten Dinge ausdenken. Es ist aber frustrierend, wenn man sie nicht verwirklichen kann. Macht ist vor allem auch eine sehr hohe Verantwortung und manchmal eine Last.

Die Protagonisten von 2012 im Saarland haben Sie auch als harte Machtpolitikerin in Erinnerung. Ist der Eindruck richtig?

2012 war die Lage im Saarland sehr speziell. Ich habe lange mit mir gerungen, ob ich den Schritt machen kann, die Regierung aufzulösen, und ob der Schritt verantwortbar ist. Am leichtesten ist mir noch die Entscheidung darüber gefallen, ob auch ich selbst alle persönlichen möglichen Konsequenzen tragen kann, die sich aus einem möglichen Machtverlust ergeben. Ja, ich bin jemand, der Entscheidungen trifft, wenn es notwendig ist.

Als Ministerin und Ministerpräsidentin im Saarland haben Sie vor wichtigen Reformen immer eine Art Zuhör-Tour veranstaltet. Lässt sich dieses Prinzip, alle Betroffenen einzubinden, auch auf die Bundesebene übertragen?

In dieser Intensität, wie das im Saarland möglich war, lässt sich das auf Bundesebene nicht realisieren. Im Saarland kann man ohne Zuhören gar nicht Politik machen. Auf der Bundesebene muss man aber auch gut überlegen, welche Themen konfrontativ ausgetragen werden müssen und bei welchen es sich lohnt, um einen Konsens zu ringen. Es ist ein besonderer Ausdruck von Stabilität, wenn es zum Beispiel gelingt, in den großen sozialpolitischen Fragen wie einer Rentenreform einen gesellschaftlichen Konsens zu schaffen. In schwierigen Situationen – wie in wirtschaftlichen Krisenzeiten – kann es auch sein, dass man eine nationale Kraftanstrengung braucht. Das geht nur im Konsens.

Im Abwägen von Konfrontation und Konsens – wie groß ist Ihr persönliches Bedürfnis, gemocht zu werden?

Für eine Politikerin eigentlich zu groß.

Also, Sie nehmen lieber den Konsens, wenn es geht?

Ich bin nicht der Typ, der bewusst die Konfrontation sucht. Ich versuche mich in die Lage des anderen zu versetzen und nachzuvollziehen, warum macht mein Gegenüber diesen Vorschlag und keinen anderen? Ich kann aber genauso gut hart in der Sache kämpfen. Das ist keine Frage. Aber ich suche nicht den Streit um des Streits willen.

Wenn man über Jahre diesen Job einer Politikerin macht, der immer Auseinandersetzungen mit sich bringt – verändert das eine Persönlichkeit?

Es verändert möglicherweise Prioritäten und Wertschätzungen im Leben. Heute ist frei verfügbare Zeit Luxus für mich – auch mal spontan sagen zu können, dass ich mich am nächsten Tag mit Freunden treffe und nicht erst mein Büro nach einem Termin fragen muss.

Macht ein politisches Spitzenamt einsam?

Ich hatte bisher das Glück, dass ich im Saarland Politik zusammen mit Freunden gemacht habe. Das war etwas Besonderes in der Zusammenarbeit mit meinem Vorgänger als Ministerpräsident Peter Müller. Wir kamen als ehemaliges JU-Team, geprägt durch die gemeinsame Oppositionszeit gegen Lafontaine, zusammen in die Regierung. Viele Verbindungen halten bis heute über die gemeinsame Regierungszeit hinaus. Das gilt auch für meine beiden Regierungen. Mit vielen Kolleginnen und Kollegen verbindet mich Freundschaft bis zum heutigen Tag. Ich habe auch in Berlin gute Freunde um mich herum.

Sie haben 2012 und 2017 machtpolitisch sehr erfolgreich agiert. Ist Ihnen in Sachen Machtpolitik auch mal ein Fehler unterlaufen?

Ganz sicher. Auf meinem politischen Weg gab es auch mal ein Amt, das ich nicht erreicht habe, weil ich zu zögerlich war.

Wann war das?

Das war auf der kommunalen Ebene. Ich war innerlich nicht klar, ob ich den Konflikt aufnehmen wollte. Ich kann mich auch noch gut daran erinnern, wie ich später auf der kommunalen Ebene zum ersten Mal in eine Kampfkandidatur gegangen bin, wie ich aufgestanden bin und gesagt habe: Ich kandidiere auch. Ich will das auch. Das ist mir damals unglaublich schwergefallen.

Aber Sie haben es getan?

Ja, ich habe es gemacht. Man lernt aus seinen Fehlern.

Es gibt von Kanzlerin Merkel eine nicht verbriefte Anekdote. Da war sie noch recht neu im Amt, und ihre Mitarbeiter sollen über Vorgänger Schröder gelästert haben. Sie soll der Lästerei dann Einhalt geboten haben mit dem Hinweis, dass jeder Tag in einem solchen Spitzenamt eine Leistung sei, weil man es jeden Tag aufs Neue verteidigen müsse. Stimmt das?

Vermutlich ja.

Hat die Politik bei Ihnen Spuren hinterlassen?

Ja, sichtbar – jedes graue Haar, jede Falte – hart erkämpft. Auch jedes überflüssige Pfund. Was ich übrigens Christian Lindner wirklich persönlich übel nehme, ist, dass ich bei den Jamaika-Sondierungen zwei Kilo zugenommen habe – für nichts.

KAPITEL 5

DER SPRUNG NACH BERLIN

»Es ist etwas passiert«

Helmut Karrenbauer starrt auf sein Handy. Vier verpasste Anrufe. Zwei von seiner Frau und zwei vom Chef der Sicherheit. Es ist 6.15 Uhr. Was würde er jetzt dafür geben, wenn er nicht recht behalten würde. Er war dagegen, dass sie noch in der Nacht zurück nach Berlin fährt. 700 Kilometer. Nach einem so langen Tag. Und vor allem vor einer solch entscheidenden Verhandlungsrunde, in der irgendwann die Uhr angehalten wird, um den Durchbruch doch zu schaffen, bevor die Frist abläuft. Nachtsitzung programmiert. Das ist doch alles Wahnsinn, gedankt wird es einem sowieso nicht, ist er überzeugt. Der Mann mit den blonden Haaren und der starken Statur, dem die Biker-Kluft besser gefällt als der Smoking, kann dieser Art des Politikbetriebs nicht viel abgewinnen. Dieser Raubbau an der Gesundheit, in diesen verrückten Zeiten. Noch nie hat Deutschland so lange um eine neue Regierung gerungen wie jetzt, und seine Frau mittendrin. Im Hauptberuf Ministerpräsidentin im Saarland, im nervenzerfetzenden Nebenjob seit Monaten Unterhändlerin für eine Koalition im Bund. An Freizeit, Familienleben – und wenn es nur ein gemeinsamer Spaziergang mit ihrem Tibet-Terrier Stifler wäre – ist kaum noch zu denken. Aber dass seine Frau auch noch im Auto die Nacht verbringen soll, hat für ihn wirklich nichts mehr mit Vernunft zu tun. Es gibt »Palaver«, wie der Saarländer sagt. Nützt aber nichts. Sie fährt los. Seine Anne hat schon immer gemacht, was sie wollte. Jetzt, an diesem frühen Morgen, wählt er ihre Handy-Nummer – ohne Erfolg. Ihm ist klar: »Es ist etwas passiert.«

Die Kanzlerin zählt auf diese Frau. Auf Annegret Kramp-Karrenbauer, die Christdemokratin mit der langen Partei- und Regierungserfahrung, die mit ihrem überraschend hohen Wahlsieg im Saarland im Frühjahr 2017 der wachsenden Begeisterung im Land für die SPD und ihren Kanzlerkandidaten Martin Schulz einen empfindlichen Dämpfer versetzt hatte. Selbst in der CDU hatten sie das kleinste Flächenland schon so gut wie verloren gegeben an eine rot-rot-grüne Regierung, weil die Stimmung für den neuen SPD-Mann und mit ihm die Umfragewerte für seine Partei immer besser wurden, während Angela Merkel mit einem Gegenangriff auf sich warten ließ. Doch Kramp-Karrenbauer wendete das Blatt und machte die Christdemokraten mit Abstand zur stärksten Partei. Sie war mal wieder unterschätzt worden. Vielleicht zum letzten Mal. Bei Merkel hörte das auch irgendwann auf.

Der Jubel in der CDU über Kramp-Karrenbauer war groß. Dieser Sieg verschaffte der Politikerin aus dem tiefen Westen noch einmal gehörig Respekt. In der eigenen Partei, im Saarland sowieso, aber auch in Deutschland. Plötzlich stand mit ihr eine bis dahin bundesweit weniger bekannte Politikerin im Rampenlicht. In der CDU sorgte sie mit dem geglückten Auftakt des Superwahljahres 2017 für neue Motivation in den Wahlkämpfen für die beiden nächsten Landtagswahlen in Schleswig-Holstein und Nordrhein-Westfalen.

Am Ende gewinnt die Union alle Wahlen, auch die Bundestagswahl, wenngleich diese mit hohen Verlusten. Das verändert auch das Leben der Annegret Kramp-Karrenbauer.

Die damals 55-Jährige soll in Berlin helfen, die erste Jamaika-Koalition im Bund zu bilden. Sie weiß ja noch, wie schwierig dieses Bündnis der drei ungleichen Parteien CDU, FDP und Grünen im Saarland war. Merkel setzt auf ihr Verhandlungsgeschick, ihre Expertise und Ausdauer. Aber als Kramp-Karrenbauer erstmals an den Durchbruch glaubt – es ist der 19. November 2017 –, lässt der FDP-Vorsitzende Christian Lindner die Sondierungen platzen. Fast panikartig und hoch symbolisch um fünf vor zwölf in der Nacht. Der jahrzehntelange Erfahrungsschatz aller Beteiligten, wonach Parteien, die für eine Wahl antreten, auch regieren wollen, ist plötzlich wertlos. Die SPD hatte schon am Abend ihrer niederschmetternden Wahlniederlage entschieden, in die Opposition zu gehen. Nun muss sie mit großer Mühe davon überzeugt werden, wenigstens den Versuch einer Regierungsbildung zu starten. Den Sozialdemokraten fällt das schwer, weil sie alles, nur das nicht wollten: eine dritte große Koalition unter Merkel. Aus staatspolitischer Verantwortung willigen sie aber schließlich ein, zumindest die Lage zu sondieren.

Annegret Kramp-Karrenbauer kümmert sich um zwei Bereiche: Familie und Bildung. Was die Sozialpolitik betrifft, gehört die Christdemokratin zum linken Flügel ihrer Partei. Zu diesem Zeitpunkt ist ihr Ansehen nach einer Forsa-Umfrage weiter gestiegen. 45 Prozent halten Kramp-Karrenbauer demnach für geeignet, Merkels Nachfolgerin zu werden, gefolgt von 43 Prozent für die stellvertretende Parteivorsitzende Julia Klöckner, 36 Prozent für Merkels Kritiker Jens Spahn, 31 Prozent für Verteidigungsministerin Ursula von der Leyen und jeweils 28 Prozent für den damaligen Kanzleramtschef Peter Altmaier sowie den nordrhein-westfälischen Ministerpräsidenten Armin Laschet.

In den Sondierungen am 10. Januar des neuen Jahres stehen sie kurz vor der Einigung auf eine Grundrente. Es wäre ein großer Schritt, wenn die Rentenpolitik so geändert werden würde, dass jene Menschen im Alter besser abgesichert sind, die, obwohl sie ihr Leben lang gearbeitet haben, wegen ihres geringen Verdienstes nur Sozialhilfe bekämen. Noch ein paar Stunden, dann dürfte die Vereinbarung stehen. SPD und Union liegen nicht mehr weit auseinander. Es müssen lediglich noch die Details ausgearbeitet und die Einigung noch einmal durchgerechnet werden.

Der monatelang vorbereitete Neujahrsempfang am Abend in Saarbrücken passt jetzt gar nicht ins Konzept. Aber die Ministerpräsidentin kann bei der eigenen Veranstaltung ja schlecht fehlen. Damit konnte auch keiner rechnen, dass es in Deutschland nach einer Bundestagswahl im September bis Weihnachten immer noch keine neue Bundesregierung gibt. Also Heimflug am Nachmittag in den tiefen Westen und gleich morgens zurück in den Osten. Um 10.00 Uhr wird die Sondierungsschlussrunde eingeläutet. Ihrer sozialdemokratischen Amtskollegin aus Rheinland-Pfalz, Malu Dreyer, geht es genauso. Auch sie muss abends in Mainz und am nächsten Morgen wieder in Berlin sein.

Als das neue Jahr hochoffiziell in Saarbrücken begrüßt wird – 1500 Gäste sind in das barocke Schloss der Landeshauptstadt gekommen –, geht bei der Landesregierungschefin die Nachricht ein: Die Verhandlungen werden vorgezogen. Das bedeutet: Antritt in der Hauptstadt um 7.00 Uhr. So früh geht aber kein Flug. Also bespricht sie mit dem Fahrer ihres Dienstwagens, direkt nach dem Neujahrsempfang zurück an die Spree zu fahren. Macht sie ja sonst auch, im Auto lesen, arbeiten, schlafen. Wenn es gut läuft, ist sie gegen 6.30 Uhr da, noch schnell einen Kaffee und dann das Finale der Grundrente. Das wird ein spannender Tag. Bis Mitternacht sollen die

Sondierungen abgeschlossen sein. Dann entscheidet sich, ob SPD-Chef Schulz seiner Partei empfiehlt, Koalitionsverhandlungen mit der Union aufzunehmen. Wenn nicht, läuft alles auf eine Neuwahl hinaus. Erstmals in der Bundesrepublik. Ausgerechnet Angela Merkel, die Bundeskanzlerin mit dem internationalen Ruf der Krisenmanagerin, bekäme keine Regierung zustande – nach zwölf Jahren Amtszeit. Selbst in Italien, dem EU-Land mit den unzähligen Regierungsbildungen, machen sie schon Witze über Deutschland.

Für die CDU-Chefin steht viel auf dem Spiel. Eine Neuwahl könnte ihr vorzeitiges Aus bedeuten. Dabei hatte sie sich doch nach langem Zögern fest zu dieser vierten Amtszeit entschlossen. Jetzt will sie diese auch antreten – und wäre damit auf dem Weg, den Rekordkanzler Helmut Kohl einzuholen. 16 Jahre war er an der Macht und wurde dann abgewählt. Merkel will selbstbestimmt abtreten. Das würde schwierig werden, wenn die Bürger so schnell erneut an die Wahlurnen müssten. Ein geordneter Übergang braucht Zeit. Eine Neuwahl könnte alles zerstören. Die Wut über die Politiker würde wohl groß sein, der Zulauf für die rechtsnationale AfD vielleicht noch stärker werden, die schon bei der Wahl 2017 mit Hasstiraden gegen die etablierten Parteien Punkte machen konnte.

Merkel will auch keinesfalls jenen das Feld überlassen, die ihr seit Monaten in der eigenen Partei das Leben schwer machen. Die jüngeren, konservativeren Widersacher. Sie hat diese Volkspartei seit ihrer Wahl zur Vorsitzenden im April 2000 weit in die Mitte der Gesellschaft gerückt. Einen Ruck nach rechts will sie unbedingt vermeiden. Sie hat die Partei in den vergangenen zwei Jahrzehnten geprägt. Es ist ihr Erbe. Also muss es klappen mit den Sondierungen an diesem 11. Januar. Sie braucht noch Zeit, um ihre Gedanken an eine Nachfolgerin oder einen Nachfolger zu ordnen. Einen Namen wird sie lange nicht nennen, weil sie die Erfolgschancen damit schmälern, vielleicht sogar zunichtemachen würde. Eine Kanzlerin ist keine Königin, die abdanken und einen Thronfolger benennen kann. In der Politik muss so etwas lautlos eingefädelt werden. Und das Ansehen Merkels ist zu dem Zeitpunkt in der Partei so mies, dass Widersacher schon deshalb jeden Vorschlag von ihr in Zweifel ziehen würden, um ein Weiter-so zu verhindern. In der Demokratie werden Vorsitzende und Kandidaten gewählt, nicht von Amtsinhabern bestimmt. Das hat immer eine ganz eigene Dynamik. Dass Kramp-Karrenbauer bereits als Kronprinzessin gehandelt wird, gefällt Merkel in der Sache, nicht aber für die Strategie.

Helmut Karrenbauer ist ein emanzipierter Mann. Er kümmert sich um die gemeinsamen drei Kinder und auch sonst um alles im Privatleben der Familie. Der Bergbauingenieur, der 20 Jahre unter Tage gearbeitet hat, nachts, damit er tagsüber weitgehend für die Kinder da sein kann, ist mit 50 Jahren regulär in Rente gegangen. Er hält seiner Frau für ihre Arbeit den Rücken frei, immer schon. So wie es Millionen Frauen und wenige Männer für ihre Partner auch machen. Und er hat einen einmaligen Posten: engster Vertrauter der Politikerin Kramp-Karrenbauer. Seiner Ansicht nach wäre es wirklich kein Drama, wenn man zwei Stunden später in diesen Verhandlungstag einsteigt.

Es ist 6.30 Uhr. Er versucht weiter, seine Frau zu erreichen. Funkstille. Die Gedanken rasen durch seinen Kopf. Vielleicht ist sie verletzt, womöglich wird sich das Leben der Familie verändern. Dann ruft aber der Chef der Sicherheit wieder an. »Hallo, Helmut.« Sie kennen sich lange. Karrenbauer stockt für einen Moment der Atem. Dann hört er ihn sagen, dass dem Anschein nach alles glimpflich ausgegangen ist. Seine Frau, der Fahrer und ein weiterer Sicherheitsbeamter haben Glück gehabt. Ihre Verletzungen sind offenbar nicht schwerwiegend. Gott sei Dank. Ihre Dienstlimousine ist um 4.22 Uhr in einer

Baustelle zwischen Ferch und Michendorf kurz vor Berlin mit einem vorausfahrenden Lastwagen kollidiert und in die Leitplanke gekracht. Warum genau, ist unklar. Sekundenschlaf des Fahrers sei es nicht gewesen, heißt es. Die Christdemokratin kann zum Unfallhergang nichts sagen. Sie hatte geschlafen und war von ihrem eigenen Schrei aufgewacht. Die Halswirbelsäule schmerzt. Mehr aber noch die Tatsache, dass sie nun nicht nur für zwei Stunden bei den Verhandlungen fehlen wird, sondern die komplette Schlussrunde. Das ist bitter für die disziplinierte und gut organisierte Politikerin, die wegen ihrer stets peniblen Vorbereitungen, Aktenstudien und Analysen schon seit Jahren parteiübergreifend Anerkennung im Kreis der Ministerpräsidenten genießt.

Nach einer gefühlten Ewigkeit ist sie endlich in der Leitung. Die Potsdamer Klinik hat nicht überall Handyempfang, aber jetzt steht die Verbindung. Erleichterung und Trost für beide. Am Nachmittag twittert @_A_K_K: »Den Umständen entsprechend bei Kollegen und mir alles ok. Hoffe, das Krankenhaus morgen verlassen zu können, bleiben eine Nacht zur Beobachtung. Ich danke allen herzlich für die Genesungswünsche!« Kramp-Karrenbauer kann das Krankenhaus am nächsten Tag aber noch nicht verlassen. Und die Nacht der Beobachtung bekommt eine doppelte Bedeutung.

Während sich die Ärzte um das Wohlbefinden ihrer prominenten Patientin kümmern, fühlt diese mit den Unterhändlern mit. Schlafen kann sie ohnehin nicht, die Schmerzen im Nacken, die politische Gemengelage vor Augen. Die Verhandlungen ziehen sich die ganze Nacht hin. Viel Zeit zum Nachdenken. Über das Leben. Die vielen Termine, das Hin und Her, die Familie, die brutale Beschleunigung des Alltags. Immer schneller, höher, weiter. Ist das richtig? Und über die Politik. Ist das Amt der Ministerpräsidentin im Saarland das Ende der Karriereleiter? Oder kommt da noch mehr? Einige

Monate zuvor hatte ihr jüngster Sohn Julian, damals 20 Jahre alt, sie zur Rede gestellt, nachdem er im Radio gehört hatte, dass seine Mutter für die Merkel-Nachfolge im Gespräch sei. Er wartete, bis sie nach Hause kam, und sagte nur: »Damit du es weißt: Ich ziehe nicht mit nach Berlin.«

Die Sondierungsrunde geht ohne sie zu Ende – nach 26 Stunden Nonstop-Verhandlungen. Die SPD sagt am 12. Januar schließlich Ja zu Koalitionsgesprächen mit CDU und CSU. Völlig übermüdet treten Merkel, Schulz und CSU-Chef Horst Seehofer im Willy-Brandt-Haus vor die Kameras. Merkel ist wie bei Pressekonferenzen in der eigenen Parteizentrale, dem Konrad-Adenauer-Haus, in der Mitte positioniert, als wäre sie auch bei Willy Brandt zu Hause, dessen übergroße Bronzestatue ihr jetzt gegenübersteht. Aber statt Aufbruch ist in diesem Moment Anstrengung das beherrschende Gefühl. 26 Stunden ohne Schlaf – Wissenschaftler sprechen da von einem Zustand wie im Alkoholrausch. Man kann sich nur schwer auf den Beinen halten. Gedanken und Bilder verschwimmen. Und alle drei wissen, dieser Freitag ist noch lange nicht zu Ende. Es folgen noch Gremiensitzungen, Pressekonferenzen und abendliche Fernsehauftritte. Und danach beginnen ja erst die Koalitionsverhandlungen. Am Ende weiß man nie, wie man das überstanden hat.

Merkel spricht von einem Papier des »Gebens und des Nehmens«. Der frühere EU-Parlamentspräsident Schulz konzentriert sich in seinem Statement auf Europa und vernachlässigt dabei die DNA seiner Partei, die soziale Gerechtigkeit. Eine Steilvorlage für Seehofer, der als Letzter der drei redet. Er zeigt sich »hochzufrieden« mit dem Verhandlungsergebnis und lobt besonders die Grundrente. Das Ja dazu wäre der Union vor einigen Jahren noch schwergefallen, betont er. Die Union sei also der Fortschritt. Kramp-Karrenbauer kann das nur am Fernseher verfolgen. Ungewohnte Untätigkeit, die Klarheit schafft.

Schulz spricht noch von »hervorragenden Ergebnissen«, so kurz vor dem entscheidenden SPD-Parteitag mit dieser kritischen Basis, die keine Lust auf Jubelstimmung hat. Der Auftritt des Vorsitzenden, der an diesem für Politiker so gnadenlosen Tag wie ein Gast in seiner eigenen Parteizentrale wirkt, ist eines der Puzzleteile, die zu seinem Rücktritt führen werden.

Das Sondierungspapier des Gebens und Nehmens ist 28 Seiten lang. Ein Punkt darin ist eben die Einführung einer Grundrente, die zehn Prozent über der Grundsicherung für diejenigen liegen soll, die ein Leben lang fleißig waren. Union und SPD einigen sich nach dieser Vorlage später darauf, dass jene Senioren einen Anspruch auf Grundrente haben, die 35 Jahre in die Rentenkasse eingezahlt beziehungsweise Kinder erzogen oder Angehörige gepflegt haben. Die eigene Immobilie, die bei Bedürftigkeit normalerweise verkauft werden muss, soll verschont bleiben. Im Koalitionsvertrag heißt es: »Wir wollen, dass der Bezug sozialer staatlicher Leistungen und der neu geschaffenen Grundrente nicht dazu führt, dass selbst genutztes Wohneigentum aufgegeben werden muss (…).«

Helmut Karrenbauer ist nach Potsdam gekommen. Seine Frau wird erst drei Tage nach dem Unfall entlassen. Sicherheitshalber werden noch weitere Untersuchungen gemacht. Es besteht der Verdacht auf einen Milzriss, der sich nicht bestätigt. Am Sonntag fliegen sie nach Hause. Sie sprechen nicht mehr über die Terminfülle und die hohe Schlagzahl. Aber wenig später sprechen sie darüber, ob sie Generalsekretärin werden soll.

Kramp-Karrenbauer beobachtet sehr genau, dass ihre Partei seit der Bundestagswahl immer tiefer in die Krise rutscht. Kein Tag vergeht, an dem nicht irgendeiner sagt oder schreibt, Merkel müsse weg. Sie habe die CDU so weit nach links gerückt, dass die Unterschiede zur SPD nur noch marginal seien und die Kanzlerin auch deren Vorsitzende sein könne. Schon seit Jahren beklagen die Konservativen, sie hätten keine Heimat mehr in der Christlich Demokratischen Union. Eine Million frühere Unions-Wähler haben am 24. September 2017 ihr Kreuz bei der AfD gemacht. Die langen Verhandlungen über eine neue Regierung lähmen die Politik, das Land. Der Verdruss der Bürger nimmt zu. Auch wenn sie manches anders macht, ist die Saarländerin vom Kurs der Kanzlerin überzeugt: in die Mitte. Sie ist mit Merkel völlig einig darin, dass die Partei nicht nach rechts driften darf, um AfD-Wähler zu gewinnen. Sie will Merkels Erbe verteidigen, aber auch selbst die CDU prägen. Ihren Platz dafür sieht die heimatverbundene Saarländerin im fernen Berlin.

In der Schlussphase der Koalitionsverhandlungen bittet die Kanzlerin Kramp-Karrenbauer an einem Abend, an dem es mal nicht nach Nachtsitzung mit der SPD aussieht, um ein Gespräch. Vertraulich in einem Restaurant bei einem Glas Rotwein. Sie fragt die Saarländerin, ob sie nach Berlin kommen würde. Ins Kabinett. Kramp-Karrenbauer soll die Regierung verstärken und sich zugleich mehr profilieren können. Welches Ministeramt es werden könnte, bleibt offen. Die Rochade wäre nicht ganz einfach zu bewerkstelligen, weil die CDU-Landesverbände bei der Besetzung von Bundesposten gerecht bedacht werden müssen. Und mit Peter Altmaier ist schon ein Saarländer im Kabinett. Die besondere Situation der langen Verhandlungen, die auch die Krise der CDU verschärft hat, macht aber ungewöhnliche Entscheidungen möglich. Im Fall einer glatten Regierungsbildung mit Grünen und FDP wäre Kramp-Karrenbauer wahrscheinlich im Saarland geblieben.

Ja, lautet die Antwortet der Ministerpräsidentin. Sie kann sich vorstellen nach Berlin zu wechseln. Zur Verblüffung der Kanzlerin schlägt sie sich jedoch als neue Generalsekretärin vor. In einem Bundesministeramt wäre sie an das Ressort gebunden und könnte sich nicht so breit aufstellen wie in einem Parteiamt – von der Wehrpflicht bis zur Digitalisierung, von der Kinderbetreuung bis zur Pflege. Ihre Unabhängigkeit als Ministerpräsidentin, die Macht, entscheiden zu können, hat ihr immer gut gefallen. Der Gedanke an Kabinettsdisziplin, der sie sich in ihrem Verständnis für eine gute Regierungsarbeit unterwerfen müsste, behagt ihr nicht. Lieber selbst bestimmen. Lieber als Generalsekretärin.

Der Posten ist vakant: Peter Tauber hatte schon zuvor entschieden, das Amt abzugeben. Merkel hat zu ihm nicht annähernd ein solches Vertrauensverhältnis aufbauen können wie zu Kramp-Karrenbauer, die nur acht Jahre jünger ist als sie und nicht zwei Jahrzehnte wie Tauber.

Kramp-Karrenbauers Vorstoß macht Merkel sprachlos. Damit hat sie nicht gerechnet. Auch Kramp-Karrenbauer ist sich noch nicht ganz sicher. Die beiden Frauen beschließen, die Entscheidung zu vertagen. Die Parteichefin berät sich mit ihren Vertrauten. Auch die Ministerpräsidentin muss über ihr Angebot noch einmal nachdenken. Der Schritt birgt Risiken. Wenn sie scheitert, steht sie ohne Amt da. Sie, die Frau, die der CDU 2017 neuen Mut gegeben hat und in aller Ruhe die Legislaturperiode im Saarland hätte zu Ende bringen und sich womöglich danach hätte zurückziehen können. Nach einer erfolgreichen Polit-Karriere. Nun muss sie ihren Saarländern erklären, dass sie entgegen ihren Zusagen doch nach Berlin wechselt. Sie beschließt, zumindest auf die ihr zustehenden Übergangsgelder zu verzichten. Für den Sprung nach Berlin gibt es kein Netz und keinen doppelten Boden. Wenige Tage später fällt die Entscheidung. Diesmal geht es geschäftlich zu, ohne Restaurantbesuch, Kramp-Karrenbauer soll es machen. Die beiden Frauen schweigen aber erst einmal.

Am 18. Februar, einem Sonntag, kommen die stellvertretenden CDU-Vorsitzenden Ursula von der Leyen, Armin Laschet, Julia Klöckner, Volker Bouffier und Thomas Strobl mit Merkel im Konrad-Adenauer-Haus zusammen. Sie ahnen nicht, dass die Parteichefin ihnen gleich mitteilt, wer neue Generalsekretärin werden soll. Die Überraschung ist perfekt und die Stimmung bestens. Die fünf Parteivizes halten dicht. Niemand erfährt von dem Coup der beiden Frauen, bis Merkel es selbst verkündet. Ein erster Vertrauensbeweis für Kramp-Karrenbauer.

Als Merkel am nächsten Tag im Konrad-Adenauer-Haus mit ihr vor die Presse tritt, strahlt die Parteivorsitzende, wie man sie lange nicht mehr gesehen hat. Sie wirkt glücklich, erleichtert, heiter. Im Brustton der Überzeugung erklärt sie Kramp-Karrenbauer sogar zur ersten Frau in diesem Amt. Und vergisst dabei, dass sie selbst einmal Generalsekretärin war, auch wenn das lange her ist. Journalisten korrigieren sie. Merkel muss einen Moment überlegen, sie stutzt, denkt noch, sie sei im Recht, bis es ihr selbst wieder einfällt. Sie amüsiert sich, dann erst bemerkt es auch die Mitstreiterin und schüttet sich aus vor Lachen. In Erinnerung bleiben zwei Frauen auf der Bühne, die einen seltenen Moment in der Politik erleben: losgelöst vom Hier und Jetzt, in Vorfreude auf das, was kommen wird, mit Spaß und Leichtigkeit. Aber verschworen. Der Vorsitzende der Christlich Demokratischen Arbeitnehmerschaft, Karl-Josef Laumann, läuft strahlend durch das Foyer. »Besser geht's nicht«, findet er.

Bei der Verteilung der Ministerämter zündet Merkel anschließend eine kleine Bombe. Sie lässt ihren treuen Gesundheitsminister und früheren Generalsekretär Hermann Gröhe im Kabinett fallen. Er muss Jens Spahn Platz machen, der zunächst nicht als Bundesminister vorgesehen war, was Merkel einen Sturm der Entrüstung von dessen Anhängern im konservativen Lager und in der Jungen Union eintrug. Spahn wäre auch gern Generalsekretär geworden, um von dort aus gegen alles zu wettern, was er für falsch hält. Auch um politische Linien zu beschreiben, wie er sie bei Merkel vermisst. Das weiß die Parteichefin zu verhindern. Und die Vizevorsitzenden goutieren es. »Danke, Annegret«, sei die einhellige Reaktion an dem Abend der vertraulichen Bekanntgabe gewesen, sagt Hessens Ministerpräsident Bouffier. »Wir haben uns alle gefreut.« Kramp-Karrenbauer sei die Richtige nach den Verlusten bei der Bundestagswahl. Merkel könne vor allem internationale Konflikte nicht parteipolitisch angehen. »Das Regierungsamt ist kein Parteiamt. Das kann jetzt Annegret machen.«

Merkel kann aber Spahn nicht übergehen, weil sie sich damit in der Partei erst recht angreifbar machen würde. Er hatte die Gesundheitspolitik in der großen Koalition 2013 maßgeblich mit ausgehandelt und dafür viel Lob bekommen. Er ging damals aber leer aus, Gröhe wurde Minister. Spahn war schwer enttäuscht. Aber nicht entmutigt. Er profilierte sich zunehmend als Merkel-Kritiker, setzte trotz seines Jobs als Finanzstaatssekretär auch auf die Themen Integration und Zuwanderung. Nun soll er in jene Kabinettsdisziplin eingebunden werden, die Kramp-Karrenbauer umgehen will.

Gröhe hatte auf das Bildungsministerium gehofft, aber dorthin beordert Merkel die Politikerin Anja Karliczek. Sie gehört wie Gröhe und Spahn zum größten und mächtigsten CDU-Landesverband, Nordrhein-Westfalen, den Laschet führt. Als Merkel sich für Spahn entscheidet, verlangt Laschet ein zweites Bundesressort für die NRW-Partei. Keinesfalls will er seinen Landesverband nur durch Spahn in Merkels Kabinett vertreten sehen. Der Ministerpräsident hat schlechte Erfahrungen mit Spahn gemacht, der gern mal vom Kurs der Parteispitze abweicht wie mit dem Nein zur doppelten Staatsbürgerschaft 2016 in Essen. Weil Merkel aber versprochen hatte, zur Hälfte Frauen auf CDU-Posten im Kabinett zu setzen, kann Gröhe nicht bleiben. Eine schmerzliche Entscheidung für Merkel. Das schon. Aber ohne die Härte, solche Entscheidungen treffen zu können, wird man nicht Kanzlerin und hält sich in dem Amt auch nicht so lange. Gröhe ist tief getroffen. Doch er stellt sich sogleich wieder in den Dienst der Partei. Er wird stellvertretender Fraktionsvorsitzender im Bundestag. Vom Minister zum Vize. Ohne zu schmollen und ohne Merkel zu schaden.

Einen Tag später hält Kramp-Karrenbauer ihre Bewerbungsrede auf dem CDU-Parteitag in Berlin. Sie liefert der Partei das, was Merkel so selten zeigt: Gefühl. »Alles, was ich in meinem Leben politisch erreicht habe, habe ich dieser Partei zu verdanken (...). Es ist an der Zeit, etwas zurückzugeben«, ruft sie den 1000 Delegierten zu. Diese jubeln und statten sie bei der Wahl mit satten 98,7 Prozent aus. In ihrer Rede hatte sich die Saarländerin mit diesem Satz in die Herzen und Köpfe der Mitglieder eingebrannt: Irgendwann komme jeder in seinem Leben an den Punkt, dass es nicht mehr reicht zu sagen, jemand anders müsse jetzt etwas tun. »Vielmehr muss man dann selbst eine Antwort darauf geben«, setzt Kramp-Karrenbauer an. Sie trägt einen wollweißen Gehrock, der sich scharf abhebt von dem dunklen Hintergrund, die Scheinwerfer sind auf sie gerichtet. Dann hebt sie die Hand und zählt mit den Fingern bis drei, als sie die Antwort gibt: »Ich kann, ich will und ich werde.«

INTERVIEW

»Du kannst auf mich zählen«

In Ihrer Bewerbungsrede zur Wahl als CDU-Generalsekretärin sagten Sie, dass jeder Mensch in seinem Leben einmal in die Situation komme, in der er nicht mehr andere dazu auffordern kann, etwas zu tun, sondern selbst handeln muss. Hatten Sie vorher vielleicht noch einmal bei John F. Kennedy nachgelesen: »Frage nicht, was dein Land für dich tun kann, sondern was du für dein Land tun kannst!« Oder wie sind Sie auf diesen einen Satz gekommen: »Ich kann, ich will und ich werde«?

Nein, das war keine Anleihe bei Kennedy. Ich hatte kein Manuskript, nur einen kleinen Zettel mit Stichpunkten, einen roten Faden. Ich rede lieber frei. Diese Worte haben meine Gefühlssituation und mein Ringen um die Entscheidung beschrieben. Dieses »Ich kann, ich will und ich werde« kam spontan. Das war nicht vorbereitet.

Warum wollten Sie den Posten der CDU-Generalsekretärin und kein Bundesministerium?

Mir war klar, dass sich die CDU wieder stärker um ihre eigene Identität kümmern muss. Die Koalitionsverhandlungen waren eine bleierne Zeit. Erst haben wir erfolglos mit FDP und Grünen über ein Jamaika-Bündnis gesprochen – das war wie bei der Springprozession: drei Schritte vor und zwei zurück. Und als die meisten Hürden schon überwunden waren, ließ die FDP es theatralisch platzen.

Der Schock war groß. An jenem 19. November 2017 hatte ich nicht mehr mit einem Scheitern gerechnet. Ich hätte viel früher erwartet, dass es kracht, was okay gewesen wäre. Danach schlossen sich die zähen Verhandlungen mit der SPD an, die alle Mühe hatte, sich noch einmal auf eine große Koalition einzustellen, während die CDU gedanklich noch bei Jamaika war.

Bleiern war ja vor allem die CDU nach ihren hohen Verlusten bei der Bundestagswahl. Von Aufbruchstimmung konnte keine Rede sein.

Ja, auch die CDU war unter Druck. Es gab das Gefühl, alles ist irgendwie ins Rutschen gekommen.

Dieses Gefühl hält in unserer Bevölkerung noch bis heute an.

Wir stehen am Scheideweg. In der politischen Landschaft in Deutschland geht es um die Frage, ob die wertebasierten Programmparteien eine Zukunft haben. Es gibt europaweit immer mehr politische Bewegungen, die an eine Person geknüpft sind. Das halte ich für den schlechteren Weg. Der Druck auf das traditionelle Parteiensystem ist hoch, daher muss jetzt das besondere Augenmerk der Partei gelten. In den vergangenen Jahren lag die Konzentration auf der Regierungsarbeit, was den vielen internationalen Krisen geschuldet war – Euro, Banken, Flüchtlinge. Die Parteiarbeit ist dadurch einfach zu kurz gekommen. Wenn wir die Chance haben wollen, 2021 als CDU aus einer Position der Stärke heraus noch einmal anzugreifen und wieder die Bundesregierung zu stellen, dann müssen wir jetzt die Zeit nutzen, die Partei neu aufzustellen.

Generalsekretäre, die diesen Job trotz internationaler Krisen hätten machen können, gab es auch in den vergangenen Jahren.

)ie Eltern Hans und Else Kramp
ıit der ersten Tochter Ulrike, 1951

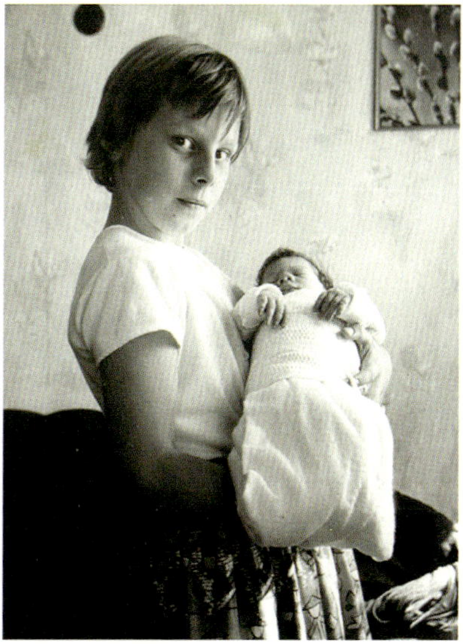

Ulrike mit AKK als Säugling, 1962

vi, die zweitälteste Tochter,
ıit AKK als Säugling, 1962

Vater Hans Kramp mit AKK, 1964

Auf dem Dreirad, 1964

Der zweitälteste Bruder
Hans-Günter, 1964

Mit dem ältesten Bruder Engelbert
(gestorben 2000), 1965

Beim Fasching als Schwarzwald-
mädel, 1966

Weihnachten mit den Brüdern Hans-Günter und Michael, 1966

Mit Bruder Michael auf einem Kindertrecker, 1969

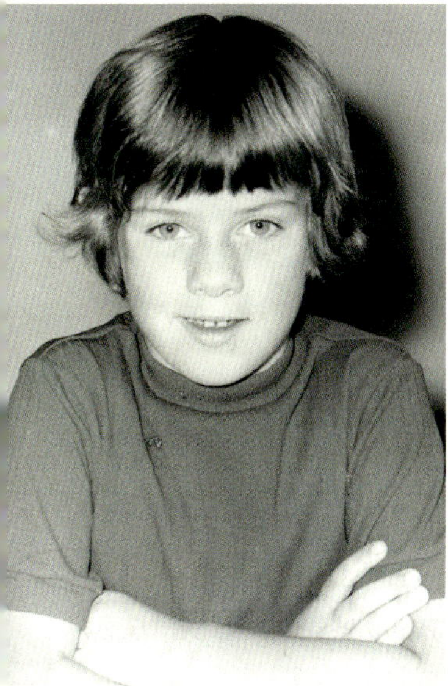

Als Erstklässlerin, 1969

Kommunion mit dem jüngsten Bruder Michael, 1971

»Lass sie lesen« – als Zehnjährige, 1972

In ihrem Jugendzimmer mit Bruder Michael, 1975

Hochzeit mit Helmut Karrenbauer, 1984

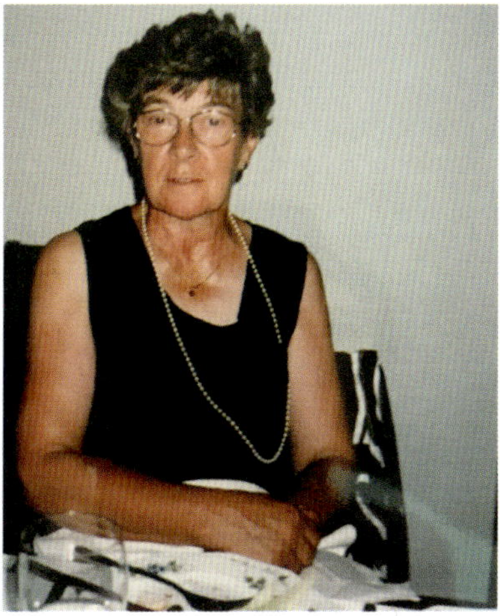

Mutter Else Kramp, 1994

Mit ihren Kindern Tobias, Laurien und Julian, 1998

Mit Mann Helmut Karrenbauer, 1999

Mit Sohn Julian, 2000

Als saarländische Innenministerin, 2001

Mit Sohn Julian beim Skifahren, 2007

Mutter Else Kramp mit ihren Kindern, 2011; von links: Michael Kramp, Evi Raubuch, Else Kramp, AKK, Ulrike Kreutz, Hans-Günter Kramp, 2011

Beim Wahlkampfabschluss im Saarland mit Angela Merkel, 2012

Mit ihrem Mann Helmut beim »Rocco del Schlacko«-Festival in Püttlingen, 2017

Vor einer Motorradtour mit ihrem Mann Helmut, 2017

Bei einer Privataudienz beim Papst, 2017; ganz links die damalige deutsche Botschafterin beim Heiligen Stuhl, Annette Schavan, rechts neben dem Papst AKKs Büroleiter Mark Reck. Gastgeschenk: u.a. ein Stück Kohle und eine Glasplastik der heiligen Barbara, der Schutzpatronin der Bergleute

Waren Ihre Vorgänger zu schwach und hatten sie nicht das Vertrauen der Kanzlerin?

Ich bin quasi die erste hauptamtliche Generalsekretärin. Ich komme mit 100 Prozent Einsatz für die Parteiarbeit. Das ist mein Vorteil. Ich muss keine Rücksicht nehmen – auf Arbeit im Bundestag oder auf einen Wahlkreis. Das ist für die Erarbeitung eines Grundsatzprogramms und eine Reihe von schwierigen Wahlkämpfen gut für die Partei. Wichtig ist, dass es durch die Parteivorsitzende und die Generalsekretärin eine gemeinsame Lageanalyse gibt. Danach braucht die CDU mehr Spielraum zur Selbstvergewisserung. Darin liegt die Chance des neuen Grundsatzprogrammprozesses.

Wie haben Sie Angela Merkel das erklärt, dass Sie Generalsekretärin werden wollten und nicht Ministerin?

Das war spontan, aus dem Bauch heraus.

Spontan? Sie geben Ihr Amt als Ministerpräsidentin auf – kein Jahr nach Ihrer deutlichen Wiederwahl und dem Versprechen zu bleiben?

Angela Merkel hat mich in einem Vier-Augen-Gespräch gefragt, ob ich grundsätzlich bereit wäre, nach Berlin zu kommen. Normalerweise wäre es in einer solchen Konstellation – Ministerpräsidentin geht nach Berlin – um einen Ministerposten gegangen. Eigentlich als das Gespräch fast beendet war, habe ich aus dem Bauch heraus gesagt, dass mich am meisten der Posten der Generalsekretärin reizen würde. Danach war auf beiden Seiten erschrockenes Schweigen. Wir haben vereinbart, dass wir diese Idee erst einmal sich setzen lassen. Manchmal hat man ja Gedanken, die zunächst großartig wirken und sich drei Tage später als größter Quatsch herausstellen. Aber diese Idee fühlte sich selbst nach Tagen noch richtig an.

Sie bezeichnen den früheren Generalsekretär Heiner Geißler als Ihr Vorbild. Warum er?

Ich bin in die CDU eingetreten, als die Endphase der sozialliberalen Regierung schon spürbar war und die Zeiten außenpolitisch bewegt: der Umsturz im Iran, der Afghanistan-Feldzug der Russen, der Umbruch in Polen mit der Gewerkschaft Solidarność. Ich habe Heiner Geißler sehr ambivalent wahrgenommen. Auf der einen Seite hat mich fasziniert, wie er formulierte und was er vertrat, er war ein mitreißender Redner. Auf der anderen Seite fand ich es erschreckend, mit welcher Härte er politische Gegner anging.

Haben Sie sich die Härte von ihm abgeguckt? Sie nennen AfD-Politiker »Rattenfänger«.

Mein Stil ist es, hart und deutlich in der Sache zu sein, ohne für jede Auseinandersetzung die schrillstmögliche Variante zu wählen. Rattenfänger ist ein hartes Wort. Aber ich bin nicht bereit, Antisemitismus hinzunehmen. Menschen, die aus welchem Grund auch immer Sympathien für die AfD haben, sollen sich bewusst machen, dass sie damit auch Judenfeindlichkeit und radikale Rechtsfloskeln unterstützen. Niemand soll sagen, dass ihm das nicht bewusst ist. Mit den heute bestehenden Informationsmöglichkeiten können alle AfD-Anhänger wissen, wie diese Partei auch am äußersten rechten Rand fischt. Ich will die Wähler, die der CDU den Rücken gekehrt haben, fragen, ob es das wert ist, sich diese dumpfen Parolen miteinzukaufen. Diese Frage muss man auch mit überspitzten Formulierungen stellen.

Was hat Heiner Geißler mit anderen für die CDU geleistet?

Er hat in den 1970er-Jahren, als wir auf Bundesebene in der Opposition waren, die CDU zur wählbaren Alternative aufgebaut. Ohne diese Arbeit hätte es keinen Regierungswechsel Anfang der 1980er-Jahre gegeben. Politische Wechsel finden immer dann statt, wenn die Bürger mit den bestehenden Verhältnissen unzufrieden sind und es eine vernünftige Alternative dazu gibt. Männer wie Geißler, Kohl und Kurt Biedenkopf haben die CDU durch und durch modernisiert. Die CDU war bis dahin eine alte Honoratiorenpartei. Vieles von dem, was wir heute von der CDU als moderne Volkspartei kennen, hatte damals seinen Ursprung. Heute berufen sich Parteimitglieder, die sich die CDU konservativer wünschen, oft auf Helmut Kohl. Aber in kaum einer Zeit hat sich die CDU so stark erneuert wie in den 1970er-Jahren.

War die politische Landschaft damals mehr in Schwarz und Weiß, in Links und Rechts aufgeteilt und das Amt des Generalsekretärs deshalb leichter auszuüben?

Das weiß ich nicht. Heiner Geißler war immer ein Querdenker, nicht immer zur Freude der eigenen Partei. Aber das hat sie vorangebracht.

Was hat er falsch gemacht, warum ist er gescheitert?

Die Loyalitätsbasis zwischen ihm und Helmut Kohl als Parteichef war nicht mehr gegeben. Geißler ging es nicht darum, selbst den Parteivorsitz zu übernehmen. Die politische Stimmung war damals alles andere als gut für die CDU. Mir hat das sehr leidgetan, dass er nicht Generalsekretär geblieben ist. Aber er war auch danach einer der wichtigsten Denker der CDU. Für mich war er immer eine Bereicherung.

Woran könnten Sie scheitern?

Es gibt ja viele erfolgreiche Landespolitiker, die den Sprung auf die Bundesebene gewagt haben und gescheitert sind. Insofern habe ich mehr Beispiele für das Scheitern als für das Gelingen vor Augen. Dass ich mir das Amt zutraue, ist klar, sonst hätte ich es auch nicht übernommen. Aber es gibt keine Garantie, dass es gelingt. Wie werde ich in der Partei angenommen? Kann ich diesen Prozess führen? Erarbeite ich mir die Autorität? Ich bin lange genug in der Politik, um zu wissen, dass Stimmungen Momentaufnahmen sind und sich alles jederzeit wieder ändern kann. Ich kann dieses Amt auch in kürzester Zeit wieder los sein.

Inwiefern? Was müsste passieren?

Zum Beispiel könnte die eigene Gesundheit nicht mitspielen. Es gibt immer Unwägbarkeiten.

Was macht Sie als Generalsekretärin aus?

Normalerweise ist man erst Generalsekretärin und geht dann in ein Regierungsamt. Allein die Tatsache, dass ich nach einer deutlich gewonnenen Landtagswahl in ein Parteiamt gewechselt bin, hat für einen Überraschungseffekt gesorgt und wird als Aufwertung des Parteiamtes empfunden. Für mich geht es vor allem um die Frage, wie profiliert sich die CDU im Grundsatzprogramm. Ich kann politische Diskussionen hart in der Sache führen, ohne persönlich oder verletzend zu werden, wenngleich mir das durchaus auch schon passiert ist und es dafür unrühmliche Beispiele aus meiner politischen Karriere gibt.

Welche Beispiele?

Die Betroffenen wissen, wovon ich rede.

Wie hat Ihr Mann die Entscheidung aufgenommen, das Risiko Berlin einzugehen?

Dieser Schritt hat persönliche Konsequenzen. Wir beide mussten uns bewusst machen, was es bedeutet, als Familie getrennt zu sein, und was passiert, wenn ich den Ansprüchen nicht gerecht werde. Es kann ja auch sein, dass man nach einiger Zeit feststellt, das funktioniert alles nicht. Das alles musste ich mit meinem Mann klären. Als diese Fragen geklärt waren, konnte ich zusagen. Das war eine Befreiung.

Wann ist die Bundeskanzlerin eigentlich auf Ihr Angebot, Generalsekretärin zu werden, zurückgekommen?

Nachdem der Koalitionsvertrag unterschrieben war, haben wir miteinander gesprochen. Sie hat gesagt, sie fände es nach wie vor eine gute Idee, wenn ich Generalsekretärin werden würde, und fragte, ob ich noch dazu stünde. Ich habe ihr gesagt: Ja, du kannst auf mich zählen.

Die Saarländer konnten nicht auf Sie zählen. Sie haben Ihr Versprechen nicht gehalten, dass Sie im Saarland bleiben. Wie schwer war der Übergang?

Sehr schwer, gerade weil ich so viel Vertrauen erhalten hatte. Aber ein großes Ziel, die Regelung der Finanzen, war erreicht. Ich hatte für meinen Wechsel nach Berlin zwei Bedingungen: dass die Amtsübergabe zu Hause reibungslos geregelt und der vakante Landtagspräsidentenposten gut besetzt wird. Nach Aschermittwoch hatte ich dann eines der beeindruckendsten Gespräche, das ich je geführt habe – mit Tobias Hans und Stephan Toscani.

Warum so beeindruckend?

Wenn man mit zwei Spitzenpolitikern darüber redet, wer Ministerpräsident werden soll, dann ist es doch nur menschlich, dass das beide werden wollen. Stephan Toscani hat als Finanzminister viel bewegt und hatte ja auch schon 2011 Chancen gehabt, Ministerpräsident zu werden. Auf jeden Fall hatte er die älteren Rechte. Aber wir haben einfach unter sechs Augen ganz objektiv eine systemische Aufstellung gemacht. Was braucht die Partei, was braucht die Regierung, wer hat welche Stärken, welche Schwächen? Wer ist an welcher Stelle optimal eingesetzt? Und dann hat Stephan Toscani gesagt, wenn man das alles so abwäge, sei Tobias Hans jetzt die bessere Wahl als Ministerpräsident, und er sei besser in der Rolle als Landtagspräsident. So viel Teamgeist erlebt man, glaube ich, nur einmal in seinem Leben. Das widerspricht auch allen Vorurteilen gegenüber Politikern. Diese Verbundenheit ist eine der größten Stärken der Saar-CDU.

Und das wollen Sie jetzt auf die Bundes-CDU übertragen?

Nein, es ist mir schon bewusst, dass eine derart harmonische Entscheidung nicht Standard ist und man das nicht so einfach in die Bundes-CDU transportieren kann. Aber wir, die Bürger, erwarten von der CDU Entschlossenheit. An uns werden höhere Anforderungen als beispielsweise an die Grünen gestellt. Sie können eher in die offene Auseinandersetzung gehen und eine Debatte zwischen den Flügeln pflegen. Der Union werden Streitigkeiten schneller übel genommen.

Es sind ja tatsächlich schon etliche Landespolitiker auf dem Parkett in der Hauptstadt ausgerutscht. Ist die Politik in Berlin schneller, härter, anspruchsvoller?

Ich war als Ministerpräsidentin und CDU-Präsidiumsmitglied oft in Berlin, ich habe in meinem Leben schon verschiedene Ressorts gehabt und Fachminister-Konferenzen geleitet über alle Bundesländer hinweg. Ich bin keine Anfängerin. Trotzdem ist die Presselandschaft vielfältiger, und der Druck auf Journalisten und Politiker ist größer. Es ist eine Jagd: Wer hat die schrillsten Töne? Wer hat die schnellste Schlagzeile? Wer dringt womit durch? Das ist eine andere Situation, als wenn man in einem Bundesland relativ unangefochten Ministerpräsidentin ist und damit immer auch einen gewissen Zugang zu den Medien hat. Das ist für mich hier der größte Unterschied. Und privat ist es der größte Unterschied, von meiner Familie getrennt zu sein und allein zu leben.

Ist der Berliner Medienbetrieb überdreht?

In Berlin gibt es eine unglaublich hohe Zahl an Akteuren, die alle miteinander im Wettbewerb stehen. Das ist nicht verwerflich, aber es macht Druck und Tempo. Wir Politiker haben aber immer noch eine eher analoge Sichtweise der Kommunikation. Wir richten uns immer noch tendenziell daran aus: Wie laufe ich mit der Überschrift in der *Bild*-Zeitung – hoffentlich positiv. Oder bekomme ich einen größeren Artikel in der *FAZ*. Wir müssen aufpassen, dass wir dort, wo Meinungsbildung zunehmend stattfindet, auch vorkommen, nämlich online. Das beherrschen andere Parteien sehr viel professioneller als wir. Das ist die große Herausforderung.

Reizt es Sie, Botschaften auf Twitter zu verkünden, wie Donald Trump es macht?

Ich twittere als @_A_K_K_ schon sehr lange. Twittern ist immer eine Frage der Selbstdisziplin. Man muss sich bewusst machen, dass AKK im sozialen Netzwerk keine Privatperson ist. Erst mal durchatmen – Om summen – und dann die Zeilen raushauen. Twitter ist ein Medium, mit dem man schnell reagieren kann. Aber es kann aus meiner Sicht andere Gesprächs- beziehungsweise Kommunikationswege nicht ersetzen.

Am 11. Januar 2018 verunglückten Sie auf der Fahrt zu den Koalitionsverhandlungen mit dem Auto in einer Baustelle in Brandenburg. Was war Ihr erster Gedanke?

Ich habe den Unfall gar nicht richtig mitbekommen, weil ich geschlafen habe. Ich bin wach geworden durch das Gefühl, das Auto fliegt durch die Luft. Auf einmal war es hell, und es roch verbrannt. Das waren die Airbags, die aufgegangen waren. Mir war schummrig. Das war der Schock.

Hatten Sie Todesangst?

Nein.

Und was hat sich dann in Ihrem Kopf abgespielt? Koalitionsverhandlungen?

Nein. Das, was mir Sorgen machte, war, dass ich im Krankenhaus in Potsdam keinen Handyempfang hatte und meinen Mann nicht erreichen konnte. Ich wusste, dass er schon informiert worden war, aber ich wollte ihm selbst sagen, dass ich in Ordnung bin. Dass ich das nicht konnte, hat mir zu schaffen gemacht.

Wie hat Angela Merkel reagiert?

Ich habe ihr nur eine SMS geschrieben, dass ich einen Unfall hatte und leider nicht kommen kann. Das Schlimmste für mich war, dass ich diese letzte Verhandlungsnacht nicht mitmachen konnte. Mit der Halskrause konnte ich schlecht schlafen, und dann habe ich immer aufs Handy geschaut, ob die Sondierungen jetzt abgeschlossen sind. Und da kam und kam nichts, weil das die ganze Nacht dauerte. Das war wirklich eine schlaflose Nacht. Das war das Gefühl, Mist, jetzt liege ich hier und kann nicht zu Ende bringen, was ich selbst angeschoben hatte.

Haben Sie sich die Sinnfrage gestellt?

Sinnfrage? Das ist überhöht. Da gab es Ereignisse, die für mich einschneidender waren. Der Tod meiner Eltern zum Beispiel hat mich sehr viel mehr berührt als dieser Unfall.

Fühlten Sie sich unentbehrlich?

Es bleibt in Erinnerung, dass etwas auch gut zu Ende verhandelt werden kann, wenn ich meine Nase da nicht reinstecke. Das ist heilsam fürs eigene Ego. Ich habe oft das Gefühl, dass ich unbedingt etwas machen muss. Aber der Unfall hat gezeigt: Es geht auch mal ohne mich.

Mal? Oder grundsätzlich?

Mal. Es war nicht das Erweckungserlebnis, dass ich danach ein Leben ohne Politik leben werde. Aber ich habe nachgedacht, ob der Terminkalender jetzt wirklich bis zur dritten Stelle hinter dem Komma vollgeknallt werden muss.

Und, wozu hat das Nachdenken geführt?

Ich bemühe mich. Das Büro behauptet, ich sei wieder in die alten Muster zurückgefallen.

Muss man als Spitzenpolitiker stets bereit sein, alles aufs Spiel zu setzen, Familie, Gesundheit, Ansehen?

In eine Spitzenposition kommt man nicht ohne Einsatz, das ist auch in anderen Berufen so. Ich hoffe, dass ich mit meiner Familie nie in eine existenzielle Situation kommen werde. Aber wenn ich vor die Frage gestellt werden würde, dann habe ich hoffentlich die Kraft zu sagen: Die Familie geht vor.

KAPITEL 6

POLITIK UND RELIGION

Orientierung durch Glaube

Parteitage klingen sonst anders: Die künftige Generalsekretärin steht hinter dem Rednerpult und spricht. Im Saal rührt sich keine Hand. Sie sagt: »Schenke uns in bewegten Zeiten Besonnenheit.« Stille. Annegret Kramp-Karrenbauer spricht Fürbitten. Da verbietet sich der übliche übertriebene, sich selbst vergewissernde Applaus.

Mit einem Gottesdienst eröffnen die gut 1000 Delegierten den Sonderparteitag der CDU am 26. Februar 2018, bei dem sie ihre neue Generalsekretärin wählen und über den Koalitionsvertrag abstimmen wollen. Der Gottesdienst gehört bei CDU-Parteitagen zum Programm. Das Bekenntnis ist Teil der christdemokratischen Identität. Nach Identität, nach Sinnstiftung und nach unverbrüchlichen Werten herrscht gerade große Sehnsucht in der CDU, die sich in den monatelangen Verhandlungen für eine Regierungsbildung in alle Richtungen verbiegen musste. So ließ Parteichefin Angela Merkel im Vorfeld des eintägigen Parteitags bei den christlichen Kirchen anfragen, ob sie einen ökumenischen Gottesdienst vor Ort halten können. Prälat Karl Jüsten, der Leiter des Kommissariats der deutschen Bischöfe, und Martin Dutzmann, der Bevollmächtigte des Rates der Evangelischen Kirche in Deutschland, teilen sich die Aufgabe, die CDU bei ihrem Parteitag an ihrer Wurzel, dem christlichen Politikansatz, zu stärken. Es ist eine zweifelnde CDU, die sich in der Ära Merkel so rasant verändert hat.

Ausgerechnet in Berlin feiert die CDU ihren Gottesdienst vor laufenden Kameras und Hunderten von Berichterstattern. Gilt Berlin doch als Hauptstadt der Ungläubigen. Nur jeder vierte Berliner gehört noch einer christlichen Kirche an, wie der Berliner Senat erst Ende 2017 auf Anfrage der Linksfraktion im Abgeordnetenhaus errechnet hat. In der Stadt gibt es gerade einmal neun Prozent Katholiken, deren Zahl durch Zuzüge aus Polen, Spanien und Italien gestützt wird. Die Protestanten machen gut 15 Prozent der Bevölkerung aus. Nach Schätzungen leben zudem neun Prozent Muslime in der Hauptstadt. Damit steht Berlin im Kontrast zum Rest der Republik, wo noch 60 Prozent der Bevölkerung an eine der christlichen Kirchen gebunden sind.

Hinten im Saal in den Reihen der Presse-Arbeitsplätze geht das Geklapper der Computertastaturen auch während des Gebets der Parteitagsdelegierten weiter. Es ist nicht nur die Ferne vieler Hauptstadtjournalisten zur Kirche, die diesen Gegensatz von Innehalten und Geschäftigkeit produziert. In der »Station Berlin«, einst Postbahnhof, will in der großen nüchternen Halle unter gleißendem Scheinwerferlicht keine andächtige Atmosphäre aufkommen.

Wie bei diesem Parteitag ist es auch im politischen Geschäft nicht selbstverständlich, dass die Christlich Demokratische Union mit ihrem C im Parteinamen öffentlich durchdringt. Zuletzt haben die Rechtspopulisten von der AfD den Versuch unternommen, der CDU nach dem Heimatbegriff und dem politisch rechten Rand auch noch das C abspenstig zu machen, indem sie gegen den Islam polarisieren und den Christdemokraten absprechen, ihre christlich-abendländische Tradition zu verteidigen. Dagegen aber wehren sich die christlichen Kirchen selbst erfolgreich. Während die AfD gegen den Zuzug von Flüchtlingen wettert, öffnen Gotteshäuser beider Konfessionen auch gegen bestehendes Recht ihre Türen und gewähren Kirchenasyl. Die Kirchen sind eine vernehmbare Stimme in der Flüchtlingspolitik. Sogar Papst Franziskus dankte in einer Neujahrsansprache vor Botschaftern 2017 Deutschland für die Aufnahme von Flüchtlingen. In Deutschland ist es insbesondere der Ratsvorsitzende der Evangelischen Kirche, Heinrich Bedford-Strohm, der deutlich macht, wie das C in der Flüchtlingskrise in praktische Politik umzusetzen ist. Er entlarvt den Populismus, der sich vorgeblich den Unterprivilegierten zuwendet. Den Schwachen beizustehen und ihnen zum Recht zu verhelfen – das sei eine Maßgabe für die Politik, die tief in der jüdisch-christlichen Tradition verankert sei, schreibt er Ende 2017 in einem Beitrag für das evangelische Magazin *Chrismon*. »Aber die einen Schwachen gegen die anderen Schwachen auszuspielen bricht mit dieser Tradition und tritt unsere Werte geradezu mit Füßen.«

Das C im Parteinamen erweist sich insbesondere bei Fragen der Migration und in der Sozialpolitik auch immer wieder als öffentliches Druckmittel für SPD, Grüne und Linke gegen die CDU. In der Flüchtlingspolitik halten die Grünen den Christdemokraten trotz Angela Merkels humanitärer Haltung vor, ihrer eigenen Namensgebung nicht gerecht zu werden. Diese Auseinandersetzung kulminiert zur Jahreswende 2017/2018 in der Frage des Familiennachzugs: CDU und CSU wollen, dass Flüchtlinge mit einem zeitlich begrenzten Schutzstatus ihre Familien nicht nachholen dürfen. »Wenn wir das christliche Familienbild ernst nehmen, können wir nicht Familien erster, zweiter und dritter Klasse definieren«, hält Bundestagsvizepräsidentin Claudia Roth, 1980 aus der katholischen Kirche ausgetreten, im ARD-»Bericht aus Berlin« den Christdemokraten vor. Bischof Reinhard Marx stützt in dieser Frage die Linie der Grünen. Er spricht sich schon im Oktober 2017 in der Bundespressekonferenz für einen umfassenden Familiennachzug aus. Die CDU erinnert er: »Das C steht nicht für konservativ, sondern für christlich.«

Die Frage, was das C für die praktische Politik konkret bedeutet, stellt sich seit Gründung der CDU. Von Kramp-Karrenbauer ist zu erwarten, dass sie auf diese Frage im Geiste einer traditionellen Denkschule neue Antworten gibt. Schon für ihren Vater ist die katholische Soziallehre Leitfaden für ein funktionierendes Gemeinwesen gewesen. Diese Haltung hat auch sie verinnerlicht. »Sie muss nicht mühsam durchdeklinieren, was Subsidiarität, Solidarität und Gerechtigkeit heißen«, sagt Prälat Jüsten. »Sie wendet das in der praktischen Politik einfach an.«

Die im 19. Jahrhundert durch päpstliche Impulse entstandene und später weiterentwickelte katholische Soziallehre legt ein Menschenbild zugrunde, das diesen als Individuum und als Gemeinschaftswesen zugleich sieht. Die Persönlichkeit kann sich in der Gemeinschaft entfalten und verwirklichen – nicht ohne eigene Verantwortung der Gemeinschaft gegenüber. Wer Hilfe benötigt, hat in der katholischen Soziallehre ein Anrecht auf die Solidarität der anderen. Gerechtigkeit definiert sich aber nicht dadurch, dass alle das Gleiche bekommen, sondern dass vielmehr jeder erhält, was ihm gemäß ist. Wobei das Wort »gemäß« in der konkreten Sozialpolitik viel Spielraum lässt. Gemäß kann dafür stehen, was ein Mensch wirklich braucht. Es kann auch dafür stehen, was ihm die Solidargemeinschaft paternalistisch zuteilt. Vor der Solidargemeinschaft kommt in jedem Fall die Eigenverantwortung: Der Begriff der Subsidiarität steht in der katholischen Soziallehre dafür, dass erst einmal jeder Mensch die an ihn gestellten Aufgaben selbst bewältigen kann. Gelingt ihm das nicht, hilft die Gemeinschaft.

Das Prinzip ist aus dem christlichen Menschenbild entwickelt, erhebt aber den Anspruch, auch für nicht religiöse Menschen aus Vernunftgründen Grundlage für das Zusammenleben in der Gemeinschaft sein zu können. In der evangelischen Sozialethik finden sich ähnliche Ansätze, aus denen auch die Soziale Marktwirtschaft entwickelt wurde, die sich Ludwig Erhard zu eigen machte. Bislang ist kein CDU-Grundsatzprogramm ohne Bekenntnis zu den aus dem christlichen Menschenbild entwickelten Politikprinzipien ausgekommen. An dieser Tradition wird auch die neue Generalsekretärin festhalten.

Das macht sie beim Parteitag nach den Fürbitten in ihrer Bewerbungsrede für das Amt der Generalsekretärin deutlich: »Es ist das Bild, das die Menschen, so wie sie sind, am besten beschreibt und am besten annimmt«, sagt sie. Es nehme den Menschen mit all seinen Fähigkeiten zur Selbstverantwortung wahr, erklärt sie ganz in der Tradition der katholischen Soziallehre. »Aber es nimmt ihn auch dort wahr, wo er schwach ist und wo er unsere Solidarität verdient hat.« Das christliche Menschenbild kann aus diesem Verständnis heraus auch als Orientierung in einer Zeit der Unübersichtlichkeit und Beschleunigung dienen und in einer Welt, in der der menschliche Umgang miteinander oft auf der Strecke bleibt.

Auch Heiner Geißler stand in der Tradition der katholischen Soziallehre. Jene stark christlich geprägten CDU-Politiker mit Sinn für sozialpolitische und humanitäre Fragen sind in den eigenen Reihen und oft auch von Sozialdemokraten bis in die Ära Kohl als »Herz-Jesu-Sozialisten« bespöttelt worden, jeweils von den ideologisch besonders gefestigten Vertretern der Parteien. Die Zusammensetzung von Herz-Jesu und Sozialist spiegelt aber auch wider, dass dieser Politikertypus die ideologischen Grenzen zwischen links und rechts aufgebrochen hat – zum Ärger der Verfechter der reinen Lehre.

Spätestens in der Ära Merkel, in der die politischen Lager verschwimmen, verschwindet auch der Kampfbegriff des Herz-Jesu-Sozialisten. Kramp-Karrenbauer aber hätte man einst der Herz-Jesu-Fraktion zurechnen können.

»Wir waren schon einmal weiter«, sagt Bülent Arslan über das Verhältnis von CDU und Muslimen. Lange saß er in Nordrhein-Westfalen dem 1997 gegründeten Deutsch-Türkischen Forum vor. 2014 zog er sich zurück, danach ist das Netzwerk der Muslime in der CDU wieder eingegangen. Arslan, Unternehmer am Niederrhein und in der Politik nicht mehr aktiv, kritisiert, dass sich seine Partei wieder mehr durch Abgrenzung zu den Muslimen in Deutschland profiliere. Die Flüchtlingskrise und das schwierige Verhältnis zwischen Deutschland und der von Erdoğan geführten Türkei haben aus seiner Sicht dieser Entwicklung Vorschub geleistet. »Nach 2016 hat sich die Partei immer schwerer getan, einen guten Umgang mit Muslimen zu finden.« Ein kritischer Spruch über die in Deutschland lebenden Muslime komme bei der CDU-Stammklientel besser an als der Aufruf zur Integration. Arslan findet, dass das nicht so sein muss: »Politische Positionen, die aus einem christlichen Menschenbild entwickelt sind, stoßen bei aufgeklärten Muslimen auf positive Resonanz.«

Schon vor der Flüchtlingskrise und vor den islamistischen Anschlägen in Europa war es in der CDU Thema, in Deutschland Imame auszubilden, um einem aufgeklärten Islam Raum zu geben. Es gab viele Initiativen, die das Thema Integration und das Leben von Muslimen in Deutschland positiv in die Zukunft zu wenden versuchten. 2006 war auf Initiative des damaligen Innenministers Wolfgang Schäuble (CDU) erstmals eine Islamkonferenz mit Vertretern zahlreicher muslimischer Verbände in Deutschland zusammengekommen. Schon damals bekannte Schäuble, der Islam sei »ein Teil Deutschlands und Europas«. Als vier Jahre später der damalige Bundespräsident und frühere CDU-Ministerpräsident von Niedersachsen, Christian Wulff, zum Tag der Deutschen Einheit erklärte, dass Christentum und Judentum »zweifelsfrei« zu Deutschland gehörten, aber dass der Islam »inzwischen« auch zu Deutschland gehöre, brach eine heftige ideologische Debatte los. Im gleichen Jahr war Thilo Sarrazins Buch *Deutschland schafft sich ab* erschienen, das eine bis dahin unterschätzte antimuslimische, teils rassistische Stimmung auch in der Bevölkerung sichtbar machte. Seit der Rede Wulffs ist die Frage, ob der Islam zu Deutschland gehöre, zur politischen Glaubensfrage geworden, die sehr holzschnittartig die Lager teilt in Anhänger der Willkommenskultur und solche der Abschottungspolitik. Folgerichtig ist Kanzlerin Angela Merkel der Ansicht, dass der Islam zu Deutschland gehört, während CSU-Chef Horst Seehofer das Gegenteil behauptet.

Der von Wulff angestrebte positive Effekt seines Islam-Satzes hat sich nicht entfalten können. Die Stimmen der integrierten und aufgeklärten Muslime gehen oft in Negativdebatten unter, in denen über die wachsende Zahl radikaler Moschee-Vereine und über die mangelnde Integration muslimischer Zuwanderer geklagt wird, aber auch über die Zunahme des Antisemitismus in Kreisen muslimischer Einwanderer: Jude als Schimpfwort auf Schulhöfen, gewaltsame Übergriffe, antisemitische Straftaten.

Die CDU hat nun gemeinsam mit der CSU ein Jüdisches Forum in der Union installiert. Kramp-Karrenbauer treibt das Projekt voran. Die Gefahr eines wachsenden Antisemitismus sieht sie auch bei der AfD und ihren Anhängern. Als Generalsekretärin ruft sie eine Woche gegen Antisemitismus aus, in der sie auch jüdische Einrichtungen besucht. Rund 200 000 Juden leben in Deutschland. Für die Solidarität gegen den wachsenden Antisemitismus sind viele von ihnen dankbar. Sie wollen aber nicht auf eine Opferrolle reduziert werden. »Es ist ein Problem, dass Juden in Deutschland immer in Verbindung mit der Schoah gesehen werden«, sagt Jo Frank, Geschäftsführer des Ernst-Ludwig-Ehrlich-Studienwerks, als Kramp-Karrenbauer zum Besuch vorbeikommt. »Das Judentum in seiner ganzen Vielfalt darf in Deutschland nicht bloß als Gegenstand von Erinnerungskultur betrachtet werden.«

Wie bei den meisten Terminen macht sich Kramp-Karrenbauer Notizen zu dem, was ihre Gastgeber zu sagen haben. Dafür und für alle anderen politischen Ereignisse, Gespräche, Entscheidungen hat sie stets eine schwarze Kladde bei sich. Sie besitzt diese Hefte in verschiedenen Größen vom Notizbuch bis zum DIN-A4-Format. Die vollgeschriebenen Exemplare bewahrt sie zu Hause auf. Sie sind ihr politisches Tagebuch und Gedächtnis. Mit der schwarzen Kladde vor sich, fragt sie nach konkreten Wünschen. So sendet sie das Signal, dass sie ihre Gesprächspartner ernst nimmt, auf Augenhöhe mit ihnen diskutiert, sich ihre Anliegen merkt und diese möglicherweise in ihre Programmatik einfließen lässt. Das kommt gut an. Sie wirkt auch nie, als sei sie in Eile. An diesem Vormittag entwickelt sich noch ein Gespräch über praktische Religionsfragen. Die Ausbildung von Rabbinerinnen interessiert die Generalsekretärin besonders. »Ich wäre froh, wenn meine eigene Kirche so weit wäre«, sagt sie.

In ihrer eigenen Kirche dürfen Frauen zwar nicht auf die Kanzel. Die katholische Kirche ist aber hochzufrieden, dass eine wie AKK nun in der Bundespolitik eine wichtige Rolle spielt. »In der CDU habe ich so jemanden aus unserem Stall lange nicht mehr gehört«, sagt Jüsten. Kramp-Karrenbauers früherer Förderer Rudolf Müller betont, in der Katholikin sähen CDU-Mitglieder eine Politikerin, die den Glauben authentisch lebe. Eine, die das Kreuz aus Überzeugung in ihrem Zimmer aufhänge. Dem »Kreuzerlass«, wie Müller die Anordnung des bayerischen Ministerpräsidenten Markus Söder (CSU) nennt, Kreuze in allen dortigen Behörden aufzuhängen, hafte parteipolitisches Kalkül und Folklore an. »Das ist bei Annegret Kramp-Karrenbauer nicht vorstellbar.«

Bei künftigen ethischen Debatten über die großen Fragen von Leben und Tod wird sich die katholische Kirche auf Kramp-Karrenbauer verlassen können, wie zum Beispiel ihre Reaktion auf die Diskussion um den Paragrafen 219a zeigt. Dieser Paragraf legt fest, dass für Abtreibungen nicht geworben werden darf. Die Verurteilung einer Gießener Gynäkologin wegen unerlaubter Werbung für Schwangerschaftsabbrüche hatte eine Diskussion über das Werbeverbot ausgelöst. Das Werbeverbot ist in einer Zeit entstanden, als Ärzte noch nicht über Webseiten verfügten, auf denen sie sich, ihre Praxen und ihre Leistungen vorstellen. Als die SPD im März 2018 einen Gesetzentwurf für die Abschaffung des Paragrafen 219a vorlegt, reagiert Kramp-Karrenbauer auch ohne eigenes Bundestagsmandat in einem Brief an Mandats- und Funktionsträger unmissverständlich. »Wenn auf der Homepage eines Arztes der Schwangerschaftsabbruch neben normalen medizinischen Dienstleistungen auftaucht, dann ist dies keine reine Information, sondern geht darüber hinaus«, schreibt sie. Sie warnt vor einem schleichenden Prozess, der »die schwerwiegenden und ethischen Konflikte eines Schwangerschaftsabbruchs« ausblende und damit dem Schutz des ungeborenen Lebens in der Abwägungssituation viel zu wenig Raum gebe.

Ohne den Einsatz von Kramp-Karrenbauer wäre die Auseinandersetzung um den Lebensschutz für die Union verloren gegangen, sind sich die Konservativen in der Partei sicher. Kanzlerin Merkel und Fraktionschef Kauder hätten das Konfliktthema abgeräumt. Zumindest war vereinbart worden, dass die SPD diesen Gesetzentwurf im März noch unabhängig von der parallel laufenden schwarz-roten Regierungsbildung in den Bundestag einbringen darf, ohne sich an eine Koalitionsdisziplin halten zu müssen. Die katholische Kirche sieht in Kramp-Karrenbauer in den ethischen Fragen eine Verbündete: »Einen solchen Brief, wie ihn Annegret Kramp-Karrenbauer zum § 219a StGB an die Mitglieder ihrer Partei geschrieben hat, habe ich schon lange nicht mehr aus der Feder eines Generalsekretärs einer Partei gelesen«, sagt Prälat Jüsten. »Sie ist – wie die Kirchen – unmissverständlich für einen umfassenden Schutz des ungeborenen Lebens eingetreten und möchte folglich auch nicht, dass die Werbung für Abtreibung erlaubt ist.«

Auch bei der Ehe für alle vertritt sie immer noch mit Vehemenz die konservative Minderheitenmeinung, wonach Homosexuelle zwar eine Lebenspartnerschaft eingehen können sollen, ihnen aber die Ehe, die auch das umfassende Recht auf Adoption von Kindern mit sich bringt, verwehrt bleiben soll. Gleichgeschlechtliche Paare trifft das ins Mark. Für sie schwingen dabei immer die böse Unterstellung der Pädophilie und der Vorwurf mit, dass ihre Liebe zu Kindern nie so gut sein könne wie die von Heterosexuellen. Wissenschaftlich evidente Erkenntnisse, dass Kinder homosexueller Paare Schaden nehmen, weil ihnen entweder die traditionelle Vater- oder Mutterfigur fehlt, liegen nicht vor.

Die Kanzlerin hat auch lange Kramp-Karrenbauers Haltung vertreten. Im Wahlkampf 2013 führte sie noch das »Kindeswohl« als Argument gegen die Ehe von Homosexuellen mit dem Recht auf Adoption an. In der Vorbereitung des Wahlkampfs 2017 verständigte sie sich aber mit CSU-Chef Seehofer in der letzten Woche vor der parlamentarischen Sommerpause intern darauf, dass diese Position angesichts der sich verändernden gesellschaftlichen Einstellungen nicht zu halten sei. Alle anderen Parteien, die als Koalitionspartner infrage kommen würden, hatten das bereits zur Bedingung für ein Bündnis nach der Bundestagswahl im September gemacht. Bei einer Talk-Veranstaltung der Frauenzeitschrift *Brigitte* erklärte Merkel dann völlig überraschend auf eine Frage aus dem Publikum, dass sie gleichgeschlechtliche Paare erlebt habe, die sich etwa aufopferungsvoll um Pflegekinder kümmerten. Nach einigen verschwurbelten Sätzen sagte sie, die Haltung zur Ehe für alle zu einer »Gewissensentscheidung« im Bundestag machen zu wollen. Das bedeutete, dass die Bundestagsabgeordneten nicht – wie üblich – bei einer Abstimmung an die Fraktionsdisziplin gebunden sind, sondern nur nach ihrem Gewissen entscheiden können. Solche Abstimmungen mit fraktionsübergreifenden Gruppenanträgen kommen üblicherweise bei komplizierten ethischen Fragen wie Spätabtreibung und Sterbehilfe zum Tragen, nicht aber bei gesellschaftspolitischen Themen. Merkel entledigte sich also mit einem Kunstgriff während einer Talkrunde der kontroversen Debatte in ihrer Partei und gab der Mehrheitsmeinung in der Bevölkerung nach. Der Koalitionspartner SPD schuf Fakten und stellte die Ehe für alle am letzten Tag vor der Sommerpause zur Abstimmung. Auch ein Viertel der Unionsabgeordneten votierte dafür. Merkel selbst stimmte dagegen.

Kramp-Karrenbauer gibt den Anliegen der katholischen Kirche auf der politischen Bühne wieder mehr Stimme. Für das Grundsatzprogramm hört sie nicht nur ihren Parteimitgliedern, sondern auch den Kirchen zu. »Kramp-Karrenbauer will die Partei nicht einfach konservativer machen«, sagt Jüsten. »Sie sucht nach dem, was dem Menschen gemäß ist, auch wenn es um innere Sicherheit geht.« Dass die im CDU-Arbeitnehmerflügel verankerte Politikerin in der Amtskirche als »linkskatholisch« wahrgenommen wird, die für Frauen im Diakonat wirbt und inhaltlich eher bei Papst Franziskus als bei seinem Vorgänger Benedikt zu verorten ist, erzeugt keine sichtbaren Widerstände. Was aus Sicht der Kirche zählt, formuliert Jüsten: »Sie ist eine überzeugte Christin, die mit beiden Beinen im Leben steht, ihren Glauben selbstverständlich und unaufdringlich lebt.«

INTERVIEW

»Hinter dem normalen Alltag einen höheren Sinn finden«

Beten Sie regelmäßig?

Ja.

In der Kirche oder privat?

Beides.

Sind das Fürbitten, oder ist das ein privates Gebet?

Das ist privat.

Sind Sie Kirchgängerin?

Ja, keine ganz regelmäßige. Wenn ich das Bedürfnis habe, dann gehe ich zum Gottesdienst. Bei offiziellen Terminen, bei denen sich ein Kirchgang anbietet, versuche ich stets, diesen in den Termin zu integrieren.

Gehen Sie auch in Ihrer Heimatstadt Püttlingen in die Kirche?

Selten, aber auch das.

Welche politischen Überzeugungen speisen sich bei Ihnen aus dem christlichen Glauben?

Das sind die Überzeugungen, die prägen. Der Mensch ist in seiner Würde schützenswert, weil er ein Ebenbild Gottes ist. Diese Haltung spiegelt sich in Antworten auf ethische

Fragen wider – zum Beispiel beim Lebensschutz. Dieses Menschenbild wirkt sich aber auch auf ordnungspolitische Fragen aus. Durch das C wird Politik menschenfreundlich, man kann auch das neutestamentarische Wort barmherzig nehmen. Das C nimmt einer streng ordnungspolitischen Sicht die Härte.

Können Sie ein Beispiel geben?

Als ich neu in der Partei war, haben wir die Debatte um den Paragrafen 218 geführt. Wir haben darum gerungen, wie wir dem Schutz des ungeborenen Lebens mit der Notlage der Mutter in Übereinstimmung bringen. Das kann man klassisch entscheiden und sagen: Der Schutz des Lebens geht immer vor. Ein sehr kluges Parteimitglied hat aber eingewendet, dass das C im Namen der Partei auch in Erinnerung an das Neue Testament, an das Konzept Barmherzigkeit, steht. Die Fähigkeit, in einer Konfliktsituation von festgefügten Prinzipien abzuweichen, gehört auch zu einer Politik auf Grundlage des christlichen Menschenbilds. Diese Debatte damals hat mich sehr geprägt.

Seitdem halten Sie den Abtreibungsparagrafen 218 mit den christlichen Grundwerten der Partei für vereinbar?

Es ist ein Kompromiss, es war ein hartes Ringen. Es ging darum deutlich zu machen, dass das ungeborene Leben seine eigene Würde hat, wir aber dennoch anerkennen, dass es für Frauen existenzielle Situationen gibt, in denen sie sich gegen ein Kind entscheiden. Die Aufforderung an eine Partei mit C im Namen bleibt, sich mit der Frage zu beschäftigen, warum in Deutschland Jahr für Jahr 100 000 Abtreibungen vorgenommen werden. Warum gelingt es uns nicht, in mehr Fällen Menschen davon zu überzeugen, sich für ein Kind zu entscheiden? Unser permanenter Auftrag ist es, eine Politik zu machen, die Menschen ermutigt, sich auch in einer Konfliktsituation für das Kind zu entscheiden.

Ist deshalb der Widerstand der CDU gegen die Aufhebung des Paragrafen 219a so groß, in dem das Werbeverbot für Abtreibungen verankert ist?

Es gibt einen guten Grund für das Werbeverbot. Es gibt keine Notwendigkeit, es aufzuheben. Nach der jetzigen Gesetzeslage ist es möglich, an die notwendigen Informationen zu gelangen, um einen Abbruch vornehmen zu lassen. Sollte es sinnvoll sein, eine Klarstellung vorzunehmen, dann ist das machbar. Dafür muss aber nicht das Werbeverbot fallen. Viel mehr als dieses Thema treibt mich das Schicksal ungeborener Kinder mit Down-Syndrom um.

Die Selbsthilfeorganisation von Eltern behinderter Kinder, Lebenshilfe, beklagt einen »Abtreibungsautomatismus« bei Kindern mit Down-Syndrom …

Wir müssen dringend ein gesellschaftliches Klima schaffen, wonach nicht 90 Prozent der Kinder mit Down-Syndrom nach der Diagnose im Mutterleib abgetrieben werden. Ich frage mich, was es eigentlich über unsere Gesellschaft aussagt, dass wir es nicht schaffen, Eltern Mut zu diesen Kindern zu geben.

Was sagt es aus?

Nichts Gutes. Es sagt aus, dass es in unserer Gesellschaft schwierig ist, sich für einen Menschen, der anders ist, der nicht perfekt ist, zu entscheiden. Das entspricht nicht dem christlichen Menschenbild.

Welche Konsequenz wollen Sie ziehen – vorgeburtliche Untersuchungen zurückfahren?

Nein. Man kann den medizinischen Fortschritt nicht aufhalten. Aber die Frage ist, ob wir die Eltern nach der Diagnose nicht zu sehr allein lassen.

Wie wäre es mit einer deutlich besseren finanziellen Ausstattung für Eltern behinderter Kinder?

Wenn wir uns für den Lebensschutz der ungeborenen Kinder einsetzen, müssen wir uns auch für die geborenen Kinder einsetzen. Viele Eltern mit behinderten Kindern haben den Eindruck, dass sie sich jede Hilfe, die ihnen zusteht, erkämpfen müssen. Die Hilfen müssen unbürokratisch und mit Vertrauen in die Eltern gewährt werden. Es bedarf auch einer anderen Haltung gegenüber Familien mit behinderten Kindern. Ich nehme eine wachsende Stimmung wahr, wonach sich Eltern mit einem behinderten Kind schon rechtfertigen müssen, dass sie sich für das Kind entschieden haben. Das halte ich für sehr problematisch. Wir brauchen ein gesellschaftliches Klima, in dem Eltern mit behinderten Kindern Unterstützung erfahren – materiell und moralisch. Das ist zurzeit nicht immer ausreichend der Fall.

Warum laufen vor allem solche gesellschaftspolitischen Debatten immer so emotional?

Da geht es um höchstpersönliche Themen. Viele möchten ihre persönliche Lebensentscheidung als gesellschaftliches Prinzip verankern. Deshalb sind die Diskussionen oft so unversöhnlich. Das habe ich vor allem in der Familienpolitik immer sehr stark wahrgenommen. Ich habe mal in einem Interview den Begriff »Heimchen am Herd« gebraucht. Das war nicht herabwürdigend gemeint. Es ist aber bei vielen Frauen als Angriff auf ihre Lebensentscheidung angekommen. Hätte ich das wirklich als Angriff gemeint, hätte ich damit meine eigene Mutter angegriffen.

Hat sich Ihre Mutter auch bei Ihnen beschwert?

Nein. Die hat das locker gesehen.

Ist die Gesellschaft über die Einordnung »Heimchen am Herd« oder »Rabenmutter« hinweg?

Ich hoffe es. Das ist eine typisch deutsche Debatte, bei der alle in eine Schublade gesteckt werden. Es gibt aber schon die nächste Debatte: Ich galt als Rabenmutter, weil ich mit drei Kindern gearbeitet habe. Heute gilt man als Rabenmutter, wenn man sein Kind nicht mit wenigen Monaten in die Kita gibt und ihm so angeblich Entwicklungschancen vorenthält. Das ist verkrampft. Da dürfen wir uns auch nicht wundern, dass sich Frauen diesem Druck entziehen und keine Kinder mehr bekommen.

Die Geburtenrate ist aber in den letzten Jahren gestiegen …

Ja, zum Glück. Die Vereinbarkeit von Familie und Beruf nach den individuellen Wünschen der Eltern setzt sich durch. Inzwischen fordern ja auch Männer Zeit für Familie und Kinder ein. Jahrelang bin ich bei der Wirtschaft auf Unverständnis gestoßen, wenn ich von Unternehmen Flexibilität für Mütter eingefordert habe. Als dann die erste Generation junger Männer Elternzeit und flexible Arbeitszeiten wünschte, kam die Wirtschaft auf mich zu und wollte dafür Rahmenbedingungen. Es macht einen Unterschied, ob die Vereinbarkeit von Familie und Beruf als Frauenthema wahrgenommen wird oder als Arbeitsmarktthema. Wir müssen noch einen Schritt weiterkommen: Es sollte einfach normal sein, dass Menschen Kinder haben und die Arbeitswelt darauf eingestellt ist.

Sie gehören zu den Gegnern der Ehe für homosexuelle Paare. Haben Sie dafür gesellschaftspolitische oder religiöse Gründe?

Es ist eine gesellschaftspolitische Frage. Um das klarzustellen: Ich trete dafür ein, dass es keine Diskriminierungen für Homosexuelle gibt. Aber Ehe definiert sich für mich durch die Merkmale, dass es zwei Menschen sind und durch die Geschlechtlichkeit. Bei uns ist diese Debatte zu oberflächlich geführt worden. Da hieß es einfach nur: Jetzt haben sogar die Iren dafür gestimmt, also sollten wir es auch tun. Man muss sich aber ernsthaft Gedanken darüber machen, wohin die Öffnung der Ehe für Homosexuelle führen kann. Was kann passieren, wenn ein Merkmal, das die Ehe ausmacht, wegfällt? Von den Jungen Liberalen kam bereits die Forderung, das Polygamie-Verbot aufzuheben. Ich will kein Schreckensszenario an die Wand malen. Aber wenn man eine solche Entscheidung trifft, dann sollte man sie nach einer intensiven und ernsthaften Diskussion treffen. Die habe ich vermisst.

Sie haben in einem Interview mit der Saarbrücker Zeitung *im Juni 2015 gesagt, dass die Ehe von Homosexuellen auch andere Forderungen nicht ausschlösse, »etwa eine Heirat unter engen Verwandten oder von mehr als zwei Menschen«. Für diese Aussage haben Sie einen Sturm der Kritik geerntet. Dazu stehen Sie also immer noch?*

Zu der Aussage habe ich mich immer bekannt. Ich habe auch in Saarbrücken auf Einladung des Lesben- und Schwulenverbandes in einer Veranstaltung über diese Aussage diskutiert.

Viel Gegenwind.

Der gehört zu einer klaren Positionierung dazu. Die Veranstaltung war sehr beeindruckend. Vorher waren die Reaktionen ja sehr schrill. In dieser Diskussion wurde dann aber ernsthaft gerungen. Die Stimmung war überhaupt nicht aggressiv, obwohl viele Menschen, die dorthin gekommen waren, persönlich betroffen waren und auch den Eindruck hatten, ich hätte sie persönlich angegriffen. Es gab dennoch einen sehr respektvollen gegenseitigen Umgang miteinander.

Damals hat jemand gegen Sie Strafanzeige gestellt – gehört das auch zu einer klaren Positionierung dazu?

Für mich war es das erste Mal, dass ich eine Strafanzeige bekommen habe. Aber das ist eine Methode, die offenbar in der politischen Auseinandersetzung immer mehr um sich greift. Dass man auch persönlich angegriffen wird, habe ich auch schon in anderen Zusammenhängen erlebt. Das gehört zur Politik dazu. Als Innenministerin musste ich Entscheidungen über Abschiebungen treffen bei Familien, mit denen ich schon persönlich an einem Tisch gesessen und mit deren Kindern ich gesprochen hatte. Das sind die Momente, die einem als Politikerin schwerfallen. Da ist so eine Anzeige weniger schlimm.

Ist eine Ehe von Mann und Mann, von Frau und Frau für Sie persönlich gleich viel wert wie die von Mann und Frau?

Für mich persönlich steht im Mittelpunkt das Versprechen, ein Leben lang füreinander einzustehen und sich die Treue zu halten – unabhängig davon, ob man hetero- oder homosexuell ist und auch ob man verheiratet oder verpartnert ist.

Glauben Sie, dass homosexuelle Paare Kinder nicht so gut erziehen wie heterosexuelle?

Das hängt von jedem Paar individuell ab. Ein Kind kann auch in einer gleichgeschlechtlichen Partnerschaft gut aufwachsen. Das ist ja auch Realität. Ich wehre mich aber gegen den Trend, dass die traditionelle Konstellation von Vater, Mutter und deren leiblichen Kindern nicht mehr das Ideal sein soll.

Ist das wirklich ein Trend, dass die traditionelle Familie wegen der Ehe für alle aus der Mode kommt?

Wir werden Debatten bekommen, auf welchem Weg homosexuelle Paare Kinder bekommen können, auch außerhalb von Adoptionen. Es wird um Leihmutterschaften und Fragen der Reproduktionsmedizin gehen. Das wird für die CDU eine schwierige Diskussion. Wir sehen auf der einen Seite, wie wertvoll die Strukturen sind, die Familien zusammenhalten. Andererseits sehen wir, dass es immer neue Lebensformen gibt wie Patchworkfamilien und Familien mit gleichgeschlechtlichen Partnern. Für die CDU stellen sich viele Fragen: Wer soll welche Möglichkeiten in Anspruch nehmen dürfen, um Kinder zu bekommen? Welche Lebensformen sollen als Familien auch im Sinne des Wohls der Kinder gefördert werden? Die Kinder haben ja nicht für sich bestimmt, dass sie in dieser oder jener Familie aufwachsen.

Wo genau liegt das Problem?

Ich mache das am Beispiel der nicht ehelichen Kinder fest. Niemand wünscht sich die Zeit zurück, in der nicht eheliche Kinder gesellschaftlich benachteiligt wurden.

Gehen Sie davon aus, dass Kinder aus homosexuellen Beziehungen gesellschaftlich stigmatisiert sind?

Ich hoffe es nicht. Das wäre fatal. Es geht aber nicht nur um Paare in homosexuellen Beziehungen. Grundsätzlich stellt sich angesichts der fortschreitenden Medizin bei der Reproduktion die Frage, wie das Recht des Kindes auf Wissen um seine Abstammung gesichert wird. Da gibt es einen Strauß von schwierigen ethischen Fragen rund um die Entstehung des Lebens.

Welche Bedeutung hat das C im Parteinamen überhaupt noch in einer Zeit, da die Zahl der Kirchenmitglieder sinkt?

Das C im Parteinamen steht für unser Menschenbild, für die individuelle Würde, für den individuellen Wert eines Menschen. Aus dem christlichen Glauben kommt auch die Vorstellung, dass der Mensch immer auf seinen Mitmenschen, also auf die Gemeinschaft bezogen ist. Das schützt vor einer Politik, die sagt, nur die Gemeinschaft ist das, was zählt. Es schützt zugleich vor einer Politik, die dem maximalen Individualismus Rechnung trägt. Damit ist das C ein Leitfaden in einer Zeit, in der wir den Eindruck haben, dass die Gesellschaft immer individualistischer wird. Es steht für den Ausgleich zwischen Gemeinwohl und individuellen Interessen. Das C in Verbindung mit dem U symbolisierte nach dem Zweiten Weltkrieg die Überwindung althergebrachter Kategorien von katholisch und evangelisch. Es war das klassische Konzept, in einer Volkspartei weltanschauliche Gräben zu überwinden. Ich bin der Auffassung, dass im Jahr 2018 die Überwindung von Gräben wieder oder sogar noch notwendiger ist, als das früher der Fall war.

Taugt das C im Parteinamen im Jahr 2018 auch dazu, die eigenen Werte gegenüber muslimischen Zuwanderern deutlich zu machen?

Ja, aber nicht im Sinne einer negativen Abgrenzung, wonach man sagen würde, außen vor bleibt, was keine christlichen Wurzeln hat. Aber der Bezug auf die christliche Tradition hilft schon, deutlich zu machen, was unsere Werte sind und was unsere Gesellschaft ausmacht. Ich meine, dass wir unsere Werte positiv aus unserer Tradition heraus definieren müssen.

Besteht die Gefahr, dass die christliche Kirche dennoch zur Abgrenzung gegen Muslime genutzt wird?

Diese Tendenz gibt es sicherlich auch. Manch einer, der sich vor das christliche Symbol stellt, hat damit gar nichts zu tun. Das Christentum und die Kirchen spielen so immer nur dann eine Rolle, wenn der Fokus gegen Muslime gesetzt werden kann. Das halte ich für fatal. Damit wird das C instrumentalisiert.

In der Flüchtlingskrise haben sich die Kirchen stark für eine Politik der offenen Tür positioniert. Wie politisch sollte Kirche sein?

Kirche ist mitten in die Welt gestellt und gestaltet unsere Welt mit. Da ist es völlig normal, dass Kirche sich einmischt und politische Positionen bezieht. Die Kirchen haben aber auch eigene Fragen, bei denen sie sich der gesellschaftlichen Diskussion stellen müssen. Da würde ich mir noch mehr Offenheit wünschen – beispielsweise beim Umgang mit und der Aufklärung von Missbrauchsfällen. Und bei allen Debatten über gesellschaftliche und politische Fragen darf die eigentliche Botschaft nicht zu kurz kommen.

Meinen Sie, dass die Kirchen besser darin sind, sich politisch einzumischen, anstatt vor ihrer eigenen Tür zu kehren?

Nein, so überspitzt würde ich das nicht sagen. Aber wenn sie nicht unglaubwürdig werden wollen, müssen sie beides tun. Die Einmischung nach außen können sie umso glaubwürdiger vertreten, je mehr sie mit dem gleichen Maßstab und mit der gleichen Offenheit innerkirchlich die Dinge angehen.

In der Flüchtlingskrise ist Ihrer Schwesterpartei CSU immer wieder vorgeworfen worden, sie nehme das C im Parteinamen nicht hinreichend ernst. Das ist ein schwerwiegender Vorwurf. Ist er berechtigt?

Nein. Der Vorwurf ist nicht berechtigt. Es ist ein alter Vorwurf in einem neuen Gewand. Auch schon vor der Flüchtlingskrise ist nicht nur der CSU, sondern auch der CDU beim Thema Rückführung und Abschiebung immer wieder dieser Vorwurf gemacht worden. Das C im Parteinamen bedeutet nicht, dass das Motto gilt: Lasst alle Beladenen der Welt zu uns kommen, und was das innenpolitisch bedeutet, ist nicht unsere Sache. Das würde wirklich nicht dem politischen Verantwortungsgefühl entsprechen, das in den C-Parteien gilt. Es ist mit dem C vereinbar, den Flüchtlingszuzug zu begrenzen und zu regulieren.

Sie haben gerade gesagt, dass bei der Kirche die eigentliche Botschaft nicht zu kurz kommen darf. Sind die Kirchen in der Verkündung zu schwach?

So allgemein möchte ich das nicht sagen. Aber ich gebe mal ein Beispiel: Auf dem Höhepunkt der Flüchtlingskrise haben wir in der Nähe eines Aufnahmelagers im Saarland ein Friedensgebet organisiert. Es kamen Vertreter der jüdischen Gemeinde, der orthodoxen, der katholischen und der evangelischen Kirche sowie Vertreter der alevitischen Gemeinde. Es sollten Fürbitten gesprochen werden. Gebete mit Bezug auf Gott kamen von der jüdischen Gemeinde, von den Aleviten und von den Orthodoxen. Die katholischen und die evangelischen Vertreter haben politische Aussagen getroffen. Das Spirituelle war bei den anderen stärker vertreten als bei den Katholiken und den Protestanten.

Warum machen die Kirchen das – weil sie möglicherweise mit politischen Aussagen mehr Menschen erreichen können als mit einem direkten Gottesbezug?

Nein. Es gibt in der Gesellschaft ja einen sehr großen Bedarf nach Spiritualität. Es gibt das Bedürfnis, über oder hinter dem normalen Alltag einen höheren Sinn zu finden. Daher ist es absurd, dort, wo diese Sinngebung per se geboten wird, sie als etwas Überkommenes zu betrachten. Es gibt so viele Menschen, die darüber nachdenken, wie sie sich im hektischen Alltag ihre Ruheinseln schaffen. Dabei haben wir doch kulturell tradiert eine Ruheinsel. Das ist der Sonntag. Es wäre ja schon mal schön, wenn alle den Sonntag als Ruhetag einhalten könnten, ohne dass ständig die Frage kommt, wo man noch einen verkaufsoffenen Sonntag einbauen kann. Das wird aber leider als total altmodisch betrachtet.

Warum gehen Politiker nicht mit gutem Beispiel voran und bestehen auf dem Sonntag als Ruhetag?

Weil gerade sonntags viele Veranstaltungen stattfinden, die von Ehrenamtlichen organisiert werden. Denen dann zu sagen, ich habe heute frei, ist nicht fair.

Warum brauchen die Kirchen so viele Brücken, um bei den Menschen noch anzukommen? Ist das Vertrauensverhältnis zu Gott gestört?

Nein, aber die Frage, welche Glaubenstraditionen in den Familien und in der Gesellschaft noch weitergegeben werden, stellt sich heute anders als früher. Da müssen die Kirchen anders agieren und auch andere Wege finden, die Menschen für sich zu gewinnen. Ich halte es für wichtig, dass die Kirchen in der Gesellschaft verankert bleiben. Als ich noch Ministerpräsidentin im Saarland war, hatte ich mit Bischof Marx in Trier eine heftige Diskussion um die Frage, was das Kerngeschäft der Kirche ausmacht. Damals wollte sich die Kirche als Träger von Kitas zurückziehen. Ich habe ihn gefragt: Wie wollen Sie Kinder und Familien noch erreichen, wenn Sie sich in das Kirchenhaus zurückziehen?

Und?

Die kirchlichen Träger der Kitas gibt es heute immer noch.

Wo sehen Sie Reformbedarf bei der Kirche?

Ich wünsche mir mehr Beteiligung von Frauen in der katholischen Kirche. Der erste Schritt wäre das Diakonat von Frauen. Das langfristige Ziel muss sein, dass Frauen auch Priester werden können. Durch den Priestermangel erleben wir, dass es insbesondere die Frauen sind, die in vielen Gemeinden den Betrieb aufrechterhalten, auch Gottesdienste vorbereiten. Es ist nicht mehr zu erklären, warum die erste Weihe zum Diakonat nicht möglich sein soll.

Werden der katholischen Kirche Mitglieder weglaufen, wenn sie sich an dem Punkt nicht bewegt?

Das muss nicht passieren, weil die katholische Kirche Weltkirche ist. In Lateinamerika wird die Frage des Priesteramtes für Frauen ganz anders gesehen als in Deutschland. Das Wichtige für die Weltkirche ist die Glaubensbotschaft, die die Menschen nach wie vor anlockt und überzeugt. Ein Erfolgsgeheimnis der Kirche ist ja auch, dass sich die Grundfesten seit 2000 Jahren nicht verändert haben – und das weltweit. Als ich mal in den USA in einen Gottesdienst gegangen bin, kannte ich Ablauf und Gebete. Das ist etwas, das einem weltweit das Gefühl von Heimat gibt.

Das Erfolgsgeheimnis könnte ja vielleicht sein, dass sich die Kirche in Zukunft sehr stark verändern muss bei der Gleichberechtigung von Frauen. Ist eine Päpstin in 100 Jahren vorstellbar?

Das ist für mich sehr fiktional. Es fällt mir schon schwer, mir vorzustellen, dass ich Priesterinnen noch erleben werde.

Warum ist das so unvorstellbar und fiktional, dass Frauen das auch können: Päpstin?

Das Bild, mit dem ich selbst groß geworden bin, habe ich verinnerlicht. Die Kirche ist eine Institution, die eine mehrere Tausend Jahre alte Geschichte hat. Solche Veränderungen gingen nicht so schnell …

Noch mal tausend Jahre?

Das will ich nicht sagen. Aber ein guter Schritt voran wäre jetzt schon mal das Diakonat für Frauen.

Wie stehen Sie zur Erneuerung der katholischen Kirche durch Papst Franziskus?

Ich finde die Ansätze von Papst Franziskus unterstützenswert.

Der bayerische Ministerpräsident Söder hat seine eigene Art, den Glauben in die Welt zu tragen. Er hat ein Gesetz gemacht, wonach in öffentlichen Gebäuden Kreuze aufgehängt werden müssen. Wie finden Sie das?

Ich freue mich auch als Mitglied des Zentralkomitees der Katholiken über jedes Kreuz in einem öffentlichen Gebäude. Ich bin der Auffassung, dass das Kreuz seinen Platz im öffentlichen Raum hat. Dennoch hätte ich das Gesetz so nicht gemacht. Man wird sehen müssen, ob diese Anordnung Bestand hat. Der Hinweis im bayerischen Gesetz, dass das Kreuz nicht als religiöses Symbol aufgehängt wird, ist ja kein Zufall.

Sehen Sie die Trennung von Staat und Kirche durch die Kreuzpflicht in Bayern verletzt?

Nein. Wir haben in Deutschland keine strikte Trennung von Staat und Kirche im Sinne einer Laizität, wie sie in Frankreich herrscht. Die Trennung bedeutet bei uns, dass es keine Staatsreligion gibt, aber trotzdem eine gewisse Kooperation, die sich zum Beispiel in Staatskirchenverträgen zeigt. Religionsfreiheit bedeutet auch nicht, dass jemand das Recht hat, in der Öffentlichkeit von Religion unbehelligt zu bleiben. Ich bin überzeugt, dass unser Umgang mit Staat und Kirche besser ist als in Frankreich.

Wir führen doch auch die Debatten, ob in Kindergärten noch Sankt Martin gefeiert werden darf und ob das Osterbasteln nicht als Frühlingsbasteln deklariert werden muss.

Der Impuls gegen christliche Traditionen geht aber in der Regel nicht von Eltern aus, die einen anderen Glauben haben. Ich habe solche Beschränkungen eher als eine Art vorauseilenden Gehorsam erlebt, weil sich jemand gestört fühlen könnte. Das halte ich für falsch.

Im Osten Deutschlands ist die Mehrheit der Eltern häufig davon überzeugt, dass Osterbasteln besser Frühlingsbasteln heißen sollte …

Wir sollten unsere Tradition pflegen. Es ist kein Ausdruck von Selbstbewusstsein, sich da immer vorsorglich zurückzuziehen. Das Statement sollte sein: Das gehört zu uns.

Und der Islam – gehört der zu Deutschland?

Die Frage führt nicht weiter, weil sie die eigentliche Debatte verstellt. Die Debatte um den Islam in Deutschland muss konkret geführt werden. Hierzulande leben 4,2 Millionen Muslime. Wir müssen darüber reden, was muslimisches Leben für unseren Alltag bedeutet. Es geht zum Beispiel nicht, dass muslimische Eltern aus angeblich religiösen Gründen ihren Töchtern verbieten, am Schwimmunterricht teilzunehmen. Da gilt das staatliche Erziehungsrecht. Der Auftrag, Kindern das Schwimmen beizubringen, geht vor. Mit solchen Konflikten fühlen sich die betroffenen Lehrerinnen und Lehrer alleingelassen, wenn die politische Führung nicht sehr klare Positionen bezieht und diese dann auch vollzieht.

An dieser Frage, ob der Islam zu Deutschland gehört, entzünden sich aber immer wieder kontroverse Debatten um Integration und darum, was Muslime in unserer Gesellschaft können, müssen, dürfen ...

Die grundgesetzlich verankerte Religionsfreiheit sieht vor, dass Menschen ein Recht auf ihre Religion haben. Dieses Recht haben selbstverständlich auch die in Deutschland lebenden Muslime. Und dieses Recht kann man auch nicht so interpretieren, dass man sagt: Ihr könnt in Deutschland so lange Muslime sein, solange man euch nicht sieht und nicht hört. Das wäre ja eine Haltung, wie wir sie in einigen muslimischen Staaten gegenüber christlichen Minderheiten beklagen. Aber wir müssen die Fragen von muslimischem Leben in Deutschland wirklich konkret diskutieren und nicht abstrakt darüber streiten. Zur Religionsfreiheit gehört dazu, dass es neben katholischem und evangelischem auch muslimischen Religionsunterricht an Schulen geben muss. Dieser muss aber die gleiche Grundlage haben wie der konfessionelle Religionsunterricht: deutsche Lehrpläne, deutsche Sprache, in Deutschland ausgebildete Lehrerinnen und Lehrer. Wenn ich das gewährleiste, kann ich umso kritischer und umso restriktiver bei der Unterstützung von Moscheevereinen sein – diese sollten weder mit unseren noch mit Geldern aus der Türkei oder Saudi-Arabien finanziert werden.

Können deutsche Behörden mithilfe eines staatlich organisierten islamischen Religionsunterrichts den aufgeklärten Islam besser in die muslimische Glaubensgemeinschaft hierzulande tragen?

Das ist das zentrale Anliegen für das friedliche Zusammenleben in Deutschland, ja in ganz Europa. Das ist keine rein nationale Frage. Vielmehr brauchen wir einen gemeinsamen europäischen Impuls, wie wir uns das Zusammenleben mit Muslimen vorstellen. Diese Aufgaben können wir Nichtmuslime nicht allein geben. Der Impuls muss auch von den Muslimen ausgehen und von ihnen unterstützt werden. Aber wir können die Rahmenbedingungen so setzen, dass diejenigen, die einen aufgeklärten Islam leben wollen, Unterstützung haben.

KAPITEL 7

DIE NEUAUFSTELLUNG DER PARTEI

CDU pur

An der blauen Wand kleben tausend Zettel, große, kleine, übereinander, nebeneinander, handbeschrieben. Von digitalem Zeitalter keine Spur, kein Laptop, kein Laserpointer. So wie früher, alles auf Papier. Darauf ist zu lesen: Flüchtlinge, Asylpolitik, Sicherheit, Rente, Pflege, Gesundheit, Arbeit, Soziales, Steuern, Energie, Wirtschaft, Infrastruktur, Verteidigung, Datenschutzgrundverordnung und noch einiges mehr. Und an jedem Thema hängt noch eine ganze Latte Fragen. Die ganze Zerrissenheit der CDU auf einen Blick, aber auch die ganze Bandbreite der Volkspartei.

Es sind solche Fragen: Wie stellt sich die CDU die Integration der Flüchtlinge vor, wenn man schon als Deutscher die Formulare nicht versteht? Warum werden abgelehnte Asylbewerber nicht gleich abgeschoben? Wieso erkennt die Bundesregierung nicht, wie schlimm der Pflegenotstand ist? Was wird von meiner Rente übrig bleiben? Wann werden die Steuern endlich gesenkt? Können wir uns einen Ausstieg aus der Kohle bei gleichzeitigem Atomausstieg leisten? Warum wird die Landschaft mit so vielen Windrädern verschandelt?

Wieso investiert Deutschland nicht mehr Geld in die Bundeswehr? Wer ist für das bürokratische Monster der Datenschutzgrundverordnung verantwortlich? Wie will die CDU ihren Wahlkampfspruch für alle umsetzen: In einem Deutschland, in dem wir gut leben? Wie konnte Angela Merkel CDU-Positionen wie die Wehrpflicht einfach so über den Haufen werfen?

Ganz oben auf der blauen Wand steht »Zuhör-Tour«, in der Mitte CDU und davor leibhaftig AKK. Es ist eine Tour von Mensch zu Mensch, von der Generalsekretärin zum Parteimitglied. Keine Show, keine reservierten Plätze für Promis, kein Touren-Bus, keine Musik zur Begrüßung. Kramp-Karrenbauer ist einfach da. 40 solcher Termine absolviert die Generalsekretärin von Ende April bis Ende Juli 2018, von Konstanz bis Lübeck, von Saarbücken bis Frankfurt/Oder. Sie will von den Parteimitgliedern hören, was sie stört, wonach sie sich sehnen, was sie verändern wollen. Es geht um nichts Geringeres als: »CDU pur«. Kramp-Karrenbauer muss nur erst einmal herausfinden, wer darunter was versteht. Die Antworten auf diese Fragen sind eminent wichtig – sie sollen das Überleben der CDU als Volkspartei sichern.

Angela Merkel hat die Partei in ihren vielen Jahren als Kanzlerin immer mehr vernachlässigt. Die Rettungspakete für Griechenland, die Waffenstillstandsverhandlungen für die Ukraine, das Flüchtlingsabkommen mit der Türkei – vieles war wichtiger als die kontinuierliche Vergewisserung, ob die Christdemokraten noch folgen können. Die CDU ist eine disziplinierte Partei, sie belohnt die Mühen und Erfolge der Vorsitzenden und Kanzlerin Angela Merkel, wie sie zuvor die des Vorsitzenden und Kanzlers Helmut Kohl belohnt hat, mit Grundvertrauen und muckt selten auf. Kohl war 25 Jahre Parteichef, Merkel hat 2018 auch schon fast zwei Jahrzehnte geschafft. Dazwischen führte nur Wolfgang Schäuble für 15

Monate die CDU. Die SPD zählt in derselben Zeit seit 1973 mehr als ein Dutzend Vorsitzende. Der Chefposten der Sozialdemokraten ist ein Schleudersitz im Vergleich zum Vorsitz der Christdemokraten. Doch seit der Bundestagswahl 2017 bilden sich tiefe Risse in der Partei. Der rechte Flügel spreizt sich ab, die Konservativen fühlen sich sträflich vernachlässigt von ihrer Vorsitzenden, die mit ihrem Kurs in die Mitte bei der Wahl 2013 so erfolgreich war. Jetzt muss sie Federn lassen. Kramp-Karrenbauer bemüht sich um Schadensbegrenzung und macht, was auch Psychologen und Mediatoren tun: zuhören. Die Wut, die in der CDU zu spüren ist, muss erst einmal raus. Zu lange sind die vielen Kontroversen, Kehrtwenden und Modernisierungsschübe in der Partei im Dienste der Macht unausgefochten geblieben.

»Bei vielen Menschen ist nicht mehr im Bewusstsein, dass der Konflikt der Markenkern der Demokratie ist«, sagt die Berliner Politikwissenschaftlerin Andrea Römmele, die an der Hertie School of Governance lehrt. »Volksparteien müssen wieder ehrlicher sein«, findet sie. Deren Politiker trauten sich nicht mehr, das zu sagen, was sie denken. »Wir müssen von unserer übertriebenen Political Correctness abrücken«, fordert sie. Die Analyse, dass man in den Volksparteien die offensichtlichen Probleme mit Integration und Zuwanderung nicht konkret angesprochen und damit Nichtwähler und Protestwähler produziert hat, ist inzwischen auch in den Parteizentralen in Berlin angekommen. So schnell lassen sich die verprellten Wähler aber nicht zurückholen.

Römmele macht auch Mut für eine Vorgehensweise, die bei den Volksparteien gänzlich aus der Mode gekommen ist: Union und SPD würden zu viel über Teilchenfragen streiten und dabei die Relevanz von Politik vermissen lassen. Die Volksparteien müssten ihre Themen wieder mehr in große Zusammenhänge einordnen. Und dann könne man die entscheidenden Fragen aus der jeweils eigenen ideologischen Perspektive beantworten.

Der Bedarf nach Debatte ist an der Basis der CDU unüberhörbar. Als Kramp-Karrenbauer in Konstanz ist, spricht eine Frau über ihre Sorge vor einer Islamisierung der Gesellschaft, weil sie immer mehr Frauen mit Kopftuch sehe. In Saarbrücken fordert ein Mitglied, das Bundesamt für Migration und Flüchtlinge aufzulösen, weil es eine Chaosbehörde sei, die in korrupter Weise Asylbewerber begünstigt habe. Ein anderer mahnt, dass 533 000 Zuwanderer pro Jahr gebraucht würden, um den Arbeitsmarkt auf heutigem Niveau zu halten und die Renten dauerhaft zu sichern. In Magdeburg wiederum kritisiert ein langjähriges Parteimitglied den Mangel an Debatte, den auch die Politikwissenschaftlerin Römmele als Gefahr für die Volksparteien beschreibt.

Merkel habe alle großen Kehrtwenden wie den Atomausstieg und die Abkehr von der Wehrpflicht ohne parteiinterne Diskussion vollzogen, sagt der CDU-Mann in Magdeburg. Kramp-Karrenbauer saugt alles auf wie ein Schwamm. Je mehr sie über die Befindlichkeiten in der Mitgliedschaft erfährt, desto sicherer kann sie die Bedürfnisse der Volkspartei einschätzen. Von West nach Ost und von Süd nach Nord. Es ist eine große Spannweite. Als ehemalige Ministerpräsidentin des Saarlands kennt sie ihren Heimat-Landesverband in- und auswendig. Viele Katholiken, viele Sozialpolitiker gibt es dort, weltoffen sind sie durch die Nähe zu Frankreich. Aber was weiß sie schon vom rot-rot regierten atheistischen Brandenburg? Oder von dem nach rechts gerückten Sachsen? Paris erreicht man von Saarbrücken aus in 90 Minuten. Die Zugfahrt nach Berlin dauert in der Regel sieben Stunden. Doch ausgerechnet der Osten wird ihre nächste Bewährungsprobe als Generalsekretärin werden. 2019 wählen Brandenburg, Sachsen und Thüringen. Überall ist die AfD stark. Zwar machen die Landesverbände grundsätzlich ihre Wahlkämpfe eigenständig. Die Stimmungslage im Bund spielt aber immer eine Rolle, und die Generalsekretäre müssen den Kopf hinhalten, wenn das Ergebnis schwach ausfällt.

Schon wenige Wochen nach Kramp-Karrenbauers Amtsantritt als Generalsekretärin gibt es Ärger im Osten. Der Brandenburger CDU-Chef Ingo Senftleben erklärt im April 2018, dass er offen sei, nach der Landtagswahl in Brandenburg mit allen Parteien zu sprechen. Auch mit der AfD – und mit der Linken. Beide Parteien gelten als Tabuzone der CDU. Es dauert nicht lange, da hat Senftleben die neue Generalsekretärin am Telefon. Er bleibt zwar dabei, dass es Sache seines Landesverbands sei, mit wem er rede. Aber er macht eine gute Erfahrung mit ihr, wie er sagt: »Wir haben uns abgestimmt, auch über den Inhalt ihrer Pressemitteilung dazu.« Im August springt ihm Schleswig-Holsteins Ministerpräsident Daniel Günther (CDU) bei und sagt der *Rheinischen Post* zu möglichen Koalitionen mit der Linken im Osten: »Wenn Wahlergebnisse es nicht hergeben sollten, dass gegen die Linke eine Koalition gebildet wird, muss trotzdem eine handlungsfähige Regierung gebildet werden. Da muss die CDU pragmatisch sein.« Er habe Verständnis für Senftleben. Kramp-Karrenbauer ist bedient. Die Debatte, die sie im April noch im Keim erstickt hatte, kocht jetzt hoch. Vor allem die CDU-Prominenz im Westen ist empört. In Brandenburg und auch in Mecklenburg-Vorpommern sind führende Christdemokraten froh über Günthers Unterstützung. Auch im Saarland sind die Linken stark. Kramp-Karrenbauer hätte sich dort aber niemals mit Oskar Lafontaine eingelassen. Der Osten tickt in solchen Fragen anders.

Der Dresdner Politikwissenschaftler Werner Patzelt hat vor allem die AfD im Auge und sagt: »Kramp-Karrenbauer versteht vom Osten noch zu wenig. Die neuen Bundesländer sind die Schwungmasse der AfD, weil dort die Verankerung des Parteiensystems geringer ist.« Seit der Ausdünnung der PDS, aus der die Linke hervorging, gebe es dort keine Volkspartei mehr. Kramp-Karrenbauer könne die Leute, die von der CDU zur AfD gegangen sind, nicht zurückgewinnen, wenn sie sie mit scharfen Angriffen weiter provoziere. »Das ist genau jene Strategie, mit der man die verloren gegangenen CDU-Schafe gewiss nicht in den ehemaligen Stall zurückholt.«

Kramp-Karrenbauer will das aber nicht ändern. Sie will niemanden später einmal sagen hören, man habe nicht gewusst, wie rechtsnational die AfD in Teilen sei. Lieber verzichtet sie auf die Rückkehr verlorener Schafe, als einen weichen Kurs gegen die AfD zu fahren.

Genau dafür würdigt Thüringens Ministerpräsident Bodo Ramelow die Christdemokratin am 9. Dezember 2017. Er ist der einzige Linken-Politiker in diesem Amt und soll nun die Laudatio auf Kramp-Karrenbauer halten, die von der Landespressekonferenz Saar mit der »Goldenen Ente« ausgezeichnet wurde. Ein Preis für Persönlichkeiten des öffentlichen Lebens, die einen offenen Umgang mit der Presse pflegen. Ramelow dankt Kramp-Karrenbauer dafür, dass sie im Wahlkampf geradlinig geblieben sei an einer Stelle, wo die AfD anfange, alles durcheinanderzubringen. »Zu viele gehen davor zu sehr in die Knie. Da muss man dann auch eine Linie halten, nicht taktieren und auch nicht zulassen, dass da die Grenzen überschritten werden.« Deutschland sei auf dem Weg, »eine neue faschistische Partei zu bekommen«. Kramp-Karrenbauer gehöre zu den geradlinigen Politikern. Im Saarland sei die AfD nicht durchmarschiert. Ob sie als Generalsekretärin diesen Kurs auch im Osten aufrechterhalten kann, ist sich Ramelow nicht sicher. »Spannend wird im Osten die Frage, ob die CDU nicht doch mit der AfD zusammenarbeiten wird.« Die Einlassung von Ingo Senftleben, sowohl mit der AfD als auch der

Linken sprechen zu wollen, findet Ramelow »in der Gleichsetzung der beiden Parteien empörend«. Dies disqualifiziere die Brandenburger CDU als seriösen Gesprächspartner. Bei der Zuhör-Tour will Kramp-Karrenbauer – anders als Merkel mit ihren Regionalkonferenzen – möglichst wenig erklären oder verteidigen. Sie sagt das so offen. Bei jedem anderen möglichen Nachfolger wäre hier schon eine klare Abgrenzung von Merkel gewittert und getwittert worden. Aber AKK darf das. Die Leute wissen, dass die Saarländerin der Kanzlerin nicht in die Parade fahren, sondern die Partei zusammenhalten will.

Für ihr scharfes Arbeitspensum gibt es auch ein Wort: Fleiß. Wenn sie nicht gerade auf Zuhör-Tour ist oder Merkel den Rücken gegen die Angriffe der CSU freihalten muss, vernetzt sie sich vom Adenauer-Haus aus mit technikaffinen Parteimitgliedern. Dann steht Kramp-Karrenbauer in einem winzigen Fernsehstudio. Vor ihr liegt ihr schwarzes Notizbuch. Hinter ihr an der Glaswand kleben die obligatorischen Zettel mit Fragen und Stichworten. Hinter der Glaswand sitzt das Team von CDU-TV. In unregelmäßigen Abständen kommen Minister oder auch die CDU-Generalsekretärin und hören, was die Partei bewegt. Gesundheitsminister Jens Spahn war auch schon da und möchte wiederkommen. Verteidigungsministerin Ursula von der Leyen hat sich ebenfalls angemeldet. Rund 250 Zuschauer – alle Parteimitglieder – machen an einem durchschnittlichen Abend mit. Einer fordert Radwege nach niederländischem Vorbild und eine Pflicht zum Car-Sharing in Innenstädten. Der Nächste fragt, wann eigentlich das Transsexuellen-Gesetz kommt. Wieder ein anderer fordert, dass endlich arbeitnehmerähnliche Selbstständige mit Einkommen unter 40 Euro pro Stunde über die Sozialkassen abgesichert werden. Der Nächste wiederum verlangt, dass einfache Parteimitglieder bei einem Bundesparteitag mehr Einfluss bekommen sollten. Und Sympathie für das bedingungslose Grundeinkommen gibt es an diesem Abend auch noch. Die Fragen und Forderungen kommen aus allen politischen Richtungen. Bei manch einem sollte man nicht vermuten, dass ein CDU-Parteibuch zu Hause in der Schublade liegt. Kramp-Karrenbauer beantwortet alle Fragen und Vorschläge geduldig, mit Nachfragen, immer wieder macht sie sich Notizen, beteuert: »Das habe ich mir notiert.« Ungeduldig wird sie auch bei abwegigen Vorstößen nicht. Einem Zuschauer begegnet sie mit Süffisanz: »Karl Marx hat schon in der analogen Welt nicht funktioniert, er wird es auch nicht in der digitalen.«

Die Zeit der Parteizentrale als »Außenstelle« der Kanzlerin ist vorbei. Sehr schnell hat die Saarländerin die Leitungsebene im Konrad-Adenauer-Haus auf sich zugeschnitten. Das Signal: mehr Frauen, mehr Team, weniger Hierarchien. Zur Pressesprecherin macht sie die gut vernetzte und unerschrockene Christiane Schwarte, die lange als Sprecherin für den früheren Bundesumweltminister Norbert Röttgen (CDU) und davor für die Unionsfraktion im Bundestag gearbeitet hatte. Schwarte ist außerdem für Kampagne und Marketing zuständig. Zwei Vertraute bringt Kramp-Karrenbauer aus dem Saarland mit: Mark Reck als Büroleiter – er leitete zuvor ihr Ministerpräsidentinnen-Büro, und Nico Lange, der bis dahin Bevollmächtigter für Innovation und Strategie in der saarländischen Staatskanzlei war. Er hat die Abteilung Politische Planung übernommen, womit er auch für die Beobachtung des politischen Gegners zuständig ist. Zuvor hatte er das Außenbüro der Konrad-Adenauer-Stiftung in Washington geleitet. Da war Donald Trump gerade Präsident geworden. Lange weiß, wie sich eine Welle des Populismus entwickeln und über alle Ufer treten kann. In der Krise mit der CSU gehört er zu den Strategen, die den Schaden für die CDU einzudämmen versuchen. Neue Chefin für Programm und Strategie wurde Susanna Vogt, die während der Griechenland-Krise für die

Konrad-Adenauer-Stiftung in Athen war. Als Generalsekretärin muss sich Kramp-Karrenbauer auch international positionieren. Für eine Kanzlerkandidatur wäre die Außenpolitik von entscheidender Bedeutung.

Die Generalsekretärin will auf die Parteibasis nicht belehrend wirken, sie will sie verstehen. Auch als Landespolitikerin suchte sie immer wieder den Kontakt zu den Menschen, die an der Basis die Arbeit verrichten, für die sie Gesamtverantwortung trug. Als Bildungsministerin rief sie Rektoren direkt an, um aus erster Hand etwas über die Probleme in den Schulen zu erfahren. Als Ministerpräsidentin ließ sie sich während des G20-Gipfels in Hamburg die Nummer des Leiters der Hundertschaft aus dem Saarland geben, um zu hören, ob bei dem Einsatz trotz des brennenden Schanzenviertels noch alles in Ordnung sei.

Kramp-Karrenbauer legt Wert darauf, dass sie trotz ihrer Karriere normal geblieben ist und aus ganz normalen Verhältnissen stammt, sie sucht Kontakt zu den normalen Leuten, in der Partei, in der Bevölkerung. Das gehört zu ihrer Strategie: sich vernetzen, Stimmen sammeln, Truppen aufstellen. Sie entwickelt ein Gefühl für die Menschen. Das verbindet. Sie erarbeitet sich damit die Chance, auch zu Unzufriedenen und Enttäuschten einen Draht zu spannen und ihnen ein Stück der Identifizierung und Orientierung mit der CDU zurückzugeben, die sie verloren haben.

Der Anstoß zur Erarbeitung eines neuen Grundsatzprogramms war aus dem CDU-Kreisverband Konstanz gekommen. Die Christdemokraten im grün-schwarz regierten Südwesten hatten schon früh nach einer Aufarbeitung des schlechten Wahlergebnisses bei der Bundestagswahl gerufen. Zwar hatte die Union mit 32,9 Prozent immer noch die Wahl gewonnen, aber mit einem Minus von 8,6 Prozentpunkten im Vergleich zu ihrem überraschend hohen Wahlsieg vier

Jahre zuvor die jemals schwersten Verluste und obendrein das schlechteste Wahlergebnis der Partei seit 1949 eingefahren. Am Bodensee forderten sie deshalb ein neues Grundsatzprogramm, »um parallel zur Regierungsarbeit die eigene Identität zu schärfen und die CDU deutlicher herauszustellen als eine christlich geprägte, bürgerliche Kraft, die sich auf ihre konservativen Wurzeln ebenso besinnt wie auf ihre sozialen und marktwirtschaftlichen Grundsätze«. Am 15. Februar 2018 stellten sie diesen Appell des stellvertretenden Kreisvorsitzenden Fabio Crivellari auf ihre Homepage: »Die Diskussion eines neuen Grundsatzprogramms bietet die Möglichkeit, auf allen Ebenen der Partei eine breit angelegte Positionsbestimmung zu betreiben. Es gibt hier einen dringenden Bedarf, das spüren alle in der Union.«

Da wissen sie noch nicht, dass Annegret Kramp-Karrenbauer vier Tage später als neue CDU-Generalsekretärin verkündet und schon in dieser Pressekonferenz von einer Programmdiskussion »von der Basis an die Spitze« sprechen wird. Für den Beschluss des Parteitags eine Woche später reichen dann die drei Sätze in dem Antrag Nr. C 2 des Kreisverbands Konstanz: »Die CDU erarbeitet ein neues Grundsatzprogramm, das 2020 beschlossen wird. Der Bundesvorstand wird diesen Prozess in diesem Jahr auf den Weg bringen und einen breiten Diskussionsprozess in der ganzen Partei anstoßen. Mit dem neuen Grundsatzprogramm müssen auf Grundlage unserer christlichen Werte Antworten auf neue Herausforderungen gegeben werden.« Auftaktort der Zuhör-Tour ist deshalb: Konstanz.

Beim Hineingehen in den Saal im »Konzil«, einem Restaurant und Veranstaltungsgebäude im historischen Zollhaus, versucht Kramp-Karrenbauer so vielen Gästen wie möglich die Hand zu schütteln. Als würde sie sich bei jedem Einzelnen bedanken wollen. Dabei ist das Schreiben eines Grundsatzprogramms eine der schwierigsten und vielleicht undankbarsten Aufgaben für einen Politiker überhaupt. Es birgt das Risiko, sich im Klein-Klein zu verlieren und im Bemühen, es allen Leuten recht zu machen, beliebig und langweilig zu werden. Und man kann sich auch mit Mitstreitern überwerfen, weil man keinen breiten Konsens findet, etwa in der Flüchtlingsfrage oder bei der Rente. Es kann aber auch die ganz große Chance sein, den Kurs der Partei zu bestimmen und sich darüber zu profilieren.

Die Tatsache, dass Kramp-Karrenbauer sich aus der obersten Etage des Konrad-Adenauer-Hauses in Berlin herausbewegt und durch die ganze Republik reist, trägt ihr schon bei der Zuhör-Tour viel Sympathie ein. Denn das ist neu. Sachsens Ministerpräsident Michael Kretschmer (CDU) sagt über die Termine, bei denen er dabei war: »Die Teilnehmer waren skeptisch, als sie gekommen war, und sie waren beeindruckt begeistert, als sie wieder ging.« Die Saarländer seien »nah an den Menschen«. Das liege daran, dass das Bundesland so klein und der Strukturwandel dort immer groß gewesen sei. Auch Ramelow sagt: »Weil das Saarland das älteste neue Bundesland ist, hat sie aus eigener Erfahrung das beste Gespür für die ostdeutschen Länder und ihre Verletzungen.« Kramp-Karrenbauer habe nicht »diese Attitüde die Stärkeren gegen die Schwächeren«. »Und sie strahlt nicht diese Unbedarftheit vieler Wessis gegenüber dem Osten aus, die hier oft als Arroganz wahrgenommen wird. Als Vorsitzende der Ministerpräsidentenkonferenz habe sie bravourös agiert, immer gut vermittelt zwischen West und Ost. »Vor den Sitzungen hat sie jeden einzelnen Ministerpräsidenten angerufen, um Dinge vorab zu klären.«

Verhaltenes Lob zu Kramp-Karrenbauers Politikstil kommt sogar von CDU-Präsidiumsmitglied Jens Spahn, der seit Jahren auf eine Erneuerung der Partei drängt und dabei zum Gegenspieler Merkels wurde. Durch die Zuhör-Tour, durch die Parteitagsrede und durch den Wechsel vom Ministerpräsidentenamt auf den Posten der Generalsekretärin sei es ihr gelungen, dass Parteithemen, die Parteimitglieder und die Eigenständigkeit der Partei wieder eine größere Rolle als in der Vergangenheit spielten. »Das finde ich positiv«, sagt Spahn.

Nach der Zuhör-Tour soll es im Jahr 2020 eine Antwort-Tour geben. Vor dem regulären Parteitag am Jahresende. Die Antworten sollen die Tour zusammenfassen und in das neue Grundsatzprogramm einfließen. Dann erst will Kramp-Karrenbauer etwas erläutern, erklären, für etwas werben. Sie wird dabei spüren, ob sie damit ankommt oder abgelehnt wird.

Das Grundsatzprogramm ist zentral für die Schlagkraft und den Zusammenhalt der Union der Zukunft. Zugleich ist es eine Art Gesellenstück für Kramp-Karrenbauer auf dem Weg zur Merkel-Nachfolge.

Jens Spahn wiederum legt die Latte hoch für die neue Generalsekretärin und für das, was er vom Grundsatzprogramm erwartet. »Man wird das Grundsatzprogramm nicht nur auf der Basis von Themen erstellen können, die bei der Zuhör-Tour aufgerufen wurden. Vielmehr müssen unsere Haltung und unser Selbstverständnis als Union deutlich werden«, sagt er. Der Gesundheitsminister, der auch als Anwärter auf das Erbe Merkels gilt, betont, er setze dabei auf die Generalsekretärin, »die nach ihrem Wechsel aus dem Ministerpräsidentenamt und wegen ihrer direkten und langen Nähe zur Vorsitzenden eine starke Position in der Partei hat«.

Sie solle dafür sorgen, dass die Union nicht weiter zerfasere und sich in ideologisch-inhaltliche Untergruppen wie WerteUnion und Union der Mitte zerlege. Von der parteiinternen Konkurrentin fordert er auch: »Das Grundsatzprogramm muss dazu führen, dass wir wieder mehr zusammenkommen, auch in der Art, wie wir miteinander diskutieren und wie wir übereinander reden. Wenn ich mir manche Debatte bei Twitter anschaue, frage ich mich inzwischen, ob wir eigentlich noch einen politischen Gegner benötigen. Viel zu oft erledigen wir das bereits selber.«

Sollte Angela Merkel 2020 tatsächlich ihren Abschied von der Politik einleiten, könnte sie den Parteivorsitz beim Parteitag im Dezember des Jahres abgeben. Und da für sie Parteivorsitz und Kanzlerkandidatur in eine Hand gehören, wäre die große Frage, wer ihr nachfolgt, mit der Wahl einer neuen Parteichefin oder eines neuen Parteichefs geklärt. Merkel selbst könnte bis zur Wahl 2021 Kanzlerin bleiben, so wie sie es 2017 angekündigt hatte. Kramp-Karrenbauer wäre durch die Erarbeitung des Grundsatzprogramms 2020 jedenfalls diejenige, die wohl die meisten Termine an der Basis und vielleicht den engsten Kontakt aufgebaut und ihre Bekanntheit und womöglich Beliebtheit bis dahin ausgeweitet hat. Das neue Grundsatzprogramm soll die Grundlage für das nächste Wahlprogramm sein. Programmatisch hätte sie damit alles erfüllt.

2018 allerdings ist fraglich, ob ein solches Szenario Wirklichkeit werden kann. Denn der neu entfachte Streit zwischen CSU und CDU um die Flüchtlingspolitik könnte alles durchkreuzen. Zwar wird er unter Aufbietung aller Kräfte beigelegt. Aber CSU-Chef Horst Seehofer lässt nicht lange mit neuen Irritationen auf sich warten.

Von entscheidender Frage wird sein, wie viel Zeit Kramp-Karrenbauer für das Grundsatzprogramm bleiben wird. Die Planung dafür war nicht auf einen vorzeitigen Bruch der Koalition oder eine Trennung der Fraktionsgemeinschaft von CDU und CSU ausgelegt. Ein CDU-Vorderer, der auch schon seit Jahrzehnten dabei ist, sagt, Bilderbuchkarrieren seien in der Politik selten. Von der Generalsekretärin zur Kanzlerin –

so simpel werde es womöglich nicht funktionieren. Der Politikwissenschaftler Patzelt wiederum verweist auf die Karriere von Helmut Kohl: »Die Art und Weise, wie sich Frau Kramp-Karrenbauer mit ihrer politischen Existenz auf das Amt der Generalsekretärin eingelassen hat, erinnert an den jungen Helmut Kohl, der seinen Ministerpräsidenten-Job aufgab, um das ungewisse Schicksal des Oppositionsführers in Bonn gegenüber dem populären Helmut Schmidt einzunehmen.« Es zeuge auf jeden Fall von »Tauglichkeit und Tüchtigkeit«.

In Saarbrücken hat Kramp-Karrenbauer auf dieser Zuhör-Tour ein Heimspiel. Lauter alte Bekannte, freudige Begrüßung, sie braucht eine Weile, bis sie überhaupt die Eingangstür der Ballettschule erreicht, die wegen ihres großen Tanzsaals für die Veranstaltung ausgesucht wurde. So viele Zuhörer wie an diesem Abend sind es sonst nicht. Mehr als 300 CDU-Mitglieder wollen Kramp-Karrenbauer erleben, die bis vor Kurzem noch das Saarland regiert hat und nun die Bundes-CDU erneuern und ein neues Grundsatzprogramm schreiben will. Kramp-Karrenbauer nimmt sich nun das Mikrofon und sagt, sie komme nicht, um die Politik in Berlin gegen die Kritik im Land zu verteidigen, sondern diese Kritik anzunehmen und Lösungen zu entwickeln – ein Gemeinschaftsprojekt mit der Basis also. Und dann macht sie genau das: Sie erklärt und verteidigt, weil sie gefragt und die CDU-Politik kritisiert wird. Der Atomausstieg gehöre auch zur Geschichte der CDU, sagt sie. Viele Parteimitglieder hätten die Kernenergie schon lange abgelehnt. Sie spricht über die Ängste der Deutschen vor dem Scheitern und darüber, dass das Scheitern mit Ideen oder von Betrieben in den USA bei Weitem nicht so schlimm empfunden werde, weil es als Erfahrung gelte. Die Deutschen hätten hingegen immer das Bedürfnis nach Absicherung, Versicherung und Garantie und bräuchten einen Schuldigen, der für den Misserfolg geradestehen müsse. Der Wunsch nach Entbürokratisierung müsse aber mit einer höheren Risikobereitschaft einhergehen.

Nach einiger Zeit steht eine ältere Frau auf, offensichtlich auf Krawall gebürstet. »Ich finde, Sie reden viel zu lang«, schleudert sie Kramp-Karrenbauer entgegen. Die Asylpolitik sei noch gar nicht angesprochen worden, dabei brenne sie allen auf den Nägeln. Dem Anschein nach hat die gut gekleidete Dame Wut im Bauch über die Fehlentwicklungen in der Flüchtlingspolitik. Kramp-Karrenbauer errötet. Sie wirkt getroffen. Sie kontert nicht, dass man ihr dann nicht so konkrete Fragen stellen solle und nicht gleich Antworten erwarten dürfe. Vielen dämmert, dass keine Diskussion zustande käme, wenn sie wirklich nur zuhörte und schwiege. Sie antwortet aber: »Danke für den Hinweis.« Sie lässt noch einige Themen ansprechen, dann lenkt sie die Aufmerksamkeit wieder auf diese Frau. Was sie denn zur Asylpolitik sagen wolle, will Kramp-Karrenbauer wissen. Die Angesprochene schimpft über Probleme bei der Integration von Flüchtlingen. Aber nicht so, wie es zu vermuten war. Sie erzählt, dass sie sich um zwei syrische Flüchtlinge kümmere. Schon als Deutsche könne man aber die Formulare nicht verstehen, die alle ausgefüllt werden müssten für ein Asylverfahren. Im Grunde bräuchte jeder Flüchtling eine »Eins-zu-Eins-Betreuung«. Als Kramp-Karrenbauer am späteren Abend noch auf dem Weg nach Saarlouis-Roden ist, um das Versprechen einzulösen, beim Fassbieranstich dabei zu sein, kommt ihr diese Frau wieder in den Sinn. Sie habe recht gehabt, sagt Kramp-Karrenbauer. Die Generalsekretärin habe zu viel geredet. Erst sehr spät abends ist sie zu Hause.

Das CDU-Grundsatzprogramm, das Kramp-Karrenbauer erarbeiten will, wird die Nummer 4 tragen – nach dem Programm von 1978 (Freiheit, Solidarität, Gerechtigkeit), 1994 (Freiheit in Verantwortung) und 2007 (Freiheit und Sicherheit). Letzteres hat 112 Seiten, vermutlich kann kaum ein Mensch daraus zitieren, weil Grundsatz-, Partei- und Wahlprogramme zwar wichtig, aber nie leichte Kost sind und wohl selten gelesen werden. Außer die Präambel: »Die CDU ist die Volkspartei der Mitte. In ihr sind auch heute die politischen Strömungen lebendig, aus denen sie nach 1945 entstanden ist: die christlich-soziale, die liberale und die wertkonservative. Wir orientieren uns am christlichen Bild vom Menschen und seiner unantastbaren Würde und davon ausgehend an den Grundwerten Freiheit, Solidarität und Gerechtigkeit.« 2007 war Merkel noch eiserne Verfechterin der Atomenergie und Befürworterin der Wehrpflicht und Gegnerin der Ehe für alle. Und das Internet war noch nicht einmal Neuland für sie, weil die Digitalisierung noch gar nicht auf der politischen Agenda stand.

Fest steht jetzt schon, dass das Wertefundament der CDU danach dasselbe sein wird und die sozialen, liberalen und konservativen Wurzeln gleichermaßen hervorgehoben werden, weil ihr Zusammenspiel die CDU als Partei der Mitte verortet. So geschehen bereits 1978 im sogenannten Ludwigshafener Programm. Damals herrschte noch Kalter Krieg, und die deutsche Einheit war in weiter Ferne. Eines der wichtigsten Ziele der CDU lautete aber: »Freiheit und Einheit für das gesamte deutsche Volk«. 16 Jahre später und fünf Jahre nach dem Mauerfall erneuerte die CDU ihr Grundsatzprogramm als gesamtdeutsche Partei im wiedervereinten Deutschland mit dem Fokus auf dem Zusammenrücken der Deutschen in Ost und West. Grundsatzprogramm Nr. 3 befasst sich 2007 mit den Herausforderungen Globalisierung und alternde Gesellschaft.

Ein Jahr vor der regulären nächsten Bundestagswahl sollen die Antworten auf die neuen Zukunftsfragen gegeben sein: Digitalisierung, Pflege, Flucht, Krieg, die Gefahren für den

Zusammenhalt Europas, der Rechtsruck im In- und Ausland, das Zerwürfnis mit den USA, Handelskriege, die westlichen Werte. Kramp-Karrenbauers Gegner allerdings werfen ihr vor, sie habe sich bislang nicht als Vordenkerin mit durchschlagenden Aufsätzen hervorgetan, so wie einst Heiner Geißler als Generalsekretär die Linien für die CDU festgelegt hat. Der Brandenburger CDU-Chef Ingo Senftleben wiederum hält das Aufsätze-Schreiben auch gar nicht mehr für zeitgemäß: »Salopp gesagt: Zeit für kluge Aufsätze war früher. Heute haben wir doch leider kaum noch Zeit, lange Aufsätze zu lesen, geschweige denn, sie zu schreiben. Die Leistung der Politiker heute ist vielmehr, in Sekundenschnelle eine große Anzahl von Nachricht aufzunehmen, zu erkennen und darauf zu reagieren.«

Kramp-Karrenbauer will das Grundsatzprogramm auch nicht allein schreiben. Sie entlässt die Parteimitglieder nicht aus der Verantwortung, sich selbst zu bewegen, um die CDU wieder erfolgreicher zu machen. So fordert sie an ihrem ersten Tag als Generalsekretärin die Basis auf: »Dafür müsst ihr mittun.« Denn: »Der Star ist die CDU.« CDU pur. Im Jahr 2018 ist das eine Mischung aus der sehr konservativen Werte-Union, der Merkel-freundlichen Union der Mitte sowie bunt gemischten Landesregierungen mit SPD, Grünen und FDP.

In der CDU zeigt sich ein neuer Trend, den man sonst von den Sozialdemokraten kennt. Es bilden sich immer mehr parteiinterne Plattformen, über die sich Parteiströmungen artikulieren. Im März 2017 gründen CDU- und CSU-Mitglieder die WerteUnion, die sich konservative und wirtschaftsliberale Politik auf die Fahnen geschrieben hat, wie sie einst Friedrich Merz vertrat und die sie bei Merkel vermisst. Die neue Kommunikation in der Partei schätzen allerdings auch diese Konservativen. Ihr Vorsitzender Alexander Mitsch sagt: »Mit Annegret Kramp-Karrenbauer hat sich der Dialog der Parteispitze mit der Parteibasis erheblich verbessert. Das rechne ich ihr hoch an.« 40 Termine auf ihrer Zuhör-Tour seien eine große Herausforderung zu Beginn ihrer Amtszeit gewesen – neben der Krise der Union. Der Bundesparteitag der CDU bilde schon lange nicht mehr die Basis ab, weil dort fast nur Funktionäre seien. Sie habe sich mit ihm Ende Mai in Berlin getroffen und sie hätten eine Stunde lang geredet. »Das war hilfreich und ein erster Schritt«, sagt Mitsch. Aber er nehme von ihr noch zu wenig wahr, wofür die CDU ihrer Ansicht nach steht. »Kramp-Karrenbauers Inhalte kenne ich schon vom Kanzleramt. Ich wünsche mir eigenständige Positionen der Generalsekretärin für die Partei. Bei Heiner Geißler war die Tonlage eine andere. Klar, pointiert, mit Kanten.« Dennoch wünsche er sich, dass Kramp-Karrenbauer die Partei wiederbelebt. Nur: »Sie will eine Antwort-Tour auf die Zuhör-Tour machen – in zwei Jahren. Das ist zu spät. Wir brauchen früher Antworten.«

Gegen die dauernde Merkel-Kritik aus der Union, insbesondere von der CSU, schließen sich linke und liberale Kräfte in beiden Parteien zur Union der Mitte zusammen. Den Anstoß gibt der 29-jährige CSU-Politiker Stephan Bloch. Der rasch bundesweit Unterstützung, auch von Amtsträgern in der Partei, bekommt. »Wir waren als Moderate in der Zeit nach der Flüchtlingskrise doch immer in der Defensive«, sagt Karin Prien, Wissenschaftsministerin im von einer Jamaika-Koalition regierten Schleswig-Holstein. »Wir mussten uns sogar dafür rechtfertigen, wenn wir die Position der eigenen Bundeskanzlerin unterstützt haben. Das ist doch absurd.« Sie betont, dass die Union der Mitte die Politik der CSU-Führung »mit ihrer antieuropäischen Haltung, ihrer Abkehr vom Multilateralismus, einer Verrohung der Sprache und einem unterirdischen Umgang mit der Kanzlerin sowie weiteren Spitzenpolitikern der CDU« nicht mehr hinnehmen wolle.

Alle Strömungen der Partei, von denen die Foren nur einen Ausschnitt darstellen, hinter ein und demselben Grundsatzprogramm zu vereinen, das dann »CDU pur« sein soll, wird schwer werden. Und ein Härtetest für Kramp-Karrenbauer.

INTERVIEW

»Ein Programm als klare Kampfansage«

1981 wurde Deutschland noch sozialliberal regiert, viele junge Leute waren von der 68er-Bewegung inspiriert, hörten Janis Joplin und Jimi Hendrix. Die Grünen waren gerade gegründet, da tanzten Sie zu den Bay City Rollers und traten in die Junge Union ein. Warum? Hat Sie damals wirklich keine andere Partei gereizt?

Doch, ich hatte auch an die FDP gedacht. Aber das Menschenbild und die Grundwerte der CDU passten einfach besser zu mir. Letztlich war es eine Bauchentscheidung. Der damalige CDU-Ortsvorsitzende in Püttlingen, Josef Strauß – seine Tochter war Vorsitzende der Jungen Union –, hat mich gefragt, ob ich Lust hätte, mitzumachen. Ich habe mich gleich wohlgefühlt. Ich bin dann schnell hintereinander erst in die Junge Union und danach in die CDU eingetreten.

Damals war Heiner Geißler CDU-Generalsekretär und schrieb ein neues Grundsatzprogramm, heute sind Sie an seiner Stelle und schreiben ebenfalls an einem neuen Grundsatzprogramm für die Partei. Das wird aber nicht von einer breiten Bevölkerungsschicht gelesen. Damit Sie Beachtung finden, werden Sie ein klares politisches Signal benötigen – welches wird das sein?

Ein Programm als Signal des Mutes, der Tatkraft, der Lust auf Zukunft und eine klare Kampfansage an populistische Versuchungen.

Wird das neue Grundsatzprogramm davon geprägt sein, wie sehr sich die CDU unter ihrer langjährigen Chefin Angela Merkel verändert hat – also eine Partei, die näher an der SPD ist als an der CSU?

Ich teile diese Analyse nicht. Wie das Programm aussieht, hängt von der Debatte und Diskussion ab. Es ist das Programm der Mitglieder. Sie arbeiten daran und entscheiden es letztlich.

Im Sommer 2018 wäre es beinahe zum Bruch mit der Schwesterpartei CSU gekommen. Der liberale Flügel der CDU erwartet nun, dass im neuen Grundsatzprogramm inhaltlich eine harte Linie zur CSU gezogen wird, die klarmacht, dass sich die kleine Schwester nicht alles erlauben darf. Wie kann das aussehen?

Es geht nicht darum, Linien zu wem auch immer zu ziehen. Es geht um eine kraftvolle, überzeugende Vision für die CDU der Zukunft.

Wie soll eine runderneuerte CDU am Ende aussehen?

Es wird eine CDU sein, die ihre zentralen Begriffe von sozialer Marktwirtschaft, von Wohlstand, von subjektiver Freiheit und Staat, von Politik nach christlichem Menschenbild für die Bedingungen des digitalen Zeitalters neu definiert hat.

Sie sind für Ihre Zuhör-Tour an rund 40 Orte in ganz Deutschland gereist, um die Stimmung an der Parteibasis zu ergründen. Was ist Ihre Bilanz?

Die Menschen sagen in unterschiedlichster Form: Wir normalen Leistungsträger dieser Gesellschaft, die einen Job machen, Steuern zahlen, Kinder erziehen, Eltern pflegen oder ehrenamtlich arbeiten, wir haben das Gefühl, dass wir keine Rolle mehr für die Politik spielen. Das ist ein weitverbreitetes Gefühl.

Das bedeutet, Sie wollen jetzt gezielter Politik für Otto Normalverbraucher machen?

Genau. Zugleich nehme ich viele Ängste wahr, ob das Aufstiegsversprechen, wonach sich Leistung lohnt, auch wirklich noch gilt. Sind Rente und Pflege sicher, wenn ich als Durchschnittsverdiener meinen Beitrag geleistet habe? Die Leute treibt auch die Frage um, ob ihre Werte Bestand haben, wenn so viele Menschen in unser Land zuwandern und integriert werden sollen.

Das klingt nach Leitkultur …

Man kann das so oder anders nennen. Wir müssen vor allem deutlich machen, dass das Thema Leitkultur sich nicht nur an diejenigen richtet, die zu uns kommen. Es richtet sich auch an uns selbst. Wenn wir wollen, dass sich die Zuwanderer an unsere Regeln halten, müssen wir diese auch benennen. Da wird es interessant: Können wir uns überhaupt auf eine Grundlage verständigen? Eine solche Grundlage wollen wir in unserem Grundsatzprogramm schaffen, uns auf Überzeugungen verständigen, aus denen wir in einer sich schnell wandelnden Welt unsere Politik ableiten.

Wie nehmen Sie die Sehnsucht in Ihrer Partei nach dem Konservativen wahr? Gibt es eine Lücke, die mit Ihnen als Generalsekretärin geschlossen werden wird?

Ich weiß gar nicht, ob es wirklich eine Sehnsucht nach dem Konservativen gibt. Es ist vielleicht eher eine Sehnsucht nach Sicherheit und Ordnung. Dazu gehört zum Beispiel, dass der Staat in der Lage ist, Gesetze anzuwenden und durchzusetzen.

Ja, aber da fängt die Irritation schon an. Die WerteUnion beklagt, dass die Union nicht mehr für die Wahrung von Sicherheit und Ordnung steht. Wie ernst nehmen Sie die?

Ich nehme jeden in der CDU ernst. Vom einfachen Mitglied bis zur Gruppe. Die Mitglieder der WerteUnion sind sehr rege dabei. Wir tauschen uns aus, wenn wir uns bei Veranstaltungen sehen. Ich spreche mit allen Sonderorganisationen, Arbeitskreisen und Vereinigungen der Partei. Für mich ist das entscheidende Kriterium, ob jemand bereit ist, sich auf den Diskussionsprozess innerhalb der CDU einzulassen und am Ende einen Kompromiss zu akzeptieren. Diese Grundvoraussetzung muss für uns alle gelten.

Was tun Sie als Generalsekretärin dafür, das Auseinanderdriften der Menschen in Ihrer Partei und auch in der Gesellschaft aufzuhalten? Neben der neuen konservativen WerteUnion in der CDU gibt es jetzt die Plattform Union der Mitte.

Die große Stärke der CDU als Volkspartei war immer, alle Gruppierungen unter einem Dach zusammenzuhalten. Jede Seite hat ausgehalten, dass es auch eine andere Seite gibt. Darauf müssen wir auch in Zukunft achten. Wir erleben aber, dass die Intoleranz zunimmt. Die parteiinterne Diskussion über das Grundsatzprogramm ist unabhängig von späteren Ergebnissen enorm wichtig. Wir haben den Prozess bewusst auf zweieinhalb Jahre angelegt. Wir brauchen diese Zeit, um den Diskurs miteinander zu führen. Am Ende wird es eine Mehrheitsentscheidung geben. Und das

Ziel muss sein, auch diejenigen mitzunehmen, die andere Schwerpunkte für das Programm gesetzt haben. Sie müssen wissen, dass ihnen nicht einfach etwas übergestülpt wird.

Wie wollen Sie das machen?

Bei meiner Zuhör-Tour wird sehr deutlich, was wir klären müssen. Wenn über Pflegenotstand geklagt wird, müssen wir wissen, ob auch die Bereitschaft vorhanden ist, mehr Geld zu zahlen, um die Kosten für mehr Pflegekräfte aufzufangen. Wie ist das mit höheren Beiträgen zur Pflegeversicherung? Oder sparen wir an anderer Stelle? Die Gespräche mit der Parteibasis setzen da viel in Gang. Das müssen wir noch verstärken.

Bringt der Erneuerungsprozess, den Sie für die CDU angestoßen haben, die CDU näher an die CSU heran oder weiter weg von ihr?

Das ist eine Frage, die ich jetzt noch nicht beantworten kann. Ich sehe den Prozess eines Grundsatzprogramms für die CDU nicht unter dem Gesichtspunkt, wo die möglichen Anschlussstellen zu anderen Parteien sind, sei es zur eigenen Schwesterpartei oder zu einem möglichen Koalitionspartner in der Zukunft. Wir müssen ein Programm schreiben, das unsere Fragen beantwortet und das eine Grundlage dafür schafft, dass wir für die nächste Bundestagswahl Vorstellungen für »CDU pur« entwickeln. Da werden viele Punkte dabei sein, die die CSU nicht anders beurteilt als wir. Es kann aber auch sein, dass wir an manchen Stellen unterschiedlicher Meinung sein werden.

An welchen?

Zum Beispiel bei Fragen der direkten Demokratie. Das hat die CDU immer kritischer gesehen als die CSU.

Die politische Konkurrenz wirft der Merkel-CDU immer vor, man wisse nicht, wofür die Partei stehe. Was sagen Sie, wofür steht die CDU?

Die CDU ist eine moderne Partei, die für einen breiten Teil der Bevölkerung wählbar ist. Das ist in der heutigen Zeit, in der sich die politische Landschaft aufsplittert, viel wert. Die drei Wurzeln der Partei, christlich – verbunden mit der sozialen Frage –, konservativ im Sinne von modernisierungsrealistisch und für einen starken Staat, liberal im Sinne von marktwirtschaftlich, sind nach wie vor unsere Wurzeln. Die großen internationalen Achsen, das transatlantische Verhältnis und die Europäische Union gehören zu unserer politischen DNA.

Sie sprechen vom konservativen Staatsverständnis. Das Vertrauen in den starken Staat ist in der vergangenen Wahlperiode verloren gegangen. Lag das nur an der Flüchtlingskrise, oder gab es auch andere Ursachen?

Die Flüchtlingskrise war ein Beschleuniger. Sie hat vieles ans Licht gebracht, was auch vorher schon nicht richtig funktioniert hat. Das ist nur zuvor nicht so aufgefallen, weil die Zahlen kleiner waren. Die Durchsetzungsfähigkeit des Staates ist zurzeit eine zentrale Frage. Sei es mit Blick auf die Rechtsprechung, bei der es immer heftigere Debatten um Urteile gibt, sei es mit Blick auf Polizei und Rettungskräfte, die zunehmend nicht mehr respektiert, teils sogar angegriffen werden. Das sind Tendenzen, die zu dem Eindruck beitragen, dass der Staat an Durchschlagskraft verloren hat.

In der Kölner Silvesternacht 2015/2016 hatte man diesen Eindruck besonders. Muss der Staat härter auftreten?

Wenn es um innere Sicherheit geht, ist das nicht eine Frage der scharfen Rhetorik. Man muss den gesetzlichen Rahmen immer wieder überprüfen und gegebenenfalls anpassen, aber Sicherheit schafft man vor allem mit dem Vollzug und der Anwendung der Gesetze. Dafür muss die Politik der Polizei Rückendeckung geben. Übergriffe gegen Polizeibeamte müssen klar sanktioniert werden. Meine Erfahrung als Landesinnenministerin ist, dass sich innere Sicherheit in konkretem Regierungshandeln zeigen muss, damit die Menschen Vertrauen in den Staat haben.

Was muss sich denn auf Bundesebene ändern, damit die Bürger das Vertrauen in den Staat zurückgewinnen?

Es muss wieder mehr Respekt vor Sicherheitskräften geben. Ein wichtiger Schritt in der vergangenen Wahlperiode war, dass die Strafen für diejenigen verschärft wurden, die Polizeibeamte oder Rettungskräfte angreifen. Eine wichtige Frage ist auch, ob Polizeibeamte auf ihrer Uniform ihren Namen tragen sollten. Ich lehne das ab. Es kann nicht sein, dass wir vermummte Demonstranten haben, aber Polizisten, die namentlich gekennzeichnet sind. Die Polizisten müssen sicher sein, dass ihr Arbeitgeber, der Staat, sie schützt.

Ist der Skandal ums Bundesamt für Migration und Flüchtlinge ein Rückschlag für das Vertrauen der Bürger?

Ja, diese Vorkommnisse erschüttern das Vertrauen ganz massiv. Klar ist aber dennoch: 2015 darf sich nicht wiederholen. Dafür sind ja inzwischen auch viele Gesetze gemacht worden, die ohne diese politische Drucksituation keine Mehrheiten bekommen hätten. Das muss jetzt konsequent umgesetzt und fortgeführt werden. Wir müssen die Zahl der sicheren Herkunftsstaaten erhöhen, um die Verfahren zu vereinfachen. Wir brauchen nach wie vor eine europäische Verständigung über Aufnahme, Verteilung und Rückführung von Flüchtlingen. Auch bei der Integration müssen wir konsequent sein. Die Bürger wollen Konsequenzen sehen, wenn Zuwanderer nicht bereit sind, sich zu integrieren, wenn es beispielsweise Konflikte in der Schule gibt oder Kinder gar nicht zur Schule gehen. Es ist enorm wichtig, in diesen Alltagsfragen unsere Regeln durchzusetzen.

Das müssen dann aber die Kommunen und Länder schaffen …

Ja. Es ist aber wichtig, diese Themen politisch klar zu benennen. Auch wenn wir ein föderales System haben, gibt es nationale Verantwortungen, die nicht nur formal an der Frage festzumachen sind, was Bundes- und was Landeszuständigkeiten sind. Aufnahme und Integration funktionieren nur, wenn die Ebenen Hand in Hand zusammenarbeiten. Das ist eine große nationale Aufgabe.

Haben die Sicherheitsbehörden im Kampf gegen Kriminalität und Terror ausreichend Befugnisse?

Das sehe ich pragmatisch. Die Herausforderungen ändern sich ständig. Darauf müssen wir immer wieder neue Antworten geben. Auch die Frage, wo Datenschutz endet und die Polizei mehr Befugnisse braucht, ist eine stetige Abwägung. Im Zweifel muss für mich der Schutz vor Straftaten Vorrang haben vor den anderen Rechtsgütern.

Entspricht das bayerische Polizeigesetz Ihrer Linie?

Die zentrale Debatte um das bayerische Polizeigesetz dreht sich ja um den Begriff der »drohenden Gefahr«. Dabei geht es um den Spielraum, den die Polizei bekommen soll. Dieses Polizeigesetz ist weder ein Allheilmittel noch der Untergang des Rechtsstaats. Entscheidend ist die Frage, wie die Polizeibeamten das Gesetz selbst sehen.

Die sehen das kritisch …

Es war die Polizeigewerkschaft, die das Gesetz kritisiert hat. Die Position der Gewerkschaft entspricht nicht unbedingt immer der Haltung der Mehrheit der Polizeibeamten. Aber auch die Polizei ist froh, wenn sie mit klaren Vorgaben arbeiten kann und nicht mit unbestimmten Rechtsbegriffen wie der »drohenden Gefahr«.

Wir haben über das Thema Sicherheit als ein Thema gesprochen, das die Union ausmacht. Braucht die CDU nicht mehr Identifikationsthemen – es sind Ihnen ja einige abhandengekommen, wie zum Beispiel die Wehrpflicht?

Die Wehrpflicht ist bei jeder Parteiveranstaltung ein Thema. Aber weniger im Sinne eines Beitrags zur Verteidigungsfähigkeit des Landes, sondern mehr im Sinne eines allgemeinen Dienstes für die Gesellschaft. Ich nehme in der Partei eine Stimmung wahr, dass Deutschland einen Dienst braucht, der zusammenführt. Das ist mit den Händen greifbar.

Fordern Sie ein verpflichtendes Jahr für Männer und Frauen?

In dieser Frage bin ich hin- und hergerissen. Es würde etwas bieten für den Zusammenhalt der Gesellschaft. Bei Migranten könnte es zur Integration beitragen. Auf der anderen Seite habe ich meine Mutter im Ohr, die als junges Mädchen in der Nazizeit das Pflichtjahr ableisten musste und sich als nichts anderes vorkam denn als billige Arbeitskraft. Deswegen ist die Frage der Verpflichtung für mich offen. In einer Veranstaltung der Zuhör-Tour für das CDU-Grundsatzprogramm hat ein junger Mann gesagt, es sei ein Privileg, dass es in Deutschland keine Studiengebühren gebe. Er schlug vor, Studiengebühren einzuführen und sie jenen zu erlassen, die sich ein Jahr lang in einem Dienst für die Allgemeinheit engagieren. Das wäre ein Geben und Nehmen. Und wer das nicht will, soll Studiengebühren bezahlen. Das ist ein interessanter Ansatz. Wir werden auch über alle Vorschläge offen diskutieren.

Wie sieht es mit weiteren Identifikationsthemen aus. Haben Sie welche?

Aber ja: Der solide Haushalt und die Grundhaltung, dass etwas erst einmal erwirtschaftet werden muss, bevor es verteilt werden kann – das sind Themen, die für die Identität der Partei zentral sind. Dazu gehört auch die Grundhaltung, dass sich Leistung lohnen muss. Wer sich anstrengt, hat die Möglichkeit aufzusteigen.

Das sind Grundüberzeugungen, keine politischen Projekte …

Wenn sich die Frage stellt, was ist uns die Wettbewerbsfähigkeit Deutschlands wert, dann kommt man bei konkreten Abwägungen mit dieser Richtschnur zu eindeutigen Ergebnissen.

2013, zum Ende der schwarz-gelben Koalition im Bund, haben Sie sich für eine klare Anhebung des Spitzensteuersatzes auf 53 Prozent starkgemacht. Sind Sie heute noch dafür?

Heute haben wir eine ganz andere Ausgangslage. Derzeit streiten wir darüber, was wir mit den Steuereinnahmen machen. Wir reden also nicht darüber, wie wir mehr Steuern einnehmen, sondern an welcher Stelle wir die Bürger entlasten können. Bei der kalten Progression zum Beispiel. Wo soll der Spitzensteuersatz ansetzen? Ein gut positionierter Facharbeiter, vielleicht noch im Schichtdienst, muss häufig schon den Spitzensteuersatz bezahlen. Es wäre sinnvoll, die derzeitige Messlatte von einem Jahreseinkommen von 54 000 auf 60 000 Euro im Jahr anzuheben. Oder wir schmelzen den Solidaritätszuschlag zu hundert Prozent ab.

Sie sind in der Frauen Union und im Arbeitnehmerflügel verankert. Was bieten Sie dem Wirtschaftsflügel an, der sich von der CDU-Führung vernachlässigt fühlt?

Es gab schon immer ein Ringen in der CDU darum, welcher Flügel wie viel Einfluss hat. Ich bin eine Frau, und deshalb bin ich in der Frauen Union. Da ich kein Unternehmen führe und auch keine Führungsposition in einem Wirtschaftsunternehmen habe, bin ich nicht in die Mittelstandsvereinigung eingetreten, sondern in die Christlich-Demokratische Arbeitnehmerschaft. Ich habe aber einen sehr intensiven Austausch mit MIT und CDA, weil sie für mich gleichermaßen wichtig sind. Ich will nicht hinnehmen, dass wir bei der nächsten Bundestagswahl so viele Wählerinnen und Wähler an die FDP verlieren wie 2017.

Was ist da passiert? Hatte Angela Merkel die Wirtschaft zuletzt nicht mehr auf dem Zettel?

Diese Kritik trifft nicht zu. Die Parteivorsitzende hat gemeinsam mit der Partei in den vergangenen Jahren die Weichen so gestellt, dass Deutschland gut aus der internationalen Finanz- und Schuldenkrise gekommen ist. Die Politik damals war ausgesprochen wirtschaftsfreundlich. Wir haben heute ein gutes Wirtschaftswachstum und eine sehr niedrige Arbeitslosenquote. Wäre die Politik falsch und wirtschaftsfeindlich gewesen, dann sähe das heute ganz anders aus.

Deutschland hinkt im internationalen Vergleich bei der Digitalisierung hinterher – ist eine Aufholjagd überhaupt noch möglich? Es gibt ja nicht einmal ein eigenes Ministerium dafür.

Ich war immer gegen ein solches Ministerium, weil die Digitalisierung eine Querschnittsaufgabe ist. Sie geht alle an. Am Ende des Tages braucht es den Durchgriff auf alle Bereiche und auf alle Ressorts. Deswegen ist die Ansiedlung des Themas im Kanzleramt richtig. Der entscheidende Punkt ist, ob wir alle gleichermaßen den Hebel umlegen. Hilfreich wäre ein zentrales Projekt in dieser Legislaturperiode als »Kick-off«. Wir könnten zum Beispiel das Elterngeld wie in Österreich bei der Geburt eines Kindes den Eltern automatisch zukommen lassen und sie nicht mit einem unsäglichen Formular quälen. In Österreich hat der Staat die Steuernummer, das Kind wird geboren, die Geburtsurkunde kommt zur Behörde, und das Geld fließt aufs Konto.

Können Sie den Menschen die Ängste nehmen, dass ihre Arbeitsplätze durch Digitalisierung wegrationalisiert werden?

Ich halte es für falsch, so eine Art »Hurra-Digitalisierung« zu machen und den Menschen weismachen zu wollen, alles werde wunderbar. Ich halte aber auch wenig davon, den Leuten immer einzureden, alles werde ganz furchtbar. Es muss ein realistisches Bild gezeichnet werden. Das heißt, dass wir den Menschen sehr offen sagen müssen: Es gibt Bereiche, in denen Digitalisierung Arbeitsplätze vernichtet – niemand hat heute mehr die Garantie, dass er seinen Job bis zur Rente machen wird. Das war auch in der jüngsten Vergangenheit so. Aber ich kann sagen: Ihr könnt euch darauf verlassen, dass wir euch begleiten und euch das Rüstzeug in die Hand geben, dass ihr mit diesen Entwicklungen mithalten könnt. Es gibt Förderprogramme und Weiterbildung. Wir müssen uns um die Arbeitnehmer schon zu einem frühen Zeitpunkt kümmern, wenn sich ein möglicher Arbeitsplatzverlust abzuzeichnen beginnt – und nicht erst, wenn jemand arbeitslos ist. Wir müssen vorbeugend handeln.

Wie wollen Sie die Kluft zwischen den Politikern und Bürgern bei der Digitalisierung überwinden? Viele haben den Eindruck, dass die Politik selbst keine Ahnung von der Digitalisierung hat.

Digitalisierung ist ein Thema, das noch nicht in seiner gesamten Dimension durchdrungen ist. Es ist aber auch schwierig, ein Thema zur Nummer eins zu erklären, das in der Realität der Menschen als solches nicht angekommen ist. Es wurde bei der Zuhör-Tour nur dann angesprochen, wenn es vor Ort Defizite gibt: fehlender Breitbandausbau, Ausstattung der Schulen. Es ist die Aufgabe für Politiker, auch für Journalisten, das Thema auf die Tagesordnung zu setzen, auch wenn es die Menschen noch nicht interessiert, weil sie gegenwärtig andere Sorgen haben: Was ist mit der Rente, was ist mit der Pflege? Parteiveranstaltungen sind oft schon vorbei, wenn die Digitalisierung thematisiert werden soll. Das treibt mich um. Ich sage es ganz offen: Ich habe noch kein Rezept. Wenn Südkoreaner nach Deutschland kommen, erschrecken sie sich, weil wir noch mit Bargeld zahlen. Die finden, Deutschland sei in seiner digitalen Entwicklung 20 Jahre zurück. Wobei ich durchaus am Bargeld hänge.

Vielleicht sollten wir als Erstes auf den Feldern tätig werden, auf denen wir deutlich zurückliegen?

Auf jeden Fall muss man das Thema Digitalisierung konkret machen – mit einer Mischung aus intellektuellem Vordenken und konkreter Umsetzung. Heiner Geißler hat in den Siebzigerjahren gespürt, wie die soziale Frage die Gesellschaft verändert. Er hat das für unsere Politik abgeleitet. Das ist uns bei der Digitalisierung noch nicht gelungen. Sie haben vorhin nach der Steuerpolitik gefragt. Wer weiß, in zehn oder zwanzig Jahren haben wir vielleicht automatisierte und autonome Fabriken mit wenig Aufsichtspersonal. Im Moment erfolgt die Wertabschöpfung vorzugsweise noch über die Arbeitskraft. Aber was besteuern wir, wenn die industrielle Produktion, der Faktor Arbeit, zurückgeht und Unternehmen kaum noch produzieren, sondern vor allem mit Daten handeln?

Muss man nicht auch fragen: Wo bleibt der Mensch in einer digitalisierten Welt? Brauchen wir den dann noch?

Wir werden auch rechtliche und ethische Fragen beantworten müssen. Wenn das autonom fahrende Auto in eine Konfliktsituation kommt, muss der Fahrer eingreifen. Was ist, wenn das Auto dann plötzlich die Führung übernimmt? Wer wird zuerst geschützt, Oma oder Enkelin? Entscheidet das Auto irgendwann zu meinen Lasten? Wo hört der freie Wille auf? Noch diskutieren wir die Digitalisierung sehr technisch.

Ein Ausblick: Viele Parteien lassen mehr und mehr Basisentscheidungen zu. Können Sie sich vorstellen, dass es auch in der CDU Mitgliederentscheide gibt – ähnlich wie bei SPD und Grünen?

Meine Einstellung dazu ist eher klassisch geprägt. Ich bin eine überzeugte Anhängerin des repräsentativen parlamentarischen Systems. Parteiarbeit ist immer eine Mischung aus Aufnahme der Stimmung an der Basis – wie wir das bei der CDU-Zuhör-Tour machen – und politischer Führung.

Bei der CDU wird der Kanzlerkandidat also auf absehbare Zeit nicht per Urwahl bestimmt?

Ich bin dagegen. Eine Urwahl oder ein Mitgliederentscheid zeigt doch, dass die Führungskräfte nicht in der Lage oder willens sind, eine Entscheidung zu treffen und einen Vorschlag zu machen.

Halten Sie einen Mitgliederentscheid in einer Partei für ein Zeichen von politischer Schwäche?

Die letzten Male, bei denen die SPD einen Mitgliederentscheid gemacht hat, jeweils über den Koalitionsvertrag, lag dem eine schlechte Verfassung der Parteiführung zugrunde. Bei den Grünen sieht das anders aus. Bei denen gehört die Basisdemokratie zur politischen Tradition dazu. Basisdemokratie war aber nie eine Tradition der CDU.

Mit der Drohung Mitgliederentscheid hat die SPD aber immer viele eigene Themen in die Koalitionsverträge hineinverhandeln können.

Das hat der SPD aber nichts genutzt. Der Versuch, Opposition und Regierung gleichzeitig zu sein, funktioniert nicht. Wenn man viele eigene Themen setzt und sich am Ende der Wahlperiode dann trotzdem hinstellt und so tut, als liege die Republik in Trümmern und alles sei ungerecht, kann man keine Zustimmung gewinnen. Die SPD ist nun dabei, diesen Fehler noch einmal zu wiederholen.

Sie haben mit der SPD laut Umfragen einen geschwächten Partner. Sie können sich nicht darauf verlassen, dass das immer so bleibt. Was muss die CDU an sich ändern, damit sie dauerhaft Kanzlerpartei bleiben kann?

Wir werden nicht in unser Grundsatzprogramm schreiben: Wir sind dauerhaft Kanzlerpartei.

Dann haben wir die CDU immer falsch verstanden.

Die CDU ist eine Partei, die im Unterschied zu anderen Parteien in Deutschland gern regiert. In erster Linie sind wir aber eine Partei, die Ideen hat und diese auch umsetzen möchte. Das ist der Zweck. In diesem Sinn erfüllen wir unseren grundgesetzlichen Auftrag, dass wir an der politischen Willensbildung mitwirken. Ich bin eine Verfechterin des herkömmlichen Parteiensystems mit Parteien, die gemeinsame Werte und gemeinsame Programme haben. Ich halte nichts von Bewegungen wie in Frankreich, die sich hinter einer Person versammeln. Deshalb will ich unser System auch erhalten. Das setzt voraus, dass wir unsere programmatische Arbeit machen. Das setzt aber auch voraus, dass wir neben der CDU eine weitere starke Volkspartei haben. Deshalb kann es für die CDU nicht befriedigend sein, sich zurückzulehnen und sich über die Schwäche der SPD zu freuen. Die demokratische Mitte muss stark sein.

KAPITEL 8

DEUTSCHLANDS ROLLE IN DER WELT

Konstante Werte im Umbruch

Die saarländische Ministerpräsidentin Annegret Kramp-Karrenbauer hat sich – wie so oft – sehr früh morgens in die Staatskanzlei bringen lassen. Es ist ruhig. Um 7 Uhr geht das Telefon noch nicht. Aber der erste Termin wartet: Gleich kommt ihre Sprachlehrerin. Ganz regelmäßig nimmt Kramp-Karrenbauer Unterricht in Englisch und Französisch. Sie finanziert das privat. Ein ausgewiesenes Fremdsprachentalent ist sie nicht. Aber so viel Weltläufigkeit will sie als Ministerpräsidentin im Dreiländereck Deutschland-Frankreich-Luxemburg schon an den Tag legen, dass sie mit ihren Nachbarn auf Französisch parlieren kann und die Lektüre von *Le Monde* ihr keine Anstrengung bereitet. Sprache ist die Grundlage für Völkerverständigung. Der Französischunterricht ist eine Investition in die Gegenwart der Ministerpräsidentin, der Englischunterricht auch eine Wette auf die Zukunft.

Als Regierungschefin im Saarland ist Kramp-Karrenbauer auch ihre eigene Außenministerin. Der Themenbereich ist überschaubar: die Nachbarschaftspflege zu Frankreich und zu Luxemburg. Man ist sich nah. Auf die Partner nimmt sie

Rücksicht – zur Not auch gegen Regierungsbeschlüsse in Berlin. Immer wieder wettert sie über die von der CSU gegen innen- und europapolitische Widerstände durchgesetzte Pkw-Maut, die vor allem Fahrzeuge aus den Nachbarländern treffen soll. Kramp-Karrenbauer kann diesen Denkansatz der Ausländer-Maut nicht nachvollziehen, auch wenn die Saarländer in Frankreich – wie die Bayern in Österreich – für die Nutzung der Autobahnen zahlen müssen. Außerdem fürchtet sie ökonomische Einbußen für ihr hoch verschuldetes kleines Land. Die Saar-Wirtschaft sei auf den grenzüberschreitenden Straßenverkehr ohne Maut angewiesen, argumentiert sie und droht im März 2017 damit, das hoch umstrittene Gesetz über den Vermittlungsausschuss im Bundesrat zu blockieren. Durchsetzen kann sie sich damit allerdings nicht.

Insbesondere der Nachbar Frankreich bedeutet für die Saarländer deutlich mehr als geografische Nähe. Nach Jahrhunderten der Feindschaft und Jahrzehnten des Hin und Her der Zugehörigkeit des Saarlands zwischen Frankreich und Deutschland lehnten die Saarländer in einer Volksabstimmung 1955 das zwischen der deutschen und der französischen Regierung ausgehandelte Saarstatut nach heftigen öffentlichen Auseinandersetzungen um diese Frage ab. Eigentlich war der Plan, das nach dem Zweiten Weltkrieg wirtschaftlich an Frankreich angeschlossene Saarland unter die Verwaltung eines Kommissars der Westeuropäischen Union zu stellen. Das mit einer satten Zweidrittelmehrheit gefällte eindeutige Nein der Saarländer sorgte nun dafür, dass das Saarland 1957 als neues Bundesland in die Bundesrepublik aufgenommen wurde. Es musste endlich eine Lösung her: Die ungeklärte Saarland-Frage stand einer deutsch-französischem Aussöhnung bis dahin im Wege. Als der Élysée-Vertrag, der zur Grundlage der deutsch-französischen Freundschaft wurde, sechs Jahre später unterschrieben wurde, war Kramp-Karrenbauer gerade ein Jahr alt. Sie gehört also der ersten Generation an, die im Bewusstsein der deutsch-französischen Aussöhnung aufgewachsen ist.

Schon als Landespolitikerin ist sie davon überzeugt, dass die deutsch-französischen Beziehungen die Stabilisatoren der Europäischen Union darstellen. 2011 macht Merkel sie zur »Bevollmächtigten der Bundesrepublik Deutschland für die deutsch-französische kulturelle Zusammenarbeit«. Da ist sie gerade zur Regierungschefin im Saarland gewählt worden. In ihre Amtszeit als Ministerpräsidentin fällt 2013 die 50-Jahr-Feier des Élysée-Vertrags. Den Schwung, den das deutsch-französische Verhältnis zu diesem Jubiläum bekommt, nutzt sie für eine Frankreich-Strategie, um der jungen Generation ähnlich wie im Nachbarland Luxemburg ein quasi zweisprachiges Aufwachsen zu ermöglichen. Sie vereinbart mit den Nachbarn die Einrichtung deutsch-französischer Kitas auf beiden Seiten der Grenze, wo schon Dreijährige an die Muttersprache des Nachbarlandes herangeführt werden.

Im Élysée-Jahr legt sie auch ein künstlerisches Projekt für Jugendliche auf, bei dem diese sich Gedanken machen, wie ein global vernetztes, ein global abhängiges wie auch global wirkendes Europa sich unter Berufung auf die »Ideale der Menschenrechte« weiterentwickeln kann. 2013 ist es noch ein Europa, das sich schon seiner Probleme bewusst ist, sie aber noch nicht schmerzhaft spürt. Die Krim gehört noch zur Ukraine. Die Flüchtlinge kommen zu Hunderten, nicht aber zu Zehntausenden an den Küsten Südeuropas an. Mit US-Präsident Barack Obama hat Europa einen verlässlichen Partner im transatlantischen Werte- und Sicherheitssystem.

Mit solchen Projekten und vielen weiteren Sprachinitiativen – auch für Schulen und für die Ausbildung – will sie ihren Saarländern einen Wettbewerbsvorteil verschaffen. Die Generation Élysée soll beiderseits der Grenze einen Job finden können – ohne Sprachbarrieren. Für ihr Engagement im deutsch-französischen Verhältnis bekommt sie 2015 in Düsseldorf als erste Frau den Elsie-Kühn-Leitz-Preis der Vereinigung der Deutsch-Französischen Gesellschaften für Europa (VDFG) verliehen. Vor ihr erhielten diesen Preis unter anderen der ehemalige französische Präsident Valéry Giscard d'Estaing (1998), Helmut Kohl (2001) sowie der frühere Premierminister von Luxemburg und spätere EU-Kommissionspräsident Jean-Claude Juncker (2005).

Kramp-Karrenbauers außenpolitische Koordinaten sind, neben der Nähe zu Frankreich, vom traditionellen christdemokratischen Bekenntnis zur Europäischen Union und zum transatlantischen Verhältnis geprägt. Ihren Blick auf Europa legt sie nach ihrem Wechsel nach Berlin erstmals in einem ganzseitigen Artikel in der *Frankfurter Allgemeinen Zeitung* zum ersten Todestag von Helmut Kohl Mitte Juni dar. Der Artikel findet nur wenig Beachtung, da er auf dem Höhepunkt der durch den Asylstreit zwischen CDU und CSU ausgelösten Regierungskrise erscheint.

Kramp-Karrenbauer argumentiert in diesem Aufsatz in der Tradition der Kanzler Konrad Adenauer und Helmut Kohl. Merkels aktuelle Politik des Multilateralismus spielt bei diesem Entwurf ihrer außenpolitischen Vorstellungen eine untergeordnete Rolle – es geht der CDU-Generalsekretärin um die Frage, wie die jahrzehntelangen Linien der durch die europäische Einigung und das transatlantische Verhältnis geprägten deutschen Außenpolitik auch in Zukunft Gültigkeit haben können.

Ein ähnlich enges Verhältnis zu Russland wie zu den USA lehnt Kramp-Karrenbauer in dieser Tradition deutlich ab. Eine Zusammenarbeit mit Moskau darf aus ihrer Sicht nicht »um den Preis der Selbstaufgabe unserer Werte« erfolgen.

An Europa richtet sie den Appell, einig und eigenständig zu

agieren. Dabei droht sich die EU in den Tagen, da ihr Artikel zu den Grundfesten von Kohls Außenpolitik erscheint, über die aktuelle Flüchtlingspolitik zu zerlegen.

Dem Ringen der Europäer um nationale und gemeinschaftliche Interessen begegnet Kramp-Karrenbauer mit Kohls Prinzip »Für ihn gab es stets eine zweifache Loyalität: Die erste Loyalität galt Deutschland, die zweite Europa.« Auf die Flüchtlingspolitik, die wie ein Katalysator für die Betonung des Nationalen gewirkt hat, geht sie nur mit Blick auf den hohen Wert der offenen Grenzen ein. Das geeinte Europa ohne Grenzen sei ein wahr gewordener Traum, der auch heute »ein zu hütender Schatz« sein müsse. Sie stellt fest: »Was Europa zur Bewahrung dieses Traums versäumt hat, ist der effektive Schutz der Außengrenzen.« Es sei historische Pflicht, hier endlich voranzukommen. Das sieht auch Merkel so, ohne dass Kramp-Karrenbauer darauf explizit eingeht.

Sie zeichnet in diesem Aufsatz ein idealtypisches Bild, ja geradezu eine Hommage an Helmut Kohl. Ein eigenes Konzept mit neuen Ideen für das Europa der Gegenwart lässt sie in diesem Aufsatz weitgehend vermissen. Und das in einer so angespannten Zeit, da Volksparteien in Europa zerbröseln und populistische und rechtsnationale Parteien auf dem Vormarsch sind und der Zusammenhalt in der EU bröckelt.

Nicht erst seit der Wahl von Donald Trump zum US-Präsidenten sehen die Europäer und insbesondere die Deutschen die Notwendigkeit, in der globalisierten Welt mehr Verantwortung für die eigenen Geschicke zu übernehmen. Den Rollenwechsel der Deutschen von Nutznießern der Friedensordnung hin zu ihrem Garanten mahnte der damalige Bundespräsident Joachim Gauck 2014 bei der 50. Münchner Sicherheitskonferenz an – wenn nötig, auch mit Waffeneinsatz. Kanzlerin Merkel hat diese Forderung zwar nie selbst so formuliert, aber ihre Politik danach ausgerichtet.

Ihr Engagement für einen Waffenstillstand in der Ukraine war Ausdruck eines neuen Rollenverständnisses und Selbstbewusstseins der deutschen Außenpolitik. Am Ende ihrer Amtszeit wird Merkel einem Nachfolger oder einer Nachfolgerin ein Deutschland übergeben, das sich mit allen Vor- und Nachteilen erfolgreich aus der Rolle des kleinen Bruders befreit hat, dem nun in Europa mit einer ähnlichen Mischung aus Anerkennung und Ablehnung für sein verantwortliches Handeln begegnet wird – wie es die USA als Führungsmacht über Jahrzehnte erfuhren.

Bei all ihren Bekenntnissen zum transatlantischen Verhältnis begegnet Kramp-Karrenbauer der Trump-Administration mit kritischer Distanz. Während eines Treffens mit dem neuen US-Botschafter Richard Grenell, einem glühenden Verehrer Trumps, in Berlin beklagt sich dieser, die Amerikaner könnten nicht mehr akzeptieren, dass in Deutschland alles umsonst sei, beispielsweise das Gesundheitssystem, und die Amerikaner für die Verteidigung Europas zahlen müssten. Kramp-Karrenbauer hält ihm entgegen, die deutschen Eltern könnten nicht verstehen, dass sie hohe Kita-Gebühren zahlen müssten, während Google und Amazon in Deutschland keine Steuern entrichteten.

Sie ist aber Diplomatin genug, dass sie weiß: Es reicht nicht, sich bei einem solchen Treffen seine unterschiedlichen Standpunkte vorzuhalten. Man braucht – wenn zu wenige politische Gemeinsamkeiten vorhanden sind – zumindest persönliche Anknüpfungspunkte, um gesprächsfähig zu bleiben. So zücken die deutsche Merkel-Vertraute und der amerikanische Anwalt trumpscher Politik am Ende des Gesprächs ihre Handys und zeigen sich Fotos ihrer Hunde: Kramp-Karrenbauers wuscheliger Familienhund, der Tibet-Terrier Stifler, im Vergleich zu Grenells texanischem Jagdhund Lola. Die Hundebilder gehören zum kleinen Einmaleins der Diplomatie:

Sie eröffnen die Chance, persönliche Brücken über politische Gräben zu bauen.

Ähnlich wie die Kanzlerin blickt sie analytisch, unideologisch und pragmatisch auf die Probleme in der Welt. Autorität freilich muss sie sich erarbeiten. Außer in Frankreich und Luxemburg hat sie keine internationale Erfahrung sammeln können. Dass Frankreich für sie Herzensangelegenheit ist und sie den Franzosen viel Sympathie und Verständnis entgegenbringt, ist ein Pfund. Eine stärkere europäische Einigung kann nur im deutsch-französischen Gleichklang erzielt werden. Auch im Umgang mit Israel steht die CDU-Generalsekretärin tief in der Tradition des geschichtsbewussten Nachkriegsdeutschlands, das sich dem Existenzrecht des jüdischen Staates verpflichtet sieht.

Für das Grundsatzprogramm stellt sich bezogen auf die Außenpolitik die Herausforderung, Perspektiven aufzuzeigen, warum die alten Werte der europäischen Integration und der transatlantischen Partnerschaft in einer globalisierten Welt noch gelten sollen, in der US-Präsident Trump in Deutschland Verachtung entgegenschlägt und die Europäische Union tiefe Risse zeigt.

Für Kramp-Karrenbauer ist völlig klar, dass ihre erste Auslandsreise in die USA führt. Ihr Leiter der Abteilung Politische Planung in der Parteizentrale, Nico Lange, war für die Konrad-Adenauer-Stiftung (KAS) in Washington, als Trump das Amt von dem in Deutschland so beliebten ersten schwarzen US-Präsidenten Barack Obama übernahm. Lange, der Kramp-Karrenbauer auf der sechstägigen Reise begleitet, steckt tief im Stoff und beschäftigt sich schon seit Jahren mit politischen Umbrüchen und populistischen Tendenzen. Im Dezember 2017 holte Kramp-Karrenbauer Lange in ihre Staatskanzlei nach Saarbrücken und im April 2018 in die Parteizentrale nach Berlin. Dort ist er auch stellvertretender Bundesgeschäftsführer der CDU. Die Generalsekretärin schätzt Lange, Jahrgang 1975, als »erfahrenen Strategen« und »gut vernetzten Politkopf«.

Ihre USA-Reise wurde wochenlang vorbereitet, passt aber Ende Juli 2018 dramaturgisch noch besser ins Konzept als zunächst erwartet. Kramp-Karrenbauer hat als Generalsekretärin gerade die scharfe Bewährungsprobe in der Unionskrise um die Flüchtlingspolitik bestanden, parallel dazu tobt außenpolitisch die Auseinandersetzung mit Trump, der internationale Abkommen kündigt und mit seiner DNA als steinreicher Geschäftsmann am liebsten immer nur einen »Deal« machen will – zwischen zwei Staaten. Multilateralismus, Verhandlungen in großen Runden, Gipfel mit vielen Staats- und Regierungschefs – G7, G20, Nato –, das alles ist ihm ein Graus. Mit der Europäischen Union und China bricht er einen Handelsstreit vom Zaun, der sich gefährlich zu einem Handelskrieg zu entwickeln droht. Als er merkt, dass sein »America first« wirtschaftlich nicht funktioniert, wenn auch die USA mit Vergeltungszöllen als Reaktion auf seine Strafzölle belegt werden, lenkt er ein und bemüht sich bei einem Treffen mit EU-Kommissionspräsident Jean-Claude Juncker um Entspannung. Die EU weiß danach, dass sie nur eine Chance hat, Trumps Egozentrik, Abschottung und Tabubrüchen Einhalt zu gebieten: wenn sie hart und vor allem geschlossen auftritt. Dass der Multilateralismus nicht tot ist und Solidarität – und letztlich auch Frieden – bedeutet, bekommt Trump in diesen Tagen zu spüren. Ein Hoffnungswert auch für Kramp-Karrenbauer.

Sie ist noch im regelrechten Krisenmodus, als sie in die USA aufbricht. Es ist nicht einmal zwei Wochen her, dass sie den Mitgliedern am Ende eines Existenzstreits mit der CSU einen Brief schrieb, wonach sich die Koalition auf einen gemeinsamen Kurs in der Migrationspolitik geeinigt habe und sie sich nun wieder der Erarbeitung des Grundsatzprogramms zuwenden werde. Den einen oder anderen Termin ihrer Zuhör-Tour, die sie dafür durch das ganze Land zu Parteimitgliedern unternommen hat, musste sie während der Chaos-Wochen in Berlin absagen. Der Abschluss sollte eigentlich am 14. Juli in Oldenburg sein. So aber holt sie unter anderem am 17. Juli noch einen Termin in Heidelberg nach. Den Auftritt nimmt auch die französische *Le Monde* zum Anlass, um Kramp-Karrenbauer als kreuz und quer durchs Land reisende Generalsekretärin zu beschreiben, die Gräben zuschütten wolle – und Angela Merkels Kronprinzessin sei. Am 18. Juli setzt sich @-A-K-K, wie sie sich auf Twitter nennt, ins Flugzeug nach Amerika. Die CDU verkündet: Zuhör-Tour goes USA.

Für das neue Grundsatzprogramm reicht es nicht, nur über die Flüchtlingspolitik zu debattieren, vielmehr gehören auch die vielen anderen innen- und außenpolitischen Themen und Probleme dazu. Und das transatlantische Verhältnis. Ihre USA-Reise beschreibt Kramp-Karrenbauer als »bewusstes Signal für die Bedeutung der transatlantischen Beziehung – auch und gerade, weil diese aktuell einem Stresstest unterzogen wird«. Sie trifft sich mit Gouverneuren, Unternehmern, Wissenschaftlern, Vertretern von Thinktanks und Beratern aus dem Weißen Haus. Immer wieder distanzieren sich Gesprächspartner von Trump. Kramp-Karrenbauer twittert: »Die deutsch-amerikanische Freundschaft war, ist und bleibt von besonderer Bedeutung ….« Sie grenzt sich im anschließenden Halbsatz von Trump ab, ohne ihn zu nennen: »… und geht weit über Einzelpersonen hinaus.«

Die Berater aus dem Weißen Haus, mit denen sie spricht, gehören zum Stab des nationalen Sicherheitsberaters und Hardliners John Bolton. Ein Thema ist die Nato. Sie bekennt sich in den Gesprächen zum vereinbarten Ziel der Nato-

Staaten, zwei Prozent des Bruttoinlandsprodukts für Verteidigung auszugeben. Noch lieber reist Kramp-Karrenbauer aber zum Gouverneurs-Gipfel nach Santa Fe in New Mexico, zum »Summer Meeting« der National Governors Association (NGA), die die 50 Gouverneure der US-Bundesstaaten sowie die fünf Vertreter der US-Außengebiete versammelt. Das Treffen ist das Pendant zur deutschen Ministerpräsidentenkonferenz. Kramp-Karrenbauer ist Gastrednerin. Für sie ist das ein Highlight. In ihrer Rede sagt sie: »Egal ob Ministerpräsident in Deutschland oder Gouverneur in den USA, uns treiben die gleichen Herausforderungen um.« Und ihr Englischunterricht zahlt sich aus.

Einer ihrer meistgelesenen, beantworteten und mit annähernd 1000 Herzen versehenen Tweets von unterwegs ist dieser: »Starting a #US trip, I think of my father who was wounded by US soldiers during WW2. They saved his life and showed forgiveness, respect for human dignity, taught freedom, democracy, friendship: The image of #USA I grew up with. What is the image of America, kids grow up with today?« Für Amerika fügt sie die US-Flagge ein. Mit der Reminiszenz an das USA-Bild ihrer Kindheit und ihren im Zweiten Weltkrieg von US-Soldaten sowohl verwundeten als auch geretteten Vater sowie der großen amerikanischen Werte wie Versöhnung, Menschenwürde, Frieden und Freundschaft schlägt sie eine sehr persönliche Brücke zu einer entscheidenden Frage: Mit welchem Amerika-Bild wird die heutige junge Generation groß?

Kramp-Karrenbauer setzt während der Reise noch einen anderen viel beachteten Tweet ab. Eine Botschaft an die USA – und an die CDU zu Hause, wo sich neue Plattformen gründen. Sie ist auf dem Foto vor dem Denkmal des US-Präsidenten Abraham Lincoln zu sehen, der Amerika von 1861 bis 1865 regierte. @_A_K_K schreibt: »›Ein Haus, das in sich geteilt ist, kann nicht bestehen.‹ Abraham Lincolns Worte sind zeitlose Mahnung und Aufforderung. Es geht nur gemeinsam – zwischen transatlantischen Partnern, in der #EU und in der @CDU @CSU #UnionderMitte #WerteUnion #Union #EineUnion.«

INTERVIEW

»Ein politisches Wunder, das man verteidigen muss«

Seit dem Zweiten Weltkrieg gibt es zwei außenpolitische Konstanten für Deutschland, die Frieden und Wohlstand sichern: das transatlantische Verhältnis und die europäische Integration. Ist beides ins Wanken geraten?

Beides erklärt sich nicht mehr von selbst und wird auch zunehmend nicht weiter per se akzeptiert. Wir müssen immer wieder die Gründungsidee neu erklären. Das gilt insbesondere in einer Zeit, in der es zudem eine kritische Auseinandersetzung mit US-Präsident Donald Trump gibt und wir in Teilen der Gesellschaft einen latenten Anti-Amerikanismus feststellen. Wir müssen immer wieder deutlich machen, worin der Wert des transatlantischen Verhältnisses und von Europa besteht.

Auch auf der anderen Seiten des Atlantiks gibt es Zweifel an den Grundfesten der Nachkriegsordnung. Als Trump US-Präsident wurde, ist Angela Merkel von der angloamerikanischen Presse zur Anführerin der freien Welt ausgerufen worden. Ist Deutschland groß und stabil genug, diese Rolle zu übernehmen?

Sie hat das damals vollkommen zu Recht zurückgewiesen.

Sie hat gesagt, »dass keiner alleine auf dieser Welt, keine Einzelperson und kein Land alleine die Probleme lösen kann …«.

Das gilt auch für einen amerikanischen Präsidenten. Amerika steht und stand immer für den Anspruch, gemeinsam mit anderen für Freiheit und demokratische Werte einzustehen. Das hat weiter Bestand. Das wird nicht zur Seite gelegt, nur weil der derzeitige amerikanische Präsident so agiert, wie er agiert. Die inneramerikanische Demokratie funktioniert weiterhin. In den USA gibt es heftige Debatten um die Unabhängigkeit demokratischer Institutionen und Werte – zum Beispiel über die Frage, wie stark Gerichte beeinflusst werden. Dass Kinder und Eltern von illegalen Einwanderern an der Grenze nicht mehr getrennt werden, geht nicht auf den internationalen Aufschrei zurück, sondern auf Proteste der US-Bürger selbst. Dieser innenpolitische Druck hat Trump zum Umdenken bewegt. Deshalb bleiben die USA eine führende Nation, wenn es um Freiheitswerte geht. Wir sind weiterhin in einer Partnerschaft mit Amerika. Wir brauchen diese Partnerschaft auch.

Aber man kann doch nicht daran vorbeischauen, dass das transatlantische Verhältnis zurzeit massiv geschwächt ist. Die Frage ist, ob durch die Veränderung im Verhältnis zu den USA mehr Herausforderungen, mehr Verantwortung auf Deutschland selbst zukommen – beispielsweise eine eigenständige Außenpolitik, mehr Ausgaben für Verteidigung, die Suche nach anderen Handelspartnern?

Wir spüren unmittelbar, dass Deutschland stärker gefordert ist. Deutschland muss insbesondere in der Verteidigungspolitik gemeinsam mit den europäischen Partnern mehr Eigenständigkeit schaffen und zugleich sein Engagement in der Nato verstärken. Aber eine westliche Verteidigungspartnerschaft funktioniert auch nicht wirklich ohne die Amerikaner. Auch im Welthandel brauchen wir die Kooperation: Wir erleben gerade, wie schwierig es ist, eine geschlossene europäische Antwort zu geben, wenn das System des Welthandels, von dem Deutschland ja besonders profitiert, von den Amerikanern unter Druck gesetzt wird. Deshalb müssen wir für unsere Prinzipien eintreten. Wir können nicht, wie der bayerische Ministerpräsident Markus Söder, den Multilateralismus für tot erklären. Wir müssen dafür kämpfen, dass wir für die Zukunft bessere und haltbarere Verträge bekommen. Wir müssen unsere Rolle in der Außen-, in der Verteidigungs- und in der Handelspolitik in Europa ausfüllen. Wenn wir die Vereinigten Staaten als einen Partner erleben, der in stärkerem Maße von den persönlichen Eingebungen und Launen eines Präsidenten gesteuert wird, als das bei den Amtsvorgängern der Fall war, dann müssen wir die Dinge mehr selbst in die Hand nehmen.

Bislang konnten wir uns ja auf die transatlantische Beziehung und die europäische Einbettung verlassen und auch viele Vorteile daraus ziehen. Ist die deutsche Bevölkerung denn bereit, diese zunehmende Verantwortung Deutschlands in Europa und in der Welt mitzutragen? Oder sehen Sie die Gefahr, dass die Stimmung in der Öffentlichkeit zu dieser Rolle Deutschlands kippen könnte?

Das ist eine sehr grundsätzliche Frage, über die wir mit den Bürgern sprechen müssen. Nach dem Zweiten Weltkrieg haben wir hart dafür gekämpft, in die westliche Wertegemeinschaft aufgenommen zu werden. Heute erscheint das als selbstverständlich. Wir dürfen nicht dem Impuls nachgeben, zu sagen, international ist alles schwierig und deshalb ziehen wir uns zurück und konzentrieren uns allein auf kurzfristige nationale Interessen. Den Impuls gibt es in vielen Ländern. Den gibt es auch bei uns. Aber so, wie wir verfasst sind, von unserer geografischen Lage, von unserer Wirtschaftsstruktur her, waren wir in den vergangenen

Jahrzehnten erfolgreich, weil wir uns den internationalen Herausforderungen und den globalen Veränderungen gestellt haben. Wir sind auch deshalb im Export heute so stark, weil wir es geschafft haben, in schwierigen Transformationsprozessen unsere Wirtschaft international wettbewerbsfähig zu machen. Hätten wir das nicht geschafft, stünden wir heute wirtschaftlich viel schwächer da. Aber die Position muss immer wieder neu bestimmt und erkämpft werden.

Wie groß ist der Schaden international – von US-Präsident Donald Trump bis zum bayerischen Ministerpräsidenten Markus Söder –, dass nationale Interessen über das Funktionieren der internationalen Gemeinschaften und Verträge gestellt werden?

Der Schaden ist groß, weil grundsätzliche Vereinbarungen nicht mehr eingehalten werden. Das Schwierigste an Trump ist, dass er nicht sagt, dieses oder jenes Abkommen ist schlecht verhandelt und dass er es neu aushandeln möchte, sondern dass er einfach für sich eine Entscheidung fällt und sich nicht mehr an die Regeln hält. Ich wäre froh gewesen, wenn wir das USA-EU-Freihandelsabkommen TTIP abgeschlossen hätten. Aber selbst wenn uns das gelungen wäre, würde uns heute niemand die Garantie geben, dass es unter der Trump-Administration auch weiterhin gilt. Das wirft die Grundsatzfrage auf: Wie soll man sich überhaupt auf Verträge einlassen, wenn man keine Gewähr hat, dass sie eingehalten werden? Gerade in einer globalisierten Welt brauchen wir Verlässlichkeit. Die Strukturen international agierender Unternehmen sind vielfach in den Märkten verzahnt. Wo einzelne nationale Märkte mit Sanktionen oder Zöllen belegt werden, kann das weltweit agierende Konzerne in Schwierigkeiten bringen. Wenn man diese Entwicklung konsequent zu Ende denkt, dann kann am Ende ein Unternehmen abgesichert nur noch in seinem Heimatland Geschäfte machen. Ein solches Vorgehen setzt aber das gesamte System des Freihandels maximal unter Druck.

Trump hat die Zölle ja zu einer Frage der nationalen Sicherheit erhoben. Insbesondere den Nato-Partnern wirft er vor, vom Freihandel zu profitieren, aber nicht genug in die eigene Sicherheit zu investieren. Lassen wir mal beiseite, dass Trump beim Brüsseler Nato-Gipfel im Juli die Partner plötzlich zu vier Prozent des Bruttoinlandprodukts für Verteidigungsausgaben drängte. Wird Deutschland die Vereinbarung beim Nato-Gipfel 2014 einhalten, die Verteidigungsausgaben auf zwei Prozent des Bruttoinlandprodukts zu steigern? Jetzt sind ja gerade mal erst 1,5 Prozent geplant.

Ja, unabhängig davon, was die Amerikaner sagen. Deutschland hat zugesagt, bis 2024 die Verteidigungsausgaben auf zwei Prozent zu steigern. Wir müssen bereit sein, mehr Finanzmittel in die eigene Verteidigung und in die eigene Sicherheit zu stecken. Es ist nicht nachvollziehbar, wenn das Parlament die Bundeswehr in Auslandseinsätze schickt, sie aber nicht so ausstattet, dass eine maximale Sicherheit der Soldatinnen und Soldaten gewährleistet ist. Das passt nicht zusammen.

Das Argument der Ausrüstung der Bundeswehr ist nachvollziehbar. Historisch kann man aber den Mechanismus nachweisen, dass mit steigenden Verteidigungsausgaben auch die Kriegsgefahr wächst. Sehen Sie diese Gefahr?

Nein. Diese Gefahr sehe ich nicht. Die Einsätze der Bundeswehr werden ja sehr sorgfältig festgelegt. Die Bundeswehr bewegt sich nur in einem sehr klaren Rahmen.

Das mindert aber nicht unbedingt die Kriegsgefahr. Der Einsatz der Nato und der Bundeswehr in Afghanistan war ja auch schon ein Kriegseinsatz. Der Artikel 5 des Nato-Vertrags, der Bündnisfall, wurde ausgerufen.

Wir verfügen über ein sehr striktes Regelwerk für den Einsatz der Bundeswehr – viel strenger als in vielen anderen Ländern. Die Bundeswehr ist eine Parlamentsarmee. Der Bundestag, die Abgeordneten, die Volksvertreter haben das letzte Wort. Die Anforderungen sind größer geworden, deshalb müssen auch die Anstrengungen zur Gewährleistung der Sicherheit für die Bürgerinnen und Bürger größer werden. Das gehört zu den Kernaufgaben des Staates. Technisch müssen wir mit der Bundeswehr auf der Höhe der Zeit sein, und das nimmt uns niemand ab.

Kanzlerin Merkel hat auf dem Katholikentag in Münster eine bemerkenswerte Rede gehalten. Sie hat darauf verwiesen, dass sich Europa seit Ende des Zweiten Weltkriegs über gut sieben Jahrzehnte Frieden freuen könne und dass das eine einzigartige Phase in der Geschichte sei. Jetzt lebten wir in einer sehr sensiblen Zeit, weil die Zeitzeugen der damaligen Schrecknisse bald nicht mehr unter uns sein werden und der nach dem Zweiten Weltkrieg hart erarbeitete und friedenssichernde Multilateralismus in der Krise sei. Und schließlich ließ sie die Bürger wissen, dass sie nicht ganz sicher sei, ob wir aus der Geschichte gelernt hätten. Sehen Sie eine neue Kriegsgefahr?

Wir können uns nicht darauf verlassen, dass unsere Lehren aus der Geschichte so stabil sind, dass uns gar nichts passieren kann. Mit der russischen Annexion der Krim haben wir erlebt, wie nach Jahrzehnten des Friedens Grenzen unter militärischem Einsatz einseitig verändert worden sind. Die Zeitzeugen des Zweiten Weltkriegs werden in der Tat weniger. Aber die Zeitzeugen, die beispielsweise einen Bürgerkrieg in Jugoslawien erlebt haben, die gibt es noch. Ich bin auch nicht so pessimistisch, zu meinen, dass wir völlig geschichtsvergessen werden, sobald es keine Zeitzeugen mehr gibt. Wir müssen das Bewusstsein dafür, dass Frieden und Freiheit immer wieder stabilisiert werden müssen, vor allem der jungen Generation vermitteln, für die es selbstverständlich ist, in einem Europa mit offenen Grenzen und einer gemeinsamen Währung zu leben. Wenn die sich daraus ergebenden Möglichkeiten wie die Freizügigkeit für Studium und Arbeit aber als selbstverständlich erachtet werden, dann entsteht die Gefahr, dass die Freiheit nicht mehr hoch genug geschätzt wird und man meint, mit weniger gehe es auch. Die Herausforderung, die Freiheit immer wieder neu zu gründen, ist größer geworden.

Wenn Trump eines Tages abtritt, wird man dann an die alten transatlantischen Beziehungen anknüpfen können – oder muss man das Verhältnis dann erst einmal auf Neustart stellen?

Das deutsch-amerikanische Verhältnis ist ja viel mehr als nur die Verbindung zwischen Kanzleramt und Weißem Haus. Es ist getragen von einem breiten Netzwerk, auch auf zivilgesellschaftlicher Ebene. Dieses Netzwerk wird und muss weiter gepflegt werden. Die entscheidende Frage ist, wie sehr Trump die USA und das politische System der USA verändert haben wird, wenn er abtritt. Es stellt sich die Frage, ob nach Trump Trump folgt, weil seine Art der Politik weiter mehrheitsfähig bleibt. Es gibt keine Gewähr dafür, dass nach Trump ein Anti-Trump kommt.

Insbesondere im Osten der Republik sehnen sich viele Menschen danach, bei der Pflege der Bündnispartner nicht über den Atlantik zu schauen, sondern ein engeres Verhältnis mit Russland einzugehen. Was sagen Sie denen?

Ich sehe keine Äquidistanz zwischen den Vereinigten Staaten und Russland. Und trotzdem brauchen wir gute Gesprächskontakte zu Russland als unserem unmittelbar an die EU grenzenden Nachbarn.

Wird Russland dauerhaft dem exklusiven Industriestaaten-Club der G8 fernbleiben müssen?

Das kann man nicht festlegen. Aber solange Russland sein Verhalten im Konflikt um die Ost-Ukraine nicht ändert, ist es richtig, sich ohne Russland zu treffen.

Wie sieht es mit der Türkei aus? Sie ist viele Jahre als stabilisierender Faktor im Nahen Osten wahrgenommen worden. Dann hat Präsident Recep Tayyip Erdoğan die Wirren des Syrienkriegs genutzt, um die Kurden in Afrin anzugreifen, die wiederum mit der Nato im Bund gegen die Terrororganisation Islamischer Staat kämpfen …

Die Türkei wird als Nato-Partner weiter gebraucht, auch wenn die Bündnispartner vieles nicht richtig finden, was Erdoğan tut. Selbstverständlich ist aber auch, dass die Nato nicht völlig unbeeindruckt bleibt von den Entwicklungen in den Mitgliedsstaaten. Bisher hat sich die Nato bei allen Unterschieden der Partner aber als verlässliches Bündnis erwiesen.

Rechnen Sie damit, dass Erdoğan mit der Umsetzung seines Präsidialsystems national und international künftig noch autoritärer auftreten wird?

Natürlich wird er seine Machtfülle nutzen. Wenn man sich vergleichbare Persönlichkeiten oder Systeme anschaut, dann neigen sie dazu, ihre Autorität stärker auszuweiten. Positiv ist, dass es der Opposition gelungen ist, ihre Präsenz auszubauen. Man sollte auch nicht unterschätzen, dass die

Gegenbewegung in der Türkei stark ist. Die Partei der Kurden hat es ins Parlament geschafft, obwohl ihr Anführer den Wahlkampf im Gefängnis verbringen musste.

Sie weisen darauf hin, dass die europäische Idee immer wieder erklärt werden müsse. Man hat zurzeit den Eindruck, dass Europa zerfällt in die traditionellen demokratischen Staaten und in rechtspopulistisch geführte Staaten. Gibt es noch eine gemeinsame Klammer für so unterschiedliche Gesellschaften, die sich so unterschiedliche Führungen wählen?

Die erste Klammer ist die Wirtschafts- und Währungsunion. Wir haben einen gemeinsamen Markt, und der Euro ist mehr als eine gemeinsame Währung. Er verbindet Europa. Die Frage ist, ob das als Idee und Rahmen für die Zukunft Europas ausreicht. Hinter den Wirtschaftsinteressen – es fing ja mit Kohle und Stahl an – stand immer eine gemeinsame Grundidee, gemeinsame Werte. Man sollte den Kampf darum nicht vorschnell aufgeben.

Aber gelten die gemeinsamen Werte noch? Bei der Flüchtlingspolitik zeigt sich das doch gerade, dass die Werte sehr weit auseinanderliegen.

Man muss zur Kenntnis nehmen, dass die Mitgliedsstaaten eine eigene Sichtweise auf die Verpflichtungen haben, die sie eingegangen sind: Genfer Flüchtlingskonvention, Europäische Menschenrechtskonvention. Das haben alle unterschrieben. Bei der Frage, wie man das umsetzt, gibt es eine zulässige Bandbreite. Es gibt unterschiedliche Sichtweisen und Vorstellungen, wie offen, wie divers eine Gesellschaft sein soll. Wir Deutschen müssen vielleicht mehr bereit sein, die Unterschiede ein Stück weit zu ertragen, solange die grundlegenden Werte wie Rechtsstaatlichkeit und Demokratie Bestand haben.

Ist denn in Ungarn beispielsweise die Rechtsstaatlichkeit überhaupt noch gegeben?

Um diese Frage gibt es Auseinandersetzungen in Ungarn selbst und in der EU. Darüber muss man reden. Nicht vom hohen Ross, sondern mit dem Bestreben, zu erkennen, was hinter solch einer Entwicklung steckt. Zugleich müssen wir sagen: Es gibt einen Rahmen, der Europa abbildet. Das ist nicht nur die Wirtschaft, nicht nur die Währung, sondern auch ein gemeinsames Verständnis von unabhängiger Justiz und Rechtsstaatlichkeit. Diese Werte sind unverhandelbar. Diesen Dialog müssen wir ernsthaft führen. Dabei spielt Deutschland eine wichtige Rolle. Nicht nach dem Motto: Am deutschen Wesen soll Europa genesen. Aber als großes, anerkanntes Land müssen wir unseren Beitrag leisten.

Das hat bisher nicht so gut geklappt, wenn man sich die Haltung der Visegrád-Staaten Polen, Ungarn, Tschechien und Slowenien anschaut. Österreich kommt vielleicht bald auch als Staat hinzu, der nicht gemeinsame Werte, sondern das Nationale in den Vordergrund stellt …

Wir dürfen das nicht einfach nur zur Kenntnis nehmen. Ich bin sehr dafür, dass wir den Dialog aktiv suchen. Das spiegelt ja auch die Situation der EVP, der Europäischen Volkspartei, im EU-Parlament wider. Mir ist es lieber, wir finden bei allen Spannungen in der EVP Lösungen, als einen Schnitt zu machen. Denn dann verfestigt man diesen Block, und damit würde der Zusammenhalt in Europa immer schwieriger.

Wie bewerten Sie die Rolle Österreichs mit Kanzler Sebastian Kurz?

Es ist eine Rolle, die deutlicher als andere Staaten den Aspekt von Sicherheit und Begrenzung der Zuwanderung formuliert hat. Ich tue mich schwer damit, dass von manchen sehr unkritisch darüber hinweggesehen wird, was die rechtsnationale FPÖ als Koalitionspartner der ÖVP so macht.

Der Kristallisationspunkt ist ja die Flüchtlingspolitik. Kann der Konflikt in Europa nur dadurch gelöst werden, dass sich Europa mehr abschottet? Der dramatische EU-Gipfel, bei dem Angela Merkel Ende Juni zur Rettung ihrer Kanzlerschaft eine massive Verschärfung der europäischen Asylpolitik vorangetrieben hat, hat ja geschlossene Aufnahmelager in Afrika und »kontrollierte Zentren« in Europa beschlossen. Gibt es überhaupt eine humanitäre Form der Abschottung?

Die Migration ist das Thema Nummer eins weltweit. Von Australien bis Amerika. Wir müssen uns vergegenwärtigen: Wir haben um Europa herum destabilisierte Regionen. Es gibt eine große junge Bevölkerung mit wenigen Lebensperspektiven. Man muss das deutlich sagen: Das wird für uns eine dauerhafte Herausforderung sein, weil Europa mit seinem Wohlstand und seiner Stabilität ein attraktiver Kontinent ist. Wir müssen eine Politik machen, die beides gewährleistet: Sie muss ein vertretbares Maß an Sicherheit an den Grenzen bieten – wenn wir den Schengen-Raum ohne Grenzen innerhalb Europas aufrechterhalten wollen, müssen wir die Außengrenzen schützen. Aber wir werden uns am Ende des Tages nicht so abschotten können, dass wir alle abhalten, die zu uns kommen wollen. Wir müssen Bleibeperspektiven in den Herkunftsländern schaffen und Fluchtursachen bekämpfen. Sonst können wir noch so hohe Zäune errichten, die Erfahrung lehrt uns, dass Menschen immer versuchen, an einem besseren Ort zu überleben. Das haben auch Europäer vor mehr als 100 Jahren gemacht, als die Lage in Europa schwierig war. Die Bürger werden aber auch keine Politik akzeptieren, die nur auf Bekämpfung der Fluchtursachen setzt.

Und das wäre dann eine humanitäre Form der Abschottung?

Ein Wortpaar »humanitär und Abschottung« ist schwer zu erklären. Es geht um eine Politik, die das legitime Interesse der einzelnen Staaten definiert. Was wollen die Länder für sich erreichen? Es ist ein nationales Recht zu entscheiden, wer kommen kann und wer nicht. Auch für Deutschland. Daneben gibt es humanitäre Verpflichtungen. Wir müssen klären, welche Flüchtlinge kommen dürfen nach der Genfer Flüchtlingskommission und wer als Asylsuchender anerkannt wird. Bei wem das nicht der Fall ist, kann ein Einwanderungsgesetz definieren, wer als Arbeitnehmer kommen kann. Wir müssen jenen Stimmen etwas entgegensetzen, die rigoros sagen, es soll niemand mehr zu uns kommen.

Als Ministerpräsidentin im Saarland haben Sie ein Jugendprojekt angestoßen, in dem Sie darüber nachdenken ließen, was passiert wäre, wenn nach dem Zweiten Weltkrieg aus Europa nicht dieses friedliche und wohlständige Europa geworden wäre und die Europäer heute nach Afrika fliehen würden. Welche Erkenntnis konnten Sie daraus gewinnen?

Man muss sich einfach mal vorstellen, Europa wäre nach dem Zweiten Weltkrieg in den alten Mustern verhaftet geblieben und es hätte eine massive Bestrafung Deutschlands als Verursacher des Zweiten Weltkriegs gegeben. Dann wäre die Entwicklung des Kontinents anders verlaufen. Wo würden wir heute in einem Europa stehen, in dem alle Staaten gegeneinander arbeiten? Wir wären noch geprägt von den alten Feindbildern zwischen Frankreich und Deutschland. Es wäre ein Europa, das zwischen einem aufsteigenden China und den ökonomisch mächtigen Vereinigten Staaten eben nicht 500 Millionen Menschen als Marktmacht positionieren könnte. Wir hätten einen Kontinent, der viel unfreier wäre und der auch wirtschaftlich nicht diese Prosperität hätte, die wir heute haben. Hätte Europa andere historische Weichenstellungen vorgenommen, könnten wir diejenigen sein, die heute sehnsuchtsvoll in andere Länder blicken, weil dort mehr Wohlstand und mehr persönliche Freiheit zu finden sind. Es ist für uns Deutsche hilfreich und sinnvoll, sich in Europa und in den Vereinigten Staaten die Aus- und Einwanderer-Museen anzuschauen und zu sehen, was die Menschen aus Europa herausgetrieben hat. Im Hunsrück haben sich ganze Dörfer geleert, weil die Menschen in der Hoffnung auf ein besseres Leben in die Neue Welt aufgebrochen sind. In Irland sind die Menschen vor dem schieren Hunger geflohen. Dieses Bewusstsein ist uns verloren gegangen. Das kann man nur durch historische Betrachtungen oder durch eine solche Fiktion wie in dem Jugendprojekt zurückholen. Ich halte das für wichtig, damit wir nicht so kalt auf diejenigen herunterschauen, die sich auf den Weg nach Europa machen, und dass wir es nicht für selbstverständlich halten, was hier geleistet worden ist. Auch mit Blick auf die deutsch-französische Aussöhnung: Es soll sich jeder einmal in die Situation versetzen, in der fast in jeder Familie ein Mitglied Opfer des »Erbfeindes« war. Das war die Situation nach dem Zweiten Weltkrieg in Frankreich. Danach die politische Kraft zu haben, den Weg der Versöhnung zu gehen – das ist ein politisches Wunder, das man verteidigen muss.

Und dennoch sind wir jetzt an dem Punkt, an dem Europa in zwei Teile zu zerfallen droht, die Länder, die eben dieses von

Ihnen beschriebene historische Bewusstsein pflegen, und jene Länder, die Stimmungspolitik machen ...

Ich tue mich schwer damit, das so schwarz-weiß zu unterscheiden. Das ist eine Ursache für das Problem, das wir aktuell haben. Die politisch sachlichen Konflikte um die Flüchtlingspolitik werden zu einfach in zwei Gruppen geteilt: Die einen, die sagen: Es soll jeder Beladene nach Europa kommen, die anderen, die das eigene Volk schützen wollen ...

Genau wie bei Ihrer CDU-Vorsitzenden Merkel und CSU-Chef Horst Seehofer ...

Das ist so holzschnittartig, wie es falsch ist. Auch diejenigen, die den humanitären Aspekt betonen, wollen eine geordnete und gesteuerte Zuwanderung. Auch diejenigen wollen unterscheiden, wer wirklich Schutz benötigt und wer nicht. So geht beispielsweise auch Frankreich vor. Wir können diese Frage nur europäisch lösen, ansonsten geht die zweite große Errungenschaft neben dem Euro – das Schengen-System mit seinen offenen Grenzen – kaputt. Wir müssen die beiden Positionen von humanitärer europäischer Lösung und nationalen Maßnahmen miteinander versöhnen. Wenn jeder auf seinem Zaunpfahl sitzen bleibt, und der eine schaut moralisch auf den anderen herunter, und der wiederum sagt: Das ist einer, der leichtfertig die Interessen seiner Bürger aufs Spiel setzt – dann wird eine Lösung sehr schwer werden. Dafür sind wir gefordert, auch neue, mitreißende Ideen für Europa zu entwickeln.

Emmanuel Macron ist es ja gelungen, mit einem stark auf Europa zugeschnittenen Wahlkampf Präsident in Frankreich zu werden. Sind Deutschland und Frankreich trotz ihrer vielen innenpolitischen Konflikte in der Lage, die Idee Europa wiederzubeleben?

Die Achse Deutschland-Frankreich hat die große Aufgabe, Europa zusammenzuhalten. Macrons europafreundlicher Wahlkampf bestand aber nicht in der Ausformung einer offenen Migrationspolitik. Dafür sind die Migrationsprobleme in Frankreich zu groß. Macron hat die Europa-Idee auf andere Politikfelder bezogen – wie seine Vorschläge zur Erneuerung der europäischen Wirtschafts- und Finanzpolitik zeigen. Die wirtschaftliche Konvergenz ist auch ein wichtiger Aspekt, der Zusammenhalt in der EU schafft. Für Deutschland hat das bisher eine weniger große Rolle gespielt. Daran kann man sehen, dass schon die unterschiedlichen Sichtweisen von Deutschland und Frankreich viele verschiedene Bedürfnisse in Europa zusammenbringen können.

Sehen Sie für Frankreich die Gefahr, dass sich dort eines Tages doch die starken Rechtspopulisten mit dem Front National durchsetzen können?

Für die künftige französische Entwicklung wird es entscheidend sein, wie sich dort Wirtschaft und Arbeitsmarkt entwickeln. Macron geht Reformen sehr stringent an – gegen viele Widerstände. An diesem Erfolg werden ihn die Franzosen bei den nächsten Wahlen messen. Die Wahl Macrons und der Erfolg seiner Bewegung »En Marche!« war Ausdruck der Enttäuschung über die bisherigen Parteien. Mit Macron haben die Franzosen einen neuen Politikansatz gewählt.

Denkt Macron wirklich europäisch? Oder sagt auch er in Wahrheit – eben mit Blick auf die Wirtschaft in seinem Land – Frankreich zuerst?

Eine gute, erfolgreiche Politik ist eine, die nationale Interessen im Auge hat, die aber auch beachtet, dass die Rücksichtnahme auf Interessen europäischer Nachbarn oft genug im eigenen Interesse liegt. Es hilft auch uns, wenn wir die europäischen Nachbarn stabilisieren. Ein stabiler europäischer Wirtschaftsraum bringt uns als Exportnation die größten Erfolge. Ein Beispiel: Wenn US-Präsident Trump Strafzölle einführt, haben Deutschland und Frankreich sehr unterschiedliche Interessen. In Deutschland ist die Automobilindustrie betroffen, in Frankreich die Landwirtschaft. Wenn nun jeder allein für seinen Zweig kämpft, sind wir sehr schwach. Die gemeinsamen europäischen Strafzölle zum Beispiel auf die Harley-Davidson-Motorräder haben die USA sehr wohl getroffen.

Solidarität wird in Europa sonst nicht gerade in Großbuchstaben geschrieben. Sollten jene Länder, die sich weigern, Flüchtlinge aufzunehmen, künftig mit Strafen belegt oder ihnen Subventionen gekürzt werden?

Der Begriff der flexiblen Solidarität ist ja in Verruf gekommen, weil er von dem einen oder anderen Land sehr einseitig definiert wurde.

Genau: Ungarn ist flexibel und Deutschland ist solidarisch …

Hinter dem Begriff steckt eigentlich die Idee, dass jedes Land unterschiedliche Lasten zu tragen hat und unterschiedliche Stärken aufweist. Wenn es das gemeinsame Ziel ist, die Flüchtlingsfrage gerecht zu regeln, dann müssen die Länder, die in der Mitte Europas liegen, jenen mit den Außengrenzen helfen. Am Ende des Tages muss klar sein: Die Europäische Union darf kein Verein der Rosinenpicker sein. Auch nicht in der Außenpolitik – wie zum Beispiel mit dem Vorschlag, Auffanglager für Flüchtlinge auf dem europäischen Kontinent außerhalb der EU zu errichten …

Der Vorschlag des EU-Parlamentspräsidenten Antonio Tajani, solche Lager in Albanien und Mazedonien zu errichten, war zynisch, oder?

Ja. Albanien, einem Staat, der bei Weitem nicht zu den reichsten der Welt gehört, zu sagen: Ihr könnt das ja mal machen – das geht so nicht. Auch die Idee, Strukturen auf dem afrikanischen Kontinent zu schaffen, die Menschen von der Flucht abhalten, kann man nicht mit der Attitüde einer Kolonialmacht umsetzen. Die Europäische Union kann nicht einfach kommen und sagen: Wir hätten gern mal ein Stück Land von euch für unsere Lager. Wir müssen gegenüber den selbstständigen Staaten in Afrika und gegenüber diesem Kontinent eine Haltung zeigen, wonach wir Probleme gemeinsam und auf Augenhöhe lösen. Ansonsten muss man sich nicht wundern, dass eher die Chinesen willkommen sind, die ihre eigenen Interessen sehr klar verfolgen.

Zumal die EU ja mit ihrer Subventionspolitik den afrikanischen Staaten eine so brutale Konkurrenz macht, dass sich dort heimische Bauern nicht behaupten können …

Diese globalen Zusammenhänge stellen eine Herausforderung an die Politik generell dar, in Deutschland und in Europa. Die klassische Trennung zwischen Innen- und Außenpolitik, zwischen Verteidigungs- und Entwicklungspolitik, die gibt es so nicht mehr. Wir müssen einen vernetzten Ansatz schaffen – und dazu gehört, dass man sich auch kritisch hinterfragt, wo man selbst Probleme verursacht. Das heißt nicht, dass man sagt, uns sind die Interessen unserer eigenen Wirtschaft egal. Ich halte es aber für wichtig, immer wieder an einer Ordnung zu arbeiten, die Interessen besser ausgleicht. Das ist unsere politische Verantwortung. Wie es auch die Verantwortung jedes einzelnen Verbrauchers ist, auf Produkte zu verzichten, die mit Kinderarbeit gefertigt wurden. Das muss man stärker betonen.

Dann brauchen die Verbraucher aber mehr Orientierung mit klaren Kennzeichnungen auf den Produkten, was unter korrekten Bedingungen gefertigt wurde und was nicht.

Es gibt immer mehr Siegel, die umweltgerechten Anbau und faire Herstellungsbedingungen kennzeichnen. Diese Siegel setzen sich zunehmend durch. Wir können aber keine Verbraucherentscheidungen durch die Politik vorgeben. Was wir machen können, ist, dem Verbraucher die Information zu erleichtern, damit er sich seine Meinung bilden kann. Ob der Verbraucher Informationen über Herstellungsbedingungen auch für seine Kaufentscheidung nutzt, bleibt letztendlich ihm überlassen. Das kann man im Sinne der Selbstverantwortung anregen, aber nicht verordnen.

Angela Merkel sagt, dass das Existenzrecht Israels zur deutschen Staatsraison gehört. Ist das auch Ihre Staatsraison?

Ja. Israel ist von vielen Nachbarn umgeben, die das Existenzrecht infrage stellen. Für ein Land, das in seiner Geschichte dafür verantwortlich war, dass Millionen von Juden ermordet worden sind, ist diese Haltung eine Selbstverständlichkeit. Das ist eine Pflicht, die wir aus der Vergangenheit, in der Gegenwart und für die Zukunft haben.

Wie kann sich Kritik gegenüber einem Staat ausdrücken, der ein umstrittenes Nationalitätengesetz erlassen hat?

Im angemessenen politischen Dialog, so wie mit anderen Staaten auch. Aber eben immer auch im Bewusstsein um die besondere Situation Israels.

9. KAPITEL

DIE KONKURRENZ

Mächtige Parteifreunde

Die Situation spricht Bände. Angela Merkel sitzt mit einem kleinen Teil der CDU-Führung im Konrad-Adenauer-Haus zusammen. Es ist der 17. Juni, im Fernsehen wird an den Volksaufstand in der DDR vor 65 Jahren erinnert. Aber die erste Meldung ist doch immer der Aufstand der CSU. Die Schwesterpartei rebelliert gegen die Flüchtlingspolitik der Kanzlerin.

In die CDU-Zentrale sind Merkels Vertraute gekommen: Generalsekretärin Annegret Kramp-Karrenbauer und die Ministerpräsidenten von Nordrhein-Westfalen, Hessen und Schleswig-Holstein, Armin Laschet, Volker Bouffier und Daniel Günther, sowie Verteidigungsministerin Ursula von der Leyen. Günther kommt im Deutschlandtrikot. Die Fußballnationalmannschaft hat am Abend ihr erstes Spiel bei der Weltmeisterschaft in Russland. Der Gegner heißt Mexiko. Günther, der Jüngste in der Runde, hat sich vorgenommen, alle Deutschlandspiele zu gucken, selbst wenn es im Konrad-Adenauer-Haus vor wichtigen Beratungen sein sollte. Sein Daumendrücken wird aber nichts nützen an dem Abend, denn Deutschland verliert. Die gedrückte Stimmung erfasst die Fans, das Land und nicht zuletzt auch die CDU, die ein noch viel größeres Problem vor der Brust hat als ein Gegentor von Mexiko.

Das Besondere an dem Kreis bei Merkel an diesem heißen Sommerabend: Die Kanzlerin sitzt mit fünf Christdemokraten zusammen, deren Namen immer wieder fallen, wenn über ihre Nachfolge gesprochen wird. Dabei heißt es über Bouffier, den mit 66 Jahren Ältesten der Runde, dass er nach der Landtagswahl in Hessen Mitte Oktober gern Ministerpräsident bleiben würde. Und Günther sorgt dafür, dass er als junger neuer Regierungschef im hohen Norden wahrgenommen wird. Er bildet sich nach einem guten Jahr als Ministerpräsident aber nicht ein, schon Bundeskanzler zu können. Ein CDU-Politiker, über dessen Ambitionen auf Merkels Erbe auch immer spekuliert wird, ist nicht eingeladen: Jens Spahn.

An diesem Abend steht der Ernstfall im Raum, wenn Innenminister Horst Seehofer wirklich seinen »Masterplan Migration« gegen Merkels Willen umsetzen sollte. Sie müsste dann von ihrer Richtlinienkompetenz als Bundeskanzlerin Gebrauch machen. Ein scharfes Schwert. Es wäre das Ende von Seehofer im Kabinett. Merkel und ihre Vertrauten machen, was sie öffentlich gern vermeiden: Wenn-dann-Fragen diskutieren. Sie sprechen über die getrennten Gremiensitzungen von CDU und CSU, die für den nächsten Tag angesetzt sind. Sie erwägen ihre Optionen. Die CSU würde bei einer Entlassung Seehofers wohl geschlossen die Fraktionsgemeinschaft und auch die Regierung verlassen. Die Koalition wäre zerbrochen – Merkel als Kanzlerin aber noch nicht am Ende. Theoretisch könnte sie die Grünen ins Kabinett holen und wie Sachsen-Anhalts Ministerpräsident Reiner Haseloff mit einer sogenannten Kenia-Koalition regieren. Oder sie würde die CSU-Minister durch CDU- und SPD-Politiker ersetzen und erst einmal mit einer Minderheitsregierung weitermachen.

Das würde zwar vermutlich nicht lange halten, Merkel aber Zeit verschaffen, um die Dinge zu ordnen. Klar ist an diesem Abend, an dem sie viele Stunden zusammensitzen, die Regierung von CDU, CSU und SPD könnte weit vor Ablauf der Legislaturperiode 2021 am Ende sein und der Wechsel an der Spitze früher eingeleitet werden müssen. Die Nachfolgefrage liegt auf dem Tisch.

Jahrelang hatte die CDU nicht einmal daran gedacht, dass jemand anderes außer Angela Merkel die Partei führen könnte. Sie gewann die Wahlen, bestimmte maßgeblich die Außenpolitik und genoss Respekt und hohes Ansehen von Washington bis Moskau. Zu Beginn ihrer vierten Amtsperiode gilt es aber als sicher, dass sie keine fünfte anstreben, sondern selbstbestimmt ihren Abschied aus der Politik einleiten will. Das hat keiner ihrer Vorgänger geschafft. Sie wurden entweder zum Rückzug gedrängt (Konrad Adenauer, CDU, 1963), traten zurück (Ludwig Erhard, CDU, 1966, Willy Brandt, SPD, 1974), wurden gestürzt (Helmut Schmidt, SPD, 1982 durch ein konstruktives Misstrauensvotum) oder aber abgewählt (Kurt Georg Kiesinger, CDU, 1969, Helmut Kohl, CDU, 1998, Gerhard Schröder, SPD, 2005).

Und da die Signale auf ein nun absehbares Ende der Merkel-Ära stehen, verlangt die Nachfolgefrage eine Antwort. Auch Merkel sucht nach einer Lösung. Und nun sind gleich mehrere Kandidaten am Start: Neben Kramp-Karrenbauer, Spahn, Laschet, Günther, Bouffier und von der Leyen werden Landwirtschaftsministerin Julia Klöckner und Wirtschaftsminister Peter Altmaier gehandelt. Während der Regierungskrise im Sommer fällt auch immer wieder der Name von Bundestagspräsident Wolfgang Schäuble. Dass es viele Namen gibt, findet Merkel gar nicht so schlecht, weil das Dynamik bedeutet und Chancen eröffnet. Nun können sich alle Willigen in Position bringen und ihre Fähigkeiten unter Beweis stellen, und womöglich erweist sich noch jemand als hoffnungsvoller Kandidat, den Merkel noch gar nicht auf dem Zettel hatte.

Aber natürlich hat sie schon jemanden im Auge für ihr politisches Erbe. Annegret Kramp-Karrenbauer ist ihr näher als Jens Spahn, und Armin Laschet ist ihr lieber als Michael Kretschmer, der als Ministerpräsident in Sachsen nicht nur räumlich näher an Bayern ist. Öffentlich hält sie sich bedeckt, denn natürlich weiß sie selbst, dass es mehr schadet als nützt, wenn sie zu früh erkennen ließe, wer ihr Favorit beziehungsweise ihre Favoritin ist. Politisch »tödlich« sei es, zu früh gehandelt zu werden, sagt einer aus der Führungsspitze. Manche in der Partei würden gegen jeden Personalvorschlag von Merkel arbeiten, um auf Konfliktkurs zu ihr zu bleiben. So werden bis zur Entscheidung eine Reihe von Namen kursieren.

Jens Spahn, Jahrgang 1980, hat sich im Lauf der Jahre zum Widersacher von Merkel entwickelt. Sein Verhältnis zu seiner schärfsten Konkurrentin um die Merkel-Nachfolge, der CDU-Generalsekretärin, steht auf Sparflamme. Er sagt: »Wir haben ein gutes persönliches Verhältnis. Wir kennen uns aber nicht gut, sind noch keinen gemeinsamen Weg gegangen.« An den Punkten, an denen man etwas miteinander zu diskutieren habe, geschehe das »offen und vertrauensvoll«. Der britische *Guardian* beschrieb Spahn bereits im August 2016 als möglichen Nachfolger der deutschen Kanzlerin. Das verschaffte ihm große Aufmerksamkeit. Spahn war da gerade 36 Jahre alt. Trotz seines jungen Alters gehört er zu den erfahrenen Politikern. Seit 2002 sitzt er im Bundestag und hat seine Zeit genutzt, sich systematisch Netzwerke zu schaffen. Er bedient nicht nur den rechten Flügel der CDU, sondern pflegt auch einen schwarz-grünen Gesprächskreis. Wenn es darauf ankommt, hat er zudem belastbare Drähte in die SPD – in die CSU und in die FDP sowieso, insbesondere zu Alexander Dobrindt und Christian Lindner. Mit der Jungen

Union und dem Wirtschaftsflügel verfügt er auch über eine Machtbasis in der Partei. Er ist ehrgeizig, fleißig, rhetorisch stark und offensiv. Seinen Posten im CDU-Präsidium hat er sich erkämpft. 2014 beim Parteitag in Köln kandidierte er für das Gremium und sorgte so dafür, dass es – für die CDU eher ungewöhnlich – mehr Bewerber als Plätze gab. Um die absehbare Panne zu vermeiden, dass dadurch eine Frau aus dem Präsidium herausgewählt und das Frauen-Quorum nicht erfüllt werden würde, zog der damalige Gesundheitsminister Hermann Gröhe seine Bewerbung zurück. Jener Gröhe, der für Spahn im Frühjahr 2018 im Kabinett Platz machen muss, weil Merkel bei der Verteilung von wichtigen Posten ihren Kritiker nicht abermals übergehen kann.

Merkel hat zu spät bemerkt, dass Spahn ein sehr ungeduldiger Mann ist, der Beschäftigung braucht. Als sie dem damaligen Finanzminister Wolfgang Schäuble nahelegt, ihm den frei werdenden Posten als Finanzstaatssekretär anzubieten, profiliert er sich öffentlich schon zum Thema Migrationspolitik, und es läuft gut für ihn. Er ist ein gefragter Talkshow-Gast. Die Zeitungen bringen große Porträts über ihn. Da ist die Flüchtlingskrise noch in sicherer Entfernung. Spahn sieht aber schon das Vakuum, das die CDU am rechten Rand lässt, und besetzt es mit Erfolg. Er ist auch ein Stratege: Nach der Bundestagswahl 2013 gründete er mit anderen jüngeren Abgeordneten die Plattform »CDU 2017«, mit der er ein Zukunftsprogramm für die Partei auflegen wollte. Er versuchte im kleinen Rahmen, was Kramp-Karrenbauer nun in großem Stil mit dem neuen Grundsatzprogramm umsetzt. Unter Merkel bekam er aber keinen entscheidenden Einfluss. Auch der Posten des Generalsekretärs ist für ihn unerreichbar, solange Merkel Parteichefin ist, weil sie ihm schlicht nicht vertraut. Vor dem Start im Amt des Gesundheitsministers verhält er sich zunächst wie ein Scharfmacher der Partei. Als er den Eindruck vermittelt, er halte Hartz-IV-Empfänger nicht für arm, und es dafür innerhalb und außerhalb der Partei Protest hagelt, fährt ihm Kramp-Karrenbauer in die Parade. Sie erinnert ihn daran, dass die CDU nie eine »hartherzige« Partei gewesen sei. Bouffier sagt: »Jens Spahn ist eine sehr interessante Persönlichkeit.« Aber: »Er verfügt sicher zurzeit noch nicht über diese breite Akzeptanz wie Annegret Kramp-Karrenbauer.«

Er wäre aber der Mann der Stunde, wenn die CDU nach Merkel das Bedürfnis nach einer Kehrtwende hätte: ein neuer Politikstil und ein schärferes konservatives Profil. International pflegt Spahn offensiv Kontakte mit Merkels Kritikern. So twittert er am Wahlabend in Österreich Selfies von sich und dem Wahlsieger Sebastian Kurz. Dieser geht mit seiner ÖVP eine Koalition mit der rechtsnationalen FPÖ ein. Spahn lässt auch ein Foto von sich und seinem Mann Daniel Funke mit dem umstrittenen neuen US-Botschafter Richard Grenell und dessen Partner machen. Die vier Männer stehen nebeneinander und strahlen in die Kamera. Der Botschafter hatte kurz zuvor der rechtsgerichteten US-Meinungswebseite Breitbart gesagt, er wolle die Konservativen in Europa stärken. Eine ungewöhnliche Botschaft für einen Diplomaten. Grenell bricht von Anfang an mit altbewährten und vertrauten Gepflogenheiten, wonach ein Diplomat die Politik seines eigenen Landes erklärt und das Gastland nicht belehrt. Und so ermahnt Grenell nach Trumps Kündigung des jahrelang ausgehandelten internationalen Atomabkommens mit dem Iran erst einmal via Twitter deutsche Firmen, sie sollten Geschäfte mit Teheran »sofort runterfahren«. Daniel Funke twittert das Bild der vier Männer und schreibt dazu: »Dinner with friends.« Wenn Spahn ein Talent zum Durchbruch an die Spitze fehlt, dann ist es mangelndes Gespür, wie man Sympathien gewinnt.

Armin Laschet, Jahrgang 1961, ist als Chef des größten CDU-Landesverbandes gesetzt für höhere Aufgaben. Er ist mächtig: Ein Drittel der Delegierten bei einem Bundesparteitag stellen die Nordrhein-Westfalen. An Laschet komme deshalb niemand vorbei, heißt es in der Partei. Im Mai 2017 hat er zudem die Sensation geschafft und der SPD in ihrer Herzkammer NRW die Macht abgenommen. Es war die wichtigste Landtagswahl im Jahr der Bundestagswahl. Inhaltlich tickt er ähnlich wie Kramp-Karrenbauer, er schätzt sie. Spahn, der auch aus Nordrhein-Westfalen kommt, gilt als sein Erzrivale. Der Jüngere hatte schon den Posten des CDU-Landeschefs für sich in den Blick genommen, falls Laschet 2017 die NRW-Wahl verloren hätte. In der Abwägung, Kramp-Karrenbauer oder Spahn bei einer Wahl für den Vorsitz oder die Kanzlerkandidatur zu unterstützen, würde sich Laschet also für die Saarländerin entscheiden. Laschet gilt zwar als ehrgeizig, dabei aber nicht so eisern wie Kramp-Karrenbauer – oder Spahn. Dennoch ist es nicht ausgeschlossen, dass er seinen Hut in den Ring wirft, wenn es um die Merkel-Nachfolge geht. »Der Armin ist der Armin. Der lässt sich nicht in die Karten schauen«, sagt ein CDU-Vorstandsmitglied, das ihn lange kennt. Die frühere NRW-Schulministerin Sylvia Löhrmann von den Grünen, die einen herzlichen kollegialen Draht zu Laschet pflegte, nannte ihn häufig einen »Witterungspolitiker« – einer, der seine Chancen früh sieht und sie ergreift, wenn sie sich wirklich eröffnen. Der NRW-Ministerpräsident und Parteivize hält sich in der Debatte um die Merkel-Nachfolge geschickt im Hintergrund. Er schließt eine solche Karriere nicht aus, er äußert sich auf Fragen nach seinen eigenen Ambitionen aber nicht. Er lässt die Dinge laufen, bemüht sich um eine möglichst ruhige Regierungsführung in Düsseldorf, bringt sich pointiert in die bundespolitische Debatte ein und knüpft Kontakte in andere Länder, vornehmlich in Nachbarstaaten. Und baut so seine Stellung aus. Christdemokraten sowie beobachtende Politiker anderer Parteien sagen, Laschet habe große Chancen, Kanzlerkandidat zu werden. Er sei christlich, sozial und liberal geprägt und erreiche mit seiner Art viele Bürger.

Ursula von der Leyen, Jahrgang 1958, ist lange und hoch als Merkels Erbin gehandelt worden. Sie hat sich in der Nachfolgedebatte aber selbst aus dem Rennen genommen. Nachdem in jedem Interview mal bohrende, mal originelle Fragen zu ihren Ambitionen gestellt wurden, sagte sie im Mai 2013 der *Bild*-Zeitung: »Angela Merkel bleibt Kanzlerin bis mindestens 2017, und es gilt: Jede Generation in Deutschland hat einen Kanzler. Aus meiner Generation ist das Angela Merkel.« Anfangs wird die Aussage als falsche Bescheidenheit abgetan. Von der Leyen aber wiederholt den Satz, dass es in jeder Generation nur einen Kanzler gebe, so lange, bis die Spekulationen weitgehend verstummen.

Die Verteidigungsministerin und stellvertretende CDU-Vorsitzende hat viel bewegt in der Partei. Als Bundesfamilienministerin verpasste sie der CDU ein neues Frauenbild und punktete vor allem bei weiblichen Wählern, teilweise auch jenen, die eher SPD oder Grünen nahestehen. Karrierechancen für Frauen sind ihr politisches Lebensthema geblieben – auch als Arbeits- und sogar als Verteidigungsministerin setzt sie sich für die Vereinbarkeit von Beruf und Familie ein.

Von der Leyen war schon vor ihren Zeiten als Verteidigungsministerin eine Frau für die politische Front. Sie sei eine erstklassige Wahlkämpferin, berichten Christdemokraten von Niedersachsen bis Baden-Württemberg. Jedenfalls ist ihr Terminkalender in Wahlkampfzeiten immer voll gebucht. Veranstaltungen mit vdL ziehen. Sie hat Ausstrahlung und kann die Politik erklären, die Merkel macht. Auch in Talkshows wird sie für diese Gabe geschätzt. Ihr schneidiger Stil ruft aber auch jede Menge Antipathien hervor. Es fehlt ihr vor allem an Rückhalt in der Partei und in der Bundestagsfraktion, die sie im Fall der Fälle als Kandidatin aufstellen und zur Kanzlerin wählen müssten. Von der Leyen ist für die Unionsabgeordneten oft zu eigenwillig, zu wenig Parteisoldatin, zu undiplomatisch. Einer aus der Führungsriege sagt, sie berühre die Partei nicht mit dem Herzen. Deshalb sei die Partei auf Distanz zu ihr. Auch die Truppe begegnet ihr mit Zurückhaltung, teils sogar mit Feindseligkeit, seit sie im Frühsommer 2017 zu ihrem eigenen späteren Bedauern in einer aufgeheizten Debatte um Rechtsradikalismus der Bundeswehr pauschal ein »Haltungsproblem« vorgeworfen hat. Das Verteidigungsministerium ist eines der schwierigsten Ressorts in der Bundesregierung. Der Ministerposten gilt als Schleudersitz. Von der Leyen, die fließend Englisch und Französisch spricht, wird aber schon für neue Ämter gehandelt. Ihr Name fiel in der Debatte, wer Günther Oettinger (CDU) 2019 als EU-Kommissar nachfolgt. Sie ist auch für einen weiteren Posten im Gespräch, der 2020 frei wird. Noch nie ist eine Frau dazu berufen worden: zur Nato-Generalsekretärin.

Volker Bouffier, Jahrgang 1951, wird wie Bundestagspräsident Wolfgang Schäuble immer wieder genannt, wenn es um ein Übergangsszenario, ein Krisenszenario geht – wenn Merkel erkranken oder gestürzt werden würde. Bouffier ist ein Konservativer, der mit den Grünen eine Landesregierung gebildet und bundesweit damit kaum Negativschlagzeilen produziert hat. Hessen ist das erste Flächenland, wo Schwarz-Grün getestet wurde – und das mit einem Ministerpräsidenten, der als Landesinnenminister als »schwarzer Sheriff« galt. Bouffier kann vermitteln und gilt als warmherzig. In der Partei besitzt er Autorität. Wenn er sich im Präsidium oder im Vorstand zu Wort meldet, hört man ihm zu – selbst die sonst stets tanzenden Fingerspitzen auf den Displays der Handys ruhen. Seine Analysen sind scharf, sein Ton versöhnlich. Er versteht es genau, die Trennlinie zwischen einer klaren konservativen Position und populistischer Haltung zu ziehen. So gehört er in der Regierungskrise um die Flüchtlingspolitik zu denen in der CDU-Führung, die CSU-Landesgruppenchef Alexander Dobrindt kontinuierlich Kontra geben. Das hat Bouffier auch schon während der Koalitionsverhandlungen getan, als es um die Asylpolitik ging. Als Ministerpräsident hat er seinen Kompass für Law and Order nicht verloren, aber das Vorgehen der CSU gegen Merkel im Streit um die Flüchtlingspolitik findet er daneben. Zu viel Erpressungspotenzial, zu wenig europäischer Gedanke, sind seine Deutungen der Lage. Und so ist es auch Bouffier, der in der Sendung »Maybrit Illner« am 21. Juni im Streit der Union um die Flüchtlingspolitik Merkel verteidigt. Neben ihm sitzt Dobrindt.

Daniel Günther, Jahrgang 1973, wird 2017 zum Shootingstar in der CDU. Noch kurz vor der Landtagswahl in Schleswig-Holstein im Mai des Jahres kannte ihn bundesweit kaum jemand. Aber nachdem er der SPD die Macht abgenommen und eine Jamaika-Koalition gebildet hatte, wurde er zum gefragten Gesprächspartner. Er habe »Blut geleckt«, heißt es im Kanzleramt. Bei den Koalitionsverhandlungen im Bund mischte er kräftig mit, seine frische und zugleich norddeutsch trockene Art kommt gut an. Im Bundestagswahlkampf 2017 hatte er der *Rheinischen Post* ein Doppel-Interview mit Jens Spahn gegeben. Darin ging es auch um die Frage eines Wechsels an der CDU-Spitze. Günther sagte damals: »Es wird irgendwann eine Nach-Merkel-Zeit geben. Wir wissen nicht, wann. Aber wir sehen, dass sich – historisch untypisch – während einer CDU-Kanzlerschaft eine neue Riege von Ministerpräsidenten aufbaut, die zusammen mit vielen weiteren jüngeren Leuten in Regierungsverantwortung eine Fülle von Potenzial für eine Nach-Merkel-Ära garantieren.« Das sorgte für Aufsehen. Plötzlich wurden Günther und Spahn im Doppelpack gegen die Kanzlerin gesehen. Günther will sich aber nicht gegen Merkel profilieren, sondern Großes gelassen ausdrücken: Auch Angela Merkel kann nicht ewig regieren. Und so sagt er auch im Januar 2018 der *Heilbronner Stimme*: »Bei einer Regierungsbildung müssen auch Gesichter eine Rolle spielen, die für die Zeit nach Angela Merkel eine Perspektive haben. (...) Wir brauchen Angela Merkel an der Spitze von Regierung und Partei. Aber in der zweiten und dritten Reihe brauchen wir neue Gesichter.«

Merkel sieht das genauso. Sie ist gewiss, dass Günther ein Ministerpräsident ist, der die CDU nach vorn bringt, aber sie nicht als Chefin stürzen will. Außerdem stellt er sich zunehmend auf die Seite von Kramp-Karrenbauer, der er für Strategie, Analyse und Organisation während der Koalitionsverhandlungen die Note eins ausstellt. Ebenso dafür, wie sie die Krise mit der Union im Sommer managt. Merkel bezieht ihn inzwischen in den engeren Kreis ein.

Peter Altmaier, Jahrgang 1958, gehört nicht zu den heißen Anwärtern, wenn es um die Merkel-Nachfolge geht. Als früherer Kanzleramtsminister hat er Merkel in der Flüchtlingskrise hoch loyal gedient und dabei ihre Politik exekutiert. In den CDU-Landesverbänden hat er sich damit nicht nur Freunde gemacht. Auch mit seinem freundlichen Gemüt konnte er nicht ausgleichen, dass die Ministerpräsidenten der Länder entsetzt waren, wie sehr sie mit den Entscheidungen der Kanzlerin in der Flüchtlingskrise alleingelassen wurden. Sein Arbeitsstil gilt als unorthodox. Als er noch im Kanzleramt saß, lästerte die SPD, sein Schreibtisch gleiche einem Bermuda-Dreieck. Zudem ist er zu sehr mit Merkels Politik verbunden, als dass er für einen Neubeginn stehen könnte. Man sollte den blitzgescheiten Juristen, der mehrere Sprachen spricht, dennoch auf dem Zettel haben. Er arbeitet an sich, schwimmt sich im Wirtschaftsministerium frei vom Image des Paladins der Kanzlerin. Zu Kramp-Karrenbauer steht er in besonderer Konkurrenz, da beide aus dem kleinen saarländischen Landesverband kommen. Im Kabinett sind zwei Saarländer aus einer Partei nur schwer vorstellbar. Dafür ist die CDU zu sehr dem Regionalproporz verpflichtet. So wird Altmaier auch für höhere internationale Aufgaben gehandelt – beispielsweise wie von der Leyen als Nachfolger von EU-Kommissar Oettinger.

Julia Klöckner, Jahrgang 1972, wehrt sich wie von der Leyen gegen die Zuschreibung »Nachfolgerin«. Als es noch so ausgesehen hatte, dass sie die Landtagswahl 2016 in Rheinland-Pfalz gewinnen könnte, war sie oft in einer Reihe mit anderen Anwärtern auf die Merkel-Nachfolge genannt worden. Lange lag ihr CDU-Landesverband in den Umfragen vor der SPD von Ministerpräsidentin Malu Dreyer. Klöckner ist ein Typ, der ankommt – bei Menschen auf dem Marktplatz und in der eigenen Partei. Nach den Ergebnissen bei Vorstandswahlen auf Parteitagen ist sie die beliebteste Vizevorsitzende. In den aufgeregten Zeiten der Flüchtlingskrise verlor sie aber ihre Landtagswahl. Sie hatte sich für eine schärfere Asylpolitik starkgemacht, wie sie insgesamt für ein konservativeres Profil der Partei steht. SPD-Frau Dreyer stellte sich hingegen hinter Merkel. Die Kanzlerin mag Klöckner. Nach der Niederlage versuchte Merkel sie in einem Gespräch unter vier Augen wieder aufzurichten. 2018 holte sie die aus einer Winzerfamilie stammende Rheinland-Pfälzerin als Bundeslandwirtschaftsministerin nach Berlin. Unter dem Strich wird Klöckner in der Partei allerdings nicht zugetraut, dass sie so dicke Bretter bohren kann wie beispielsweise Kramp-Karrenbauer. Am 26. April 2018 sagt Klöckner in der Sendung »Markus Lanz« auf die Frage, warum sie nicht Anspruch auf Merkels Nachfolge erhebe: »Warum soll ich das sagen, wenn ich das nicht will?«

Michael Kretschmer, Jahrgang 1973, hält im Sommer 2018 kaum einer für den nächsten Kanzlerkandidaten. Die Konservativen in der Partei haben aber hohe Erwartungen an ihn. Sollte es der neue sächsische Ministerpräsident schaffen, bei der Landtagswahl 2019 die AfD auf Abstand zu halten, zähle er zur Führungsreserve der CDU, sagen sie. Die AfD könnte aber auch stärkste Kraft in Sachsen werden. Dann würde kaum jemand Kretschmer für einen Hoffnungsträger halten.

Wolfgang Schäuble, Jahrgang 1942, war eigentlich schon raus aus dem Rennen. Er war so lange Kronprinz in der CDU, dass er gar schon Vergleiche mit Prinz Charles hinnehmen musste. Aber auch das ist lange her. Dennoch wurde der Bundestagspräsident während der Regierungskrise um die Flüchtlingspolitik ernsthaft als Alternative zu Merkel genannt. Dafür gibt es zwei Gründe. Zum einen strahlt Schäuble überzeugend aus, dass bei ihm die Staatsraison längst weit über persönlichen Ambitionen steht. Zum anderen hofften die Merkel-Gegner, die Lage würde sich derart zuspitzen, dass die Kanzlerin unhaltbar sein würde. Schäuble wäre aus ihrer Sicht der ideale Übergangskanzler gewesen, mit dem man die Trendwende in der CDU hin zu einer wieder stärker konservativ, wirtschaftsliberal und national ausgerichteten Partei hätte einleiten können. Schäuble aber sah in der brenzligen Lage im Juni 2018 die Stabilität der Republik und Europas dadurch gewahrt, dass er Merkel stützte.

Am 18. Juni, dem Tag nach dem Treffen mit ihren Vertrauten im Kanzleramt, geht Angela Merkel mit dem Rückhalt des Parteivorstands in die Pressekonferenz, die montags sonst immer die Generalsekretärin gibt. Merkel betont erneut, dass Deutschland abgelehnte Asylbewerber konsequent abschieben und Flüchtlinge an der Grenze in dem Rahmen zurückweisen werde, wie es nach internationalem Recht erlaubt und sinnvoll sei. Ansonsten wolle sie mit den europäischen Partnern eine Lösung finden. Sollte Seehofer seinen Masterplan anwenden, sei das eine Frage der »Richtlinienkompetenz«. Der Rauswurf steht damit im Raum. Die CSU gibt Merkel noch zwei Wochen Zeit. Mit Ach und Krach werden am Ende die Fraktionsgemeinschaft mit der CSU und die Regierung gerettet. Merkel gewinnt Zeit für einen geordneten Übergang.

Aber muss das in einer Demokratie überhaupt so funktionieren? Muss der Amtsinhaber sich Gedanken über seine Nachfolge machen? Manche Politiker verweisen auf die Schriften von Dolf Sternberger, einem der Begründer der deutschen Politikwissenschaft nach 1945. Sternberger schreibt in *Herrschaft und Vereinbarung* über die autonome Stadt der griechischen Antike, die Polis. Er schwört darauf, dass die Bürger an der Regierung teilhaben, der Staat seine »Autorität über Freie und Gleiche« ausübe und die Ämter verwaltet werden sollen aufgrund zeitweiliger »Anvertrauung und nicht aufgrund von Herrschaft«. »Jeder Missbrauch des anvertrauten Amtes im Sinn einer Etablierung auf Dauer führt daher einen Verlust an Legitimität herbei.« Wo immer Regierung in Herrschaft übergehe, büße sie ihre bürgerliche Rechtmäßigkeit unweigerlich ein. »Denn diese haftet gerade nicht an Herrschaft, sondern an der Vereinbarung, an der Übereinkunft.« Warum also sollten Amtsinhaber sich nicht einfach aus der Suche nach einem Nachfolger heraushalten?

Helmut Kohl war ein Schüler von Sternberger. Die Tageszeitung *Die Welt* schrieb zu Sternbergers 100. Geburtstag am 28. Juli 2007, Kohl habe über den Politikwissenschaftler und Anhänger der aristotelischen Gesellschaftsidee einmal gesagt: »Ein bedeutender und bemerkenswerter Mann, aber von Politik hat er keine Ahnung.«

INTERVIEW

»Nenne nie den Namen deiner Konkurrenten«

Können Sie beim Spielen gut verlieren?

Nein.

Was liegt Ihnen mehr: Glücksspiele wie »Mensch ärgere dich nicht«, Strategiespiele wie »Risiko« oder Denkspiele wie »Schach«?

»Mensch ärgere dich nicht«. Als ständige Ermahnung.

Stimmen Sie der Kaufmannsweisheit zu, wonach Konkurrenz das Geschäft belebt?

Ja.

Dann sind wir schon bei der CDU: Wer von den jüngeren Politikern könnte für diese Art von Belebung in der Partei sorgen?

Da gibt es eine ganze Reihe von denen, die sich selbst für geeignet halten, und denen, die geeignet sind, und denen, auf die beides zutrifft.

Wir brauchen Namen …

Das ist im Übrigen auch ein alter Kaufmannssatz: Nenne nie den Namen deiner Konkurrenten.

Gehört Gesundheitsminister Jens Spahn zu jenen, durch die das Geschäft der Partei belebt wird?

Ja, neben anderen.

Kommen wir mal über das Ausland zur CDU in Deutschland: In der Frage, wer Angela Merkel eines Tages nachfolgen kann, nennen ausländische Journalisten die Namen Kramp-Karrenbauer und Spahn. Er wird als Ihr härtester Konkurrent gesehen. Hat die Auslandspresse da einen guten Blick auf unsere Verhältnisse?

Sie hat einen fokussierten Blick von außen und vielleicht nicht das Insiderwissen, das deutsche Journalisten haben.

Versuchen wir es noch einmal: Wenn man Konkurrenz als etwas Positives begreift, die beide Seiten anspornt und besser macht, oder als etwas Negatives, wonach man sich gegenseitig Steine in den Weg legt – wie würden Sie da Ihr Verhältnis zu Herrn Spahn beschreiben?

Ich komme ja aus dem Sport. Ich habe geturnt. Ich stand als Einzelathletin immer in der Konkurrenz zu anderen. Das A und O von Konkurrenz, übrigens auch im Sinne von gut verstandener sozialer Marktwirtschaft, ist ein fairer Wettbewerb.

Und ist der fair mit Herrn Spahn?

Da müsste es ja erst einmal Wettbewerb geben.

Ist es geschickt, sich mit seinen Konkurrenten auszutauschen und zu sprechen, oder sollte man lieber schauen, dass jeder hinter seiner Mauer bleibt?

Zuerst einmal haben wir alle miteinander, ob man sich nun für Konkurrenten hält oder nicht, Führungsfunktionen in der CDU und Aufgaben, für die wir gewählt worden sind. Das ist, die Partei in die Lage zu versetzen, dass sie auch die Wahlen der Zukunft gewinnen kann. Jeder, der daran mitarbeiten will, ist herzlich eingeladen.

Die Ministerpräsidenten der CDU gelten traditionell als mögliche Kanzlerkandidaten. Ist das denn heute auch noch der Fall?

Ja, auf jeden Fall. Wir haben derzeit eine ganz tolle Riege von neuen Kollegen, sei es ein so erfahrener Kollege wie Armin Laschet, der noch relativ neu in das Ministerpräsidentenamt in Nordrhein-Westfalen gekommen ist, oder auch Jüngere wie Daniel Günther in Schleswig-Holstein oder mein Nachfolger im Saarland, Tobias Hans. Mit ihnen vollzieht sich ein echter Generationswechsel auf der Ebene der verantwortlichen Landespolitiker. Wir hoffen, dass Sachsens junger Ministerpräsident Michael Kretschmer bei der Landtagswahl im nächsten Jahr sein Amt verteidigen kann und mit Mike Mohring in Thüringen ein neuer Kollege dazukommt. Mit Ingo Senftleben ist auch in Brandenburg ein jüngerer Kollege CDU-Vorsitzender. In Bremen haben wir mit Carsten Meyer-Heder ein neues Gesicht als Spitzenkandidat. So haben wir wirklich eine Erneuerung an der Spitze der Landesverbände. Das tut der Partei gut.

Und wen sehen Sie von denen, die Sie genannt haben, als Primus inter Pares? Armin Laschet, Daniel Günther oder Hessens Ministerpräsidenten Volker Bouffier?

Volker Bouffier ist die uneingeschränkte Eminenz der CDU-Ministerpräsidenten. In der Krise im Sommer 2018 hat er vor und hinter den Kulissen sehr hilfreich gewirkt. Für Volker Bouffier geht es jetzt darum, die Landtagswahl in Hessen zu gewinnen und weiter Ministerpräsident zu bleiben. Armin Laschet als Ministerpräsident eines so großen Landes wie Nordrhein-Westfalen hat eine Hausmacht und spielt eine ganz besondere Rolle.

Welche Rolle spielen die beiden Vize-Parteichefinnen Ursula von der Leyen und Julia Klöckner, die ja auch lange als mögliche Nachfolgerinnen von Merkel gehandelt wurden?

Für mich sind die beiden Frauen Aktivposten. In der Partei und in ihren Regierungsämtern. Sie sind Führungsfiguren der CDU Deutschlands. Und eine jede solche Führungsfigur muss in der Lage sein, notfalls mehr Verantwortung zu übernehmen.

Wie sieht das mit dem bayerischen Ministerpräsidenten Markus Söder aus? 1980 war Franz Josef Strauß Kanzlerkandidat, 2002 Edmund Stoiber. Dann könnte die CSU doch 2021 mit Markus Söder wieder den Anspruch erheben, die Union in die Wahl zu führen, auch wenn Strauß und Stoiber erfolglos kandidierten.

Ich glaube, dass Markus Söder jetzt darum kämpft, dass er auch nach der Landtagswahl im Oktober noch Ministerpräsident mit absoluter Mehrheit ist. Ich glaube nicht, dass er sich im Moment ernsthaft mit der Frage beschäftigt, Bayern zu verlassen.

Ist irgendein anderer CSU-Kandidat nach 20 Jahren in Sicht?

Es gibt ja keine zeitliche Gesetzmäßigkeit. Wenn die Union mit einem CSU-Politiker an der Spitze in die Bundestagswahl gezogen ist, hatte das immer mit besonderen Umständen zu tun. Strauß setzte sich gegen Helmut Kohl durch. Stoiber behauptete sich gegen Angela Merkel. Das Ergebnis der Kandidaturen ist bekannt.

Noch einmal zurück zur direkten Konkurrenz: Im Saarland ist man ja sehr schnell beim Du – geht man mit politischen Konkurrenten anders um, wenn man sich duzt?

Man muss in der Politik so oder so die Auseinandersetzung führen. Die darf man nicht scheuen, nur weil man jemanden besser kennt. Aber man muss die Kontroverse so führen, dass man danach auch noch ein Bier miteinander trinken kann.

Vom Du zur Frauenfrage: Sie haben im Saarland mit dem SPD-Mann und heutigen Außenminister Heiko Maas zusammen regiert und nach dessen Wechsel nach Berlin mit der Sozialdemokratin Anke Rehlinger. Mit Heiko Maas haben Sie sich deutlich besser verstanden als mit Frau Rehlinger. Woran lag das, passten hier zwei Frauen nicht zusammen?

Das hat weniger mit dem Verhältnis von Mann und Frau zu tun als mit der Tatsache, dass mich mit Heiko Maas durch das lange Ringen um die große Koalition 2012 eine besondere Beziehung verbindet. Am Ende fiel die Entscheidung für eine Neuwahl, und anschließend haben wir die große Koalition gebildet – diesem Bündnis lag unsere besondere Achse zugrunde. Mein Verhältnis zu Anke Rehlinger war und ist gut. Im Wahlkampf 2017 waren wir aber natürlich Konkurrentinnen.

Wen fänden Sie auf Bundesebene denn als Gegner von der SPD schwieriger: Andrea Nahles, die sehr kämpferisch auftritt und offensiv Politik macht, oder Olaf Scholz, der norddeutsch kühl wirkt und keine Emotionen zeigt.

Ich habe nie etwas davon gehalten, dass wir uns als Partei an den Gegenkandidaten orientieren. Man muss sein eigenes Ding machen. Je überzeugender man das tut, desto größere Chancen hat man.

Sie können sich köstlich über den Videoclip der Komikerin Carolin Kebekus amüsieren, in dem in einer Parodie auf den Spice-Girls-Hit »Wannabe« Sie, Andrea Nahles, Alice Weidel und Sahra Wagenknecht als Konkurrentinnen um »Germanys next Merkel« auf den Arm genommen werden – und Christian Lindner sich die Lippen rot anmalt, um mithalten zu können. Fabelhafte Frauenwelt, die Kebekus da zeichnet. Aber wie ernst nehmen Sie die Ambitionen von Wagenknecht, eine Sammlungsbewegung zu gründen und die fragile deutsche Parteienlandschaft von dieser Seite anzugreifen?

Wir führen eine Auseinandersetzung mit den Populisten. Es ist eine zunehmende Form des nationalen Sozialpopulismus. Das ist eine Entwicklung, wie wir sie in Frankreich sehen. Der Vordenker für den rechtsextremen Front National von Marine Le Pen ist Alain de Benoist. Er kann im Grunde genommen auch für den Sozialisten Jean-Luc Mélanchon das Programm schreiben nach dem Motto: Soziale Politik geht nur im nationalen Kontext, ohne Einwanderung, ohne Multilateralismus, weil das alles das System zerstöre. Da treffen sich die Rechten und die Linken hinter dem Vorhang. Sahra Wagenknecht spürt, dass die AfD weit in die Klientel der Linken vorgedrungen ist. Ich bin sehr überzeugt, dass sie alles daransetzen wird, mit einer Sammlungsbewegung auch die an die AfD verlorenen Wähler zurückzugewinnen.

Aber könnte Sahra Wagenknecht Ihnen nicht vielleicht sogar gefährlich werden? Ihre persönlichen Umfragewerte sind gut.

Der Kampf gegen linken und rechten Populismus wird auf jeden Fall eine riesige Herausforderung für alle, die sich einer verantwortlichen und in der Mitte verhafteten Politik verantwortlich fühlen. Wir sehen es an Frankreich, um welche gefährliche Mischung es sich da handelt. Da ist es vollkommen egal, ob jemand von der rechten Partei kommt oder von einer linken Sammlungsbewegung. Dieser national unterlegte Sozialpopulismus wird den politischen Kampf der nächsten Jahre dominieren.

Union und SPD haben sich für diese Wahlperiode vorgenommen, ihre parteipolitischen Profile stärker sichtbar zu machen. Könnten sie da nicht schnell zwischen linkem und rechtem Populismus zerrieben werden, wenn sie selbst nicht schärfer werden wollen?

Wir dürfen nicht in einen Überbietungswettbewerb eintreten. Die Vorschläge der Populisten sind immer klassischerweise mit Einsparungen bei der Migration, bei der EU, bei der Nato verbunden, also bei vielen Aufgaben, die nur multilateral und mit Offenheit und internationaler Zusammenarbeit zu bewältigen sind und unseren Wohlstand in Deutschland in Wahrheit garantieren.

Aber was werden Sie als Generalsekretärin tun?

In dieser Misere liegt eine große Chance für die CDU, mit ihren drei Wurzeln – sozialliberal, christlich und konservativ – vernünftige Antworten zu geben. Wir brauchen einen klaren, ordnungspolitischen Kompass und eine Politik, die nicht jedem alles verspricht. Wir merken doch jetzt schon, wie groß die Versuchung ist, diesem Impuls nachzugeben, weil wir im Bundeshaushalt durch die hohen Steuereinnahmen derzeit viele Milliarden Euro zusätzlich zur Verfügung haben. Und gleich, was wir anbieten werden – die Populisten werden immer noch mehr fordern. Wir stehen jetzt vor einer großen politischen Wetterscheide.

Eine Analyse aus dem Wahlkampf 2017 mit den Verlusten für Union und SPD ist, dass sie sich nicht genügend Konkurrenz gemacht haben. Haben Sie künftig überhaupt Luft dafür, sich als Union und SPD zu bekämpfen, die beide in der Mitte liegen und sich gegen die Ränder behaupten müssen?

Ja, haben wir. Die Digitalisierung etwa zwingt uns zu einer ganz konkreten Haltung. Die SPD sieht mehr die Lasten, die CDU mehr die Chancen.

Das würde die SPD bestreiten.

Wir merken es aber in der konkreten Herangehensweise, die SPD geht sehr orthodox an Fragen wie den Arbeitsschutz, die Arbeitszeiten, die Flexibilität heran; wir sehen neue Arbeitsplätze und Chancen.

Wenn zur nächsten Wahl zwei Kanzlerkandidatinnen gegeneinander antreten sollten, wäre das dann noch etwas Besonderes?

Es wäre schön, wenn das genauso wenig eine Besonderheit wäre, wie es Jahrzehnte nichts Besonderes war, dass immer nur Männer gegeneinander angetreten sind.

Früher galt die FDP als natürlicher Partner der Union. Kann man das noch sagen, oder ist sie inzwischen ein Konkurrent unter vielen?

Die FDP ist eine Partei, die uns bei der letzten Bundestagswahl 1,5 Millionen Wähler abgenommen hat. Deswegen ist sie für uns eine Konkurrenzpartei. Ich habe noch nie etwas davon gehalten, zu sagen, dass eine Partei der natürliche Partner ist. Das degradiert diese Parteien auch zu Mehrheitsbeschaffern. Das sind eigenständige Parteien mit einem eigenständigen Profil. CDU und FDP kämpfen aber um gleiche Wählerschichten.

Das tut die CDU auch mit den Grünen. Sind die Grünen Ihnen inzwischen gleich nah oder gleich fern wie die FDP?

Bei den Grünen ergibt sich immer noch ein heterogeneres Bild als bei der FDP. Sie bestehen aus sehr unterschiedlichen Milieus. Die Grünen in Baden-Württemberg mit Winfried Kretschmann an der Spitze stehen nicht für die ganze Bundesrepublik.

Stellen Sie sich auf Dreier- und Viererbündnisse in der Bundesregierung ein, um in Zukunft überhaupt eine Koalition bilden zu können?

Mein Ziel bleibt, die Union so stark zu machen, dass man idealerweise allein regieren kann ... oder dass es für CDU, CSU und noch eine weitere Partei reicht.

In diesem Sommer konnten Sie aber eher froh sein, dass die CDU nicht allein mit der CSU regierte, sondern noch die SPD dabeihatte ... Sehen Sie noch eine Option für Rot-Rot-Grün im Bund?

Das ist nicht ausgeschlossen, wenn es gelingt, ein rot-rot-grünes Projekt zu entwickeln. Bisher war die Linie ja eher, man macht Rot-Rot-Grün, wenn es die Zahlen hergeben. Wenn sie aber einen Entwurf dafür machen, ist das eine Konkurrenz, die man ernst nehmen muss.

Franz Müntefering hat über das Amt des SPD-Parteichefs einmal gesagt, dieses sei das schönste Amt neben dem Papst. Trifft das auch auf den CDU-Vorsitz zu?

Das Amt des Papstes lässt sich mit gar nichts vergleichen.

Was muss unbedingt geschafft sein, damit die CDU es verdient hat, wiedergewählt zu werden?

Eine gute Regierungsarbeit, die das Land nach vorn bringt. Ein gutes Grundsatzprogramm und daraus abgeleitet ein gutes Wahlprogramm. Und beides müssen wir in einem guten personellen Angebot widerspiegeln.

KAPITEL 10

DAS ERBE DER ÄRA MERKEL

Der eiserne Wille zur Macht

Angela Merkel will an diesem Tag nur noch mit einem Menschen über ihre folgenreiche Entscheidung sprechen. Mit dem einzigen Politiker, den sie für unabhängig und kritisch genug hält, ihr jetzt noch abzuraten. Sie hat die Position erklommen, die für ihn einmal greifbar nahe war – und dann unerreichbar wurde. Nun hat er die Chance, ihre großen Zweifel zu bestärken und sie vielleicht das Ende ihrer Karriere einläuten zu lassen. Die beiden kennen sich seit dem Zusammenbruch der DDR und sind immer noch beim »Sie«. Sie waren Konkurrenten und Verbündete und haben Krisen gemeinsam durchgestanden. Sie pflegen einen respektvollen Umgang miteinander, verlassen sich aufeinander und sind auf Distanz zueinander. Es ist der 19. November 2016. Morgen will die CDU-Vorsitzende dem Präsidium und Vorstand mitteilen, ob sie beim Essener Bundesparteitag im Dezember noch einmal für den Parteivorsitz antritt. Und weil sie dieses sowie das Amt der Bundeskanzlerin in Personalunion versteht, geht es auch um ihre vierte Kanzlerkandidatur bei der Bundestagswahl 2017.

Das Risiko ist hoch. Im Ausland wird sie bejubelt, aber im Inland ist die Stimmung schlecht. Ihre Flüchtlingspolitik hat tiefe Gräben durch die Gesellschaft gezogen. Und ihr stecken elf Amtsjahre in den Knochen. Eine gefühlte Ewigkeit in dieser sich immer weiter beschleunigenden Zeit. Sie müsste sich neu erfinden. Aber wem gelingt das schon.

Soll sie wirklich noch einmal antreten? Mit dann 63 Jahren? Ihr fehlt das Drehbuch für einen Ausstieg. In der Öffentlichkeit wird bereits konkret über CDU-Spitzenpolitiker spekuliert, die ihr nachfolgen könnten. Der Name der saarländischen Ministerpräsidentin Annegret Kramp-Karrenbauer fällt schon damals. Die gleichen Parteifreunde, die AKK hinter vorgehaltener Hand nennen, unterstützen sie heute auch. Aber aus dem Stand in einen Parteivorsitz und eine Kanzlerkandidatur auf Bundesebene? Da wäre die Gefahr groß, dass Jens Spahn in eine Kampfkandidatur um den Parteivorsitz ginge. Julia Klöckner hat in Rheinland-Pfalz ihre Wahl verloren, Armin Laschet in Nordrhein-Westfalen und Daniel Günther in Schleswig-Holstein sind 2016 noch Oppositionspolitiker. Groß ist die Auswahl also nicht. Es ist Samstag, 12 Uhr, Wolfgang Schäuble kommt zu einem Vier-Augen-Gespräch ins Kanzleramt. Sie haben sich einmal gemeinsam diesen wunderbaren französischen Film *Ziemlich beste Freunde* im Kino angesehen. Freunde werden sie nicht mehr werden. Aber ihr Gespräch verläuft ziemlich gut.

Mit ihrer Flüchtlingspolitik und Willkommenskultur für die Hunderttausende vor dem Krieg in Syrien geflohenen Männer, Frauen und Kinder hat Merkel Deutschland aufgewühlt und gespalten. Die CDU-Vorsitzende, der immer Zaudern und Zögern vorgeworfen wurde, übernahm als Regierungschefin in Europa entschlossen Verantwortung. Sie ging voran, wie die Deutschen es nicht von ihr kannten. Sie wollte einen Ausweg finden aus dem Flüchtlingsdrama, das

2015 die EU herausforderte und Tatenlosigkeit und Gnadenlosigkeit der Mitgliedsstaaten zutage förderte.

In der Nacht auf den 5. September entschied Merkel sich auf Drängen des österreichischen Bundeskanzlers Werner Faymann (SPÖ), dass ihre beiden Länder die in Ungarn gestrandeten syrischen Flüchtlinge aus humanitären Gründen unbürokratisch aufnehmen. Das sogenannte Dublin-Verfahren, wonach Flüchtlinge in dem EU-Land Asyl beantragen müssen, in dem sie zuerst ankommen – wegen seiner Mittellage also so gut wie nie in Deutschland –, war ohnehin nur noch Schall und Rauch. Überlastete EU-Außengrenzen-Länder winkten die Menschen durch. Deutschland hat lange die Augen davor verschlossen, dass nach der 1990 von zwölf Staaten in Dublin getroffenen Vereinbarung die Asylfrage von anderen Ländern geklärt werden musste.

Am 2. September dieses besonderen Jahres ging das Bild des kleinen Aylan Kurdi um die Welt. Sein Leichnam wurde an der türkischen Mittelmeerküste gefunden, sein Gesicht im Sand, von den Wellen umspült, seine Arme liegen am Körper an. Sein Vater war mit ihm aus Syrien geflohen, der zweijährige Sohn im Meer ertrunken. Mit Wucht schlägt dieses Foto auch im Kanzleramt ein. Politiker dürfen sich davon nicht leiten lassen, sie müssen nüchtern alle Entscheidungen abwägen. Aber Menschen sind sie trotzdem. Und deshalb sind sie erschüttert, der damalige Kanzleramtschef Peter Altmaier ebenso wie Merkel. In Budapest spitzte sich unterdessen die Lage zwischen Flüchtlingen und Polizisten weiter zu. Tausende Menschen machten sich zu Fuß gen Westen auf. Merkel, aufgewachsen in einem christlichen Elternhaus, befürchtete ein Totalversagen der Europäischen Union – und Tote in dem von Regierungschef Viktor Orbán auf Nationalismus getrimmten Ungarn. Sie stützte sich auf ihre CDU, die das C für christlich im Namen führt, und erklärte sich zur Hilfe bereit.

Sie willigte ein, dass Tausende Flüchtlinge spontan einreisen durften. Ohne die sonstigen bürokratischen Abläufe. Merkel war sich sicher, diese Menschen würden sowieso kommen. Wer in seiner Heimat alles aufgegeben, schon Tausende Kilometer zu Fuß oder per Boot zurückgelegt und dabei dem Tod mindestens einmal ins Auge gesehen hat, lässt sich nicht aufhalten.

Vergeblich versuchte sie in jener Nacht den damaligen bayerischen Ministerpräsidenten Horst Seehofer zu erreichen, in dessen Bundesland in wenigen Stunden die ersten Menschen ankommen würden. So kam es zu ihrer Entscheidung, die zum Bruch zwischen beiden führte. Auf der einen Seite der CSU-Chef, der sich in dieser Ausnahmesituation schmählich übergangen fühlte, auf der anderen Seite die Kanzlerin, die es erstens nicht fassen konnte, wie man als Ministerpräsident unerreichbar sein kann, und die zweitens ohnehin nicht mit seiner Unterstützung gerechnet hatte.

Die Willkommenskultur produzierte nicht für möglich gehaltene Bilder. Flüchtlinge wurden am Münchner Hauptbahnhof von Deutschen mit offenen Armen empfangen. Berge von Stofftieren für die Kinder, Bettwäsche und Kleidung für die Eltern lagen bereit. »Flüchtlinge willkommen«, stand auf Transparenten. Die *Bild*-Zeitung startete eine große Aktion »#refugeeswelcome – Wir helfen«. Es flossen Tränen vor Glück, vor Rührung und vor Kummer. Deutschland hob sich ab von der Abschottung anderer Länder. Flüchtlinge hielten Fotos von Merkel in die Höhe, erklärten sie zu ihrer »Mama«. Grünen-Politiker schwärmten vom »September-Märchen«.

Nach dem Andrang von Flüchtlingen auch in den Folgewochen warnten aber Helfer und Kommunalpolitiker vor einer Überforderung des Staates. Unionspolitiker sprachen von »Kontrollverlust«, weil man nicht genau wusste, wer alles ins Land gekommen war und ob auch Terroristen Tür und Tor geöffnet wurde. Bürger fürchteten sich vor einer Veränderung der Gesellschaft durch den Islam, ein archaisches Frauenbild und das Auftreten muslimischer Neuankömmlinge. Journalisten berichteten lange nicht darüber, dass die Zahl der jungen Männer viel größer war als die der Frauen und Kinder. Die rechtsnationale Alternative für Deutschland (AfD), die schon so gut wie weg vom Fenster war, weil Europa die Eurokrise in den Griff bekam, erfuhr neuen Zulauf.

Überall im Land zeigte sich die Überforderung mit überfüllten Turnhallen, langwierigen Verfahren und Konflikten zwischen den Flüchtlingen sowie mit der einheimischen Bevölkerung. Ein Glücksfall für die saarländische Ministerpräsidentin Kramp-Karrenbauer war in dieser Zeit ihr Innenminister Klaus Bouillon. Im Zuge einer Kabinettsumbildung im Herbst 2014 hatte sie den langjährigen Bürgermeister von St. Wendel auf den neuen Posten befördert. Handfest, unbequem, ein Macher. Der damals 67-Jährige bunkerte preiswerte Etagenbetten und bezog im Herbst 2015 einen Container gleich neben der Landesaufnahmestelle für Flüchtlinge in Lebach, wo er betrieb, was anderswo viel zu spät einsetzte: Er ordnete und steuerte den Zulauf der Flüchtlinge. Lebach arbeitete schon damals nach einem ähnlichen Modell, wie es laut dem 2018 geschlossenen Koalitionsvertrag bundesweit mit den Ankerzentren umgesetzt werden soll. Bouillon fand bundesweit Anerkennung und rühmte sich in Interviews, dass das Saarland von der Registrierung über die Antragstellung bis zur Entscheidung die schnellste Bearbeitungszeit für ankommende Flüchtlinge habe.

Wenn ein einzelner Satz aus Merkels langer Amtszeit im Gedächtnis bleiben wird, ist es dieser: »Wir schaffen das.« Am 31. August 2015 zeigte sie sich damit in ihrer Sommerpressekonferenz überzeugt, dass Deutschland und seine Bürger die Flüchtlingskrise bewältigen werden. Die Holocaust-Überlebende Ruth Klüger stufte den Satz in ihrer Rede im Bundestag zum Gedenken an die Opfer des Nationalsozialismus im Januar 2016 als »heroisch« ein. Eine Frau, die als Kind der Ermordung durch die Nazis nur knapp entging und einen Großteil ihrer Familie durch den Terror verlor, dankt der Kanzlerin jenes Landes, das einst Unheil über die Welt brachte.

Der Satz prägte sich tief ein in den Alltag der Bürger. Man hörte die Menschen ihn siegesgewiss, anerkennend oder trotzig sagen. Aber auch spöttisch und höhnisch, weil viele das Gefühl hatten, Merkel sage dies von oben herab und lasse die Bürger mit ihren Sorgen allein, die das eben nicht schaffen konnten mit der Aufnahme und Integration der Flüchtlinge. Oder die sich zurückgesetzt sahen, weil sie selbst wenig haben und nicht eine solch große Aufmerksamkeit genossen wie die Flüchtlinge. Im Gegenteil.

Bis in den letzten Winkel des Landes wurden Politiker mit der Flüchtlingskrise konfrontiert und waren froh über jedes Problem, das nicht das ihre war. Kramp-Karrenbauer erinnert sich, wie sie 2016 aus Paris kommend im Zug im Erste-Klasse-Abteil saß, in Sichtweite zu einem Ausländer, der dem Schaffner keine Fahrkarte zeigte, sondern »Asyl« sagte. Der Schaffner lässt ihn weiterreisen. Bei der Ministerpräsidentin des Saarlands rattert es schon im Kopf, was sie macht, wenn der Mann nun in Saarbrücken aussteigt. Aber er bleibt sitzen.

Merkel wartet im Kanzleramt auf Schäuble. Die Integration der Flüchtlinge ist noch nicht gelungen. Es wird eine Daueraufgabe sein. Sie weiß das. Kann sie dennoch abtreten? Kann sie jetzt ihren Verzicht auf eine erneute Kandidatur erklären und die politische Bühne verlassen, wenn klar ist, dass sie ihre Arbeit nicht zu Ende gebracht, die Flüchtlingskrise noch nicht in den Griff bekommen hat? Wäre das nicht eine Niederlage, würde sie in den Augen der Menschen nicht geschlagen, vielleicht sogar feige wirken? Alle anderen Krisen hat sie doch überstanden. Die Finanz- und Schuldenkrise in Europa mit einer abenteuerlichen Zusicherung, dass die deutschen Sparguthaben sicher seien, die Griechenlandkrise mit drei Hilfspaketen, die der Bundestag mit Müh und Not genehmigt hat, den Atomausstieg, der ihr den Zorn der Konservativen in der Partei eintrug. Mit drei Amtsperioden ist sie die dienstälteste Regierungschefin Europas. Sie hat alles erreicht: erste Frau an der Spitze einer deutschen Volkspartei, erste Frau an der Spitze der von Männern dominierten CDU, erste Bundeskanzlerin. Immer die erste Ostdeutsche sowieso. Kann sie nicht einfach einen Schnitt machen?

Seit Monaten hört sie in ihren Kreisen aber nur dies: »Sie müssen/du musst weitermachen.« Politiker, Parteimitglieder, Mitarbeiter fordern sie eindringlich dazu auf. »Ich bin für eine weitere Legislaturperiode, weil Angela Merkel die Richtige ist«, erklärt auch Parteifreundin Kramp-Karrenbauer einträchtig mit den CDU-Vizes Armin Laschet und Volker Bouffier im August 2016 in der *Frankfurter Allgemeinen Zeitung*. Merkels Unterstützer sind von ihren Fähigkeiten überzeugt, sehen keine Alternative zu ihr oder wähnen ihre eigenen Perspektiven dadurch am sichersten gewahrt. Und jetzt kommen auch noch die internationalen Erwartungen an Merkel hinzu. Die Briten haben im Sommer entschieden, aus der Europäischen Union auszutreten, und die Amerikaner haben Donald Trump zu ihrem Präsidenten gewählt. Europa braucht umso mehr eine starke Führungspersönlichkeit, die Augen richten sich auf Merkel, die sich als Krisenmanagerin einen Namen gemacht hat. Die *New York Times* verleiht ihr in Abgrenzung zu Trump und seiner »America first«-Doktrin das Prädikat »die letzte Verteidigerin des liberalen Westens«, und Barack Obama ist zum Abschied in Berlin und sagt, wäre er Deutscher, würde er Merkel wählen. Der Druck auf die Kanzlerin ist hoch. Auf der Straße hört sie aber diese Rufe: »Merkel muss weg.« Es sind nicht nur AfD- und NPD-Anhänger, die das brüllen. Es denken auch viele Bürger so, die Merkel überdrüssig geworden sind, und sich nach einem neuen Gesicht, nach neuem Schwung sehnen. Und es ist von postfaktischen Zeiten die Rede. Also von einem Zustand, in dem sich die Menschen nicht mehr für Fakten interessieren, sondern für Gefühle, weil ihnen die Fakten zu kompliziert sind.

Merkel hatte sich immer vorgenommen, selbstbestimmt aus der Politik zu scheiden. Als Erste, der das in diesem Amt gelingen würde. Sie kann aber doch nicht einfach abdanken wie eine Königin. Allerdings hat sie sich in dieser Wahlperiode einfach auch nicht darum gekümmert, wie und wem sie ihre politische Macht geordnet übertragen könnte. Nun fehlt der Plan für einen Ausstieg.

Schäuble ist jetzt bei ihr im Kanzleramt. Es ist ruhig im Haus, kaum ein Mitarbeiter ist da. Es ist ja Wochenende. Wohl zu keinem anderen politischen Weggefährten hat Merkel eine so ambivalente Beziehung wie zu Schäuble. Die beiden waren oft nicht einer Meinung, nicht in der Griechenlandkrise, nicht in der Flüchtlingskrise. Dennoch wiegt seine Meinung für Merkel schwer.

Bevor sie nun einen Ton sagen kann, ergreift Schäuble das Wort. Er sehe es ihr an, was sie ihm jetzt sagen wolle, legt er los. Er werde aber zuerst ihr etwas sagen, nämlich dass sie wieder antreten müsse. Für Schäuble gibt es in dieser Zeit keine Alternative zu Merkel. Er weiß, wie schwer so ein Wahlkampf ist, und dann noch unter diesen Voraussetzungen. Vielleicht will er auch, dass Merkel diese Suppe auslöffelt. Und womöglich will er niemand anderen verheizen, auch sich selbst nicht. Sollte Merkel nicht mehr wollen oder können, sei Schäuble der richtige Mann, zumindest um den Übergang zu ordnen, heißt es jetzt wieder. Schäuble weiß aber auch um Merkels Willensstärke und Kondition, ihre Erfahrung und ihre Nehmerqualitäten. Wenn jemand diesen Wahlkampf durchstehen kann, dann sie. Und wenn nicht, ist es ihre Niederlage, ihr Scheitern. Es wird ein tiefgründiges Gespräch. Über »Gott und die Welt«, wie Schäuble drei Tage später bei einer Politikveranstaltung der Deutschen Presse-Agentur sagt, ohne ins Detail zu gehen. Er erzählt nur: »Ich weiß, dass sie sich die Entscheidung nicht leicht gemacht hat.« Die CDU unterstütze die Kandidatur. Denn Merkel sei »die Klügste«. Und er »erleide« schon lange, als Kanzlerkandidat gehandelt zu werden: »Ich bin schon seit 25 Jahren Kronprinz.« Die Demokratie kenne aber keine Kronprinzen. Vielleicht hätte Merkel verzichtet, wenn Schäuble ihr dazu geraten hätte. Am Sonntag, es ist der 20. November 2016, gibt sie ihre vierte Kandidatur bekannt.

Annegret Kramp-Karrenbauer ist im Konrad-Adenauer-Haus dabei, als Merkel ihre Erklärung abgibt. Die Kanzlerin steht im Foyer auf der Bühne, von wo aus die Journalisten immer informiert werden. Man kann von ganz unten nach ganz oben durch das Gebäude schauen, das von außen einem riesengroßen Schiff ähnelt. Und umgekehrt: Die einzelnen Etagen haben ihre Flure zur Mitte, die Rängen im Theater ähneln. Wer sich an die Brüstung stellt, kann von oben auf das Geschehen unten blicken. Auch Kramp-Karrenbauer macht das nun. Sie weiß natürlich schon, was Merkel gleich verkünden wird. Sie hatte es dem Präsidium und dem Vorstand am Mittag gesagt. Die Ministerpräsidentin weiß auch, wie schwer Merkel der Entschluss gefallen ist. Sie hat daraus in den Gremiensitzungen keinen Hehl gemacht. Kramp-Karrenbauer ist froh über die Entscheidung. Sie zählt zu denen, die überzeugt sind, dass alles andere zu große Unruhe in der Partei, im Land und auch in der Welt ausgelöst hätte.

Merkel ist sichtbar aufgeregt, als sie zu sprechen anfängt.

Ein seltener Moment. Denn die Nation kennt sie als eine Frau, die wenig Emotionen zeigt. Sie sagt: »Ich brauche lange, und die Entscheidungen fallen spät. Dann stehe ich aber auch dazu.« Sie betont: »Ich habe sprichwörtlich unendlich viel darüber nachgedacht. Die Entscheidung für eine vierte Kandidatur ist nach elf Amtsjahren alles andere als trivial, weder für das Land noch für die Partei noch, und ich sage das ganz bewusst in dieser Reihenfolge, für mich persönlich.« Die nächste Bundestagswahl werde so schwierig wie keine Wahl zuvor seit der deutschen Einheit.

Merkel will etwas zu Ende bringen. Sie will um den Zusammenhalt der Gesellschaft kämpfen, der unter ihrer Regierung zerbröselt ist. Sie will streiten, aber »nicht hassen, nicht ausgrenzen, nicht herabsetzen«. Bei ihrem Auftritt mit Obama, wenige Tage zuvor, hatte sie auf die Frage, wie schwer ihr der Abschied von ihm falle, recht emotionslos gesagt: »Demokratie lebt vom Wechsel.« Warum das nun nicht für sie selbst gelte, wird sie gefragt. Und ob die CDU 2021 nicht dasselbe Problem haben werde, dass niemand da sei, um den Staffelstab von ihr zu übernehmen. Merkel antwortet: »Ich glaube, dass immer jemand da ist, der Stäbe übernehmen kann.« 2016 hat sie sich aber nicht darum gekümmert.

Nach der Bundestagswahl 2017 sieht das anders aus. Die Union hat die Wahl gewonnen, wenn auch mit hohen Verlusten. Rebellion liegt in der Luft. Aber wie hatte Merkel gesagt? »Ich brauche lange, und die Entscheidungen fallen spät. Dann stehe ich aber auch dazu.« Für volle vier Jahre wollte sie antreten. Jetzt lässt sie sich nicht vom Hof jagen. »Von denen schon gar nicht«, sagt jemand aus ihrem Umfeld. Gemeint sind Jens Spahn und konservative Kräfte in der Union. Je mehr sie unter Druck gerät, desto stärker hält sie gegen.

Nach erneut kräftezehrenden Koalitionsverhandlungen, diesmal mit der SPD, wird Merkel am 14. März 2018 zur Kanzlerin gewählt. Erstmals ist ihr öffentlichkeitsscheuer Ehemann Joachim Sauer dazu in den Bundestag gekommen. Er sitzt mit Merkels Mutter, Herlind Kasner, auf der Zuschauertribüne. Schnell wird kombiniert, Sauer wolle wenigstens diese Wahl seiner Frau zur Bundeskanzlerin live erleben – weil es die letzte sei. Merkel bekommt nur neun Stimmen mehr als die notwendige absolute Mehrheit, dabei liegen Union und SPD 44 Stimmen über diesem Quorum. Die SPD behauptet, es sei die Union gewesen, und umgekehrt. Es ist gespenstisch still im Saal, als das Ergebnis bekannt gegeben wird. Aber Merkel zuckt nicht. Sie hatte sich erstmals seit 2005 vorsorglich darauf eingestellt, dass es nicht im ersten Wahlgang klappt. Sie wäre für einen zweiten Wahlgang angetreten, und sogar für einen dritten. Das ist ihr erspart geblieben, insofern ist das Ergebnis für sie in Ordnung.

Vereidigt wird sie von: Wolfgang Schäuble. Der dienstälteste Abgeordnete in der gesamten deutschen Parlamentsgeschichte ist inzwischen Bundestagspräsident. Er nimmt der Kanzlerin den Eid ab und sagt dann: »Alle guten Wünsche auf Ihrem schweren Weg.« Auf ihrem schweren Weg? Freudsche Fehlleistung? Missgunst? Zuhörer sind irritiert. In Schäubles Büro hängt ein großes Gemälde des Künstlers Jörg Immendorff. Der Schriftzug unten auf dem Werk gefällt dem alten Fuchs besonders gut: »Verwegenheit stiften«. Schäuble meint es genauso. Auf ihrem schweren Weg. Die vierte Kanzlerschaft wird für Merkel die schwerste. Sie wird darüber entscheiden, ob sie es schafft, die Gesellschaft zusammenzuhalten und Zusammenhalt zu fördern, und auch darüber, wie die Menschen sie in Erinnerung behalten werden, die Merkel-Ära.

Schon zu Beginn der neuen Amtsperiode sind mehrere mögliche Nachfolger im Gespräch. Merkel selbst hat diesen Raum für Spekulationen geöffnet. Die schleswig-holsteinische Wissenschaftsministerin Karin Prien sagt: »Man würde

Angela Merkel unterschätzen, wenn man ihr nicht zutraute, dass sie weiß, dass diese Legislaturperiode ihre letzte sein und sie jemand anderem Platz machen wird. Wir haben ein tolles Personal, viele gute Ministerpräsidenten, eine außerordentlich kluge und integrierende Generalsekretärin.«

Bei ihrer Sommer-Pressekonferenz, bei der sie traditionell Bilanz zieht und einen Ausblick gibt, wirkt Merkel noch nüchterner, noch ruhiger und noch ernster als sonst. Sie beklagt eine »Erosion der Sprache« und warnt davor, sie immer weiter verrohen zu lassen. Sie betont wieder, sie sei für die volle Legislaturperiode angetreten. Schon jetzt sei aber klar, dass es ein großes Thema gebe, das weit über ihre Amtszeit hinausgehen werde: der Erhalt des Friedens in Deutschland und in Europa. Sie macht das seit geraumer Zeit zum Thema, die »heikle Zeit«, da die Zeitzeugen des Zweiten Weltkriegs aussterben. Beim Katholikentag im Mai hatte sie es so auf die Spitze getrieben: Im 17. Jahrhundert seien lauter neue Akteure am Werk gewesen, die hier noch eine Forderung mehr gestellt und dort noch eine härtere Gangart eingelegt hätten, »und schwupp – schon war die ganze Ordnung im Eimer, und der 30-jährige Krieg brach aus«. Das ist es, was an Merkel nagt. Die Spaltung der Gesellschaft.

Sie hat ihre Sommer-Pressekonferenz auf den 20. Juli gelegt. Es jährt sich zum 74. Mal der bedeutendste Umsturzversuch des militärischen Widerstands gegen die Nazis mit einem Attentat auf Adolf Hitler, und Merkel sagt, die Frage sei, »ob wir aus der Geschichte des Nationalsozialismus gelernt haben«. Auf die Frage, ob sie in den vergangenen Wochen an Rücktritt gedacht habe, antwortet sie: »Nein, nein, nein. Wenn ich in der Mitte einer wichtigen Auseinandersetzung bin, dann muss ich ja meine Kräfte darauf konzentrieren.«

Nun muss sie ihre Kräfte darauf konzentrieren, wie sie den Wechsel einleitet. Sie braucht ein Drehbuch. Kramp-

Karrenbauer rückt in dieser Zeit immer mehr als potenzielle Nachfolgerin in den Fokus. Längst spekuliert auch die CDU-Führung offen darüber, dass AKK Parteichefin und nächste Kanzlerkandidatin werden könnte. Sachsens Ministerpräsident Michael Kretschmer, im konservativen Flügel der CDU zu verorten, sagt: »Annegret Kramp-Karrenbauer gehört zu den Vernünftigen. Wenn sie Kanzlerkandidatin werden will, hat sie alle Chancen.« Er schiebt hinterher: »Aber auch Friedrich Merz oder Jens Spahn oder Ursula von der Leyen sind vorstellbar.«

Bei der Jungen Union, die in Distanz zu Merkels Politikstil steht, hat Kramp-Karrenbauer kein Heimspiel. Aber selbst dort stößt sie auf positive Resonanz. Der Vorsitzende der Jungen Union, Paul Ziemiak, findet Kramp-Karrenbauer »angenehm«. »Sie ist uneitel, kann auf Menschen zugehen. Sie ist zugänglich und herzlich.« Zwei Attribute, die über Merkel nur in ihrem kleinsten Kreis und von engsten Vertrauten gewählt werden, nicht aber im Zusammenhang mit ihrem Auftreten als Parteichefin.

Auch der politische Gegner ist bereits gewappnet, dass die Saarländerin aufs Kanzleramt zielt. Thüringens Ministerpräsident Bodo Ramelow (Linke) sagt: »Sie wurde genauso wie Frau Merkel stetig unterschätzt. Sie ist keine Lautsprecherin. Auch im Erfolg bleibt sie eher still und zurückhaltend. Ich traue ihr die Kanzlerkandidatur zu.« Vergleiche zwischen Merkel und ihrer Generalin lassen sich viele ziehen. Der CDU-Vizevorsitzende und langjährige Regierungschef in Hessen, Volker Bouffier, verweist auf eine besonders wichtige Parallele zwischen den beiden Spitzenpolitikerinnen. Kramp-Karrenbauer habe wie Merkel diese berühmten letzten zehn Prozent des eisernen Machtwillens, die es brauche, um Kanzlerin zu werden. »Natürlich kann sie Kanzlerin. Ich traue ihr das zu. Sie hat auch im Saarland, wo jeder jeden kennt, viel

Nähe und viel Reibung erzeugt – wie bei dem Bruch von Jamaika gegen den Widerstand in der Partei und gegen den Rat der Kanzlerin. Sie kann entscheiden, Kabinettsumbildungen gingen zum Teil bis in persönliche Freundschaften.« Es sei auch eine »völlig neue Preisklasse«, dass eine Ministerpräsidentin – obendrein noch eine frische Wahlsiegerin – Generalsekretärin wurde. Für ihn ist Kramp-Karrenbauer »für den Fall der Fälle eine sehr gute Alternative«. Zugleich warnt Bouffier, in der Politik könne man gar nichts vorhersagen. Man denke nur daran, in welch kurzer Zeit sich die Lage in den USA, in Großbritannien oder der Türkei dramatisch verändert hätten. »Dann sind die ganzen herrlichen Pläne im Eimer.«

In der CSU mag man im Sommer 2018 offiziell gar nicht über den nächsten CDU-Kanzlerkandidaten sprechen, mitten im eigenen vergeigten Wahlkampf. Der Merkel-Überdruss färbt aber nicht auf die mögliche Nachfolgerin ab. Ein Führungsmitglied der Christsozialen sagt: »Wenn sich AKK in der Partei durchsetzt, wird das auch mit der CSU funktionieren.« Die CDU brauche aber wieder eine Person, die in der Lage sei, 40 Prozent zu holen. Wenn es darum geht, für ein solches Wahlziel die »Stammkundschaft« der Union zu binden, hält die CSU allerdings eher einen wie Jens Spahn statt Annegret Kramp-Karrenbauer für geeignet.

2018 ist nicht sicher, dass diese große Koalition die volle Amtsperiode durchhält. Es gibt eine neue Revisionsklausel im Koalitionsvertrag, dass nach der Hälfte alles auf den Prüfstand muss. Niemand kann wissen, in welcher Verfassung die Parteien 2019 sein werden, ob es zum Bruch kommt. Zudem ist schwer vorherzusagen, wie sich die politischen Ränder entwickeln. Das linkspolitische Ehepaar Sahra Wagenknecht und Oskar Lafontaine schickt sich an, eine Sammlungsbewegung nach französischem Vorbild zu einer neuen Kraft in Deutschland aufzubauen. Die AfD klettert während der Regierungskrise um die Flüchtlingspolitik auf ein Rekordhoch.

Annegret Kramp-Karrenbauer ist von allen genannten potenziellen Nachfolgern Merkel am ähnlichsten. Beide sind bodenständig, sachkundig und können gut zuhören. Sie sammeln im Stillen ihre Truppen, verhandeln hart und beharrlich. Sie verfügen über große Ausdauer und Nervenstärke. Wobei Merkels physische Kondition legendär ist. Kramp-Karrenbauer leidet unter sporadisch auftretender Migräne. Beide denken analytisch und durchschauen ihr Gegenüber schnell. Beeindruckt sind sie von Menschen, die etwas können. Nicht von Menschen, die etwas besitzen. Luxus brauchen sie nicht. Kramp-Karrenbauer ist aber nahbarer als Merkel. Die Saarländerin ist auch lebendiger, spontaner und hat mehr Talent zum Kommunizieren. Merkel als Putzfrau im Karneval ist nicht vorstellbar. Merkel überhaupt im Karneval ist schon befremdlich.

Kramp-Karrenbauer ist auch risikofreudiger und – konservativer. Bouffier hält das allerdings für ein Klischee. Kramp-Karrenbauer sei nicht konservativer als Merkel, aber es hafte ihr dieses Bild an. Manchmal verselbstständigten sich solche Bilder. »Dann wird aus einer Vermutung eine gefühlte Realität. Wenn Konservative keinen Draht zu Merkel finden, aber auf jemanden treffen, dessen Image konservativ ist, ist die Erwartung schon erfüllt.«

Die Kanzlerin vermeidet jeden Anschein, dass sie auf Kramp-Karrenbauer für ihr politisches Erbe setzt. Der Vertrauensposten der Generalsekretärin war schon Signal genug. Der Freiraum, den sie der Saarländerin wie keinem ihrer Vorgänger in dem Amt gewährt, ist es erst recht. Mehr offensive Unterstützung würde nur schaden.

Kramp-Karrenbauers einstiger stellvertretender Ministerpräsident des Saarlands, Christoph Hartmann (FDP), ist klar, warum seine einstige Chefin erst einmal viel Sympathie erntet: »Bei der Parteibasis kommt Kramp-Karrenbauer natürlich gut an, weil endlich eine da ist, die sich für die Partei interessiert.« Die CDU stecke in einer tiefen Sinnkrise, in die Merkel sie gebracht habe. Und: »Seit Heiner Geißler ist sie das erste Schwergewicht in diesem Amt.« Hartmann glaubt aber nicht, dass sie eine gute Kanzlerin wäre: »Ich kenne Kramp-Karrenbauer seit 20 Jahren. Ich weiß aber nicht, wofür sie steht. Sie ist wie Merkel eine Person ohne Eigenschaften.«

In der Bundes-SPD wünschen sie sich Jens Spahn als Kanzlerkandidaten. »Dann hätten wir es leichter«, sagt einer aus der Führungsriege. Lieber ein konservativer CDU-Mann als eine soziale CDU-Frau. Am meisten müsse die SPD allerdings sich selbst fürchten, sagt das Präsidiumsmitglied. Bei den Sozialdemokraten stellen sie sich darauf ein, dass Kramp-Karrenbauer im Laufe der Wahlperiode noch ins Bundeskabinett wechselt, um sich von einem wichtigen Ministerium aus bei den Bürgern bekannter zu machen. »Hat sie nicht nötig«, meint hingegen ein CDU-Präsidiumsmitglied. Sie habe das Potenzial, als Erste den direkten Weg von der Generalsekretärin zur Kanzlerin zu nehmen.

Rudolf Müller sitzt auf seiner Terrasse in Püttlingen. Ein Rasen-Roboter müsste her, dann hätte der Christdemokrat weniger Arbeit im Garten. Ein bisschen Wehmut ist zu spüren, wenn er von seinen 27 Jahren als Bürgermeister von Püttlingen erzählt. Nicht, weil er von eigenen Erfolgen berichtet, sondern von seinen Auseinandersetzungen mit dem örtlichen DKP-Vorsitzenden Franz Hertel. Don Camillo und Peppone habe man sie genannt. Was für Zeiten. Hertel, der kleine, quirlige und erfinderische Kommunist, Müller, der hochgewachsene, ruhige und analytische Christdemokrat. Eine lebhafte Kommunalpolitik, keine Scheuklappen. Hertel bat ausgerechnet Müller um eine Laudatio zu seinem 80. Geburtstag. Er hat es gern gemacht, aber auch beim Feiern kamen sie politisch nie auf einen Nenner. Müller hatte 1984 das richtige Gespür, als er die junge Annegret Kramp zur Kandidatur für den Stadtrat motivierte. Er nennt sie »blitzgescheit, ehrgeizig und durchsetzungsstark«. Sie habe früh gelernt, sich gegen die Platzhirsche zu behaupten, und habe die Kraft, sich auch über Interessen von Parteifreunden hinwegzusetzen oder sich von ihnen zu trennen, wenn es angezeigt sei. Sie habe diesen eisernen Willen zur Macht. Ihre Bewährungsprobe auf dem Weg zum Kanzleramt seien Inhalt und Form der Erarbeitung des Grundsatzprogramms. Eine Gefahr sei, dass sie nicht der Bundestagsfraktion von CDU und CSU angehört. Müller nennt die Abgeordneten »eine Bastion mit Fallstricken«. Kramp-Karrenbauer werde Ellenbogen brauchen, sagt Müller. Denn: »Das Minenfeld, durch das sie gehen muss, ist groß.«

INTERVIEW

»Ein kluger Pilot umfliegt das Gewitter«

Der frühere Generalsekretär Heiner Geißler ist Ihr Vorbild. Warum nicht Bundeskanzlern Angela Merkel?

Als ich als junge Frau in die CDU eintrat, war Heiner Geißler schon Generalsekretär und hatte Star-Qualität. Mit Angela Merkel habe ich gemeinsam Politik gemacht und gemeinsam Verantwortung getragen, wenn auch in unterschiedlichen Funktionen. Das ist ein anderes Verhältnis.

Was beeindruckt Sie an Angela Merkel am meisten?

Die Klugheit, mit der sie es zu ihrem Vorteil genutzt hat, dass sie oft unterschätzt wurde. Aber auch die klare Härte, mit der sie sich durchgesetzt hat, wenn es darauf ankam.

Zum Beispiel gegen Friedrich Merz, den sie als Fraktionschef kaltgestellt hat, um neben dem Parteivorsitz auch diesen Posten für mehr Machtfülle zu bekommen?

Das war damals sehr schmerzhaft, aber zum Ausbau der eigenen Position notwendig. Wenn es umgekehrt gewesen wäre, hätte niemand ein Wort darüber verloren. Schmerzhaft und klug war es auch, die Kanzlerkandidatur damals dem bayerischen Ministerpräsidenten und CSU-Chef Edmund Stoiber zu überlassen. Aber danach hat Angela Merkel sukzessive ihre Machtstellung in der CDU ausgebaut, während viele noch glaubten, sie würde das nicht durchziehen.

Was können Sie von Frau Merkel lernen?

Alles, was mit Naturwissenschaft zu tun hat, da bin ich eine ziemliche Niete. Ihre Verhandlungsfähigkeit und ihr Verhandlungsgeschick auch unter Aussetzung physischer Grenzen, was Schlaf anbelangt, zeichnet sie aus. Ich weiß nur nicht, ob man das lernen kann.

Kann Angela Merkel etwas von Ihnen lernen?

Das müssen Sie sie fragen. Eventuell, wie man mehr Streusel auf den Kuchen bekommt.

Was unterscheidet Sie von der Kanzlerin?

Wir haben eine vollkommen unterschiedliche Sozialisation. Nicht nur, dass sie in der DDR aufgewachsen ist und ich in der Bundesrepublik. Sie ist in einem evangelischen Elternhaus groß geworden, ich bin in einem rheinisch-katholischen aufgewachsen. Das prägt.

Aber christlich sind Sie beide. Da gibt es doch Berührungspunkte.

Aber ihre Prägung ist nüchterner. Das zeigt sich in ihrer Sprache, ihrem Umgang mit Worten und Emotionen. Das ist bei Katholiken anders. Dazu gehört das Pontifikalamt und Weihrauch in der Messe und die Gänsehaut bei einer Fronleichnamsprozession.

Ist Angela Merkel eine Feministin?

Ja und nein. Sie verbessert durch praktische Politik Schritt für Schritt die Lage von Frauen, ohne dass sie die strikten feministischen Standpunkte einnimmt.

Sind Sie eine Feministin?

Im klassischen Sinne nicht. Während meiner Studienzeit durfte ich einmal nicht ins Uni Frauen-Café, weil ich nicht »feministisch« genug angezogen war.

Wann haben Sie und Frau Merkel entdeckt, dass Sie einen Draht zueinander haben?

Das hat sich im Laufe der Zeit herausgebildet. Wir haben irgendwann festgestellt, dass wir über die gleichen Dinge lachen können. Ich bin näher in ihren Fokus gerückt, als ich 2011 Ministerpräsidentin im Saarland wurde und ins Bundespräsidium aufrückte.

Lästern Sie gemeinsam über Männer?

Nööö, nie.

O.k., gelogen.

Welche Frau lästert schon über Männer?

Was verbindet Frau Merkel und Sie?

Wir wollen die CDU als Volkspartei erhalten und die nächsten Wahlen gewinnen.

Wo haben Sie und Frau Merkel Kontroversen?

Bei Themen, die Bund und Länder betreffen, die ich als Ministerpräsidentin anders gesehen habe als sie aus der Bundesperspektive. Bei der Sozialen Marktwirtschaft kommen bei mir die Wurzeln der Christlich Demokratischen Arbeitnehmerschaft durch, bei Angela Merkel die ordnungspolitischen marktwirtschaftlichen Grundsätze. Eine große Auseinandersetzung hatten wir, als ich mich entschlossen hatte, 2012 die Jamaika-Koalition im Saarland aufzukündigen.

Sind Sie konservativer als Frau Merkel?

In einigen Fragen sicherlich.

Ist der Vorwurf berechtigt, dass Merkels Politik nicht visionär genug ist?

Wenn ich mir die Entwicklungen in der Welt anschaue und sehe, wie Angela Merkel gerade jetzt den Standpunkt verteidigt, dass wir nicht wieder in nationalistische Abgrenzung zurückfallen dürfen, halte ich sie für eine Visionärin.

Wenn Italien pleitegeht, wird sie nicht mehr als Visionärin dastehen. Dann wird es heißen, ihre Sparpolitik für Europa habe sich gerächt.

Europa war immer fragil. Die Vorstellung, nationale Interessen durch internationale Zusammenarbeit abzubilden, ist nicht so gefestigt, dass man sich für alle Zeiten darauf verlassen kann. Alles muss immer wieder auf den Prüfstand. Das war bei Helmut Kohl auch schon so.

Welche großen Linien der Kanzlerin sehen Sie?

Zukunftsfähigkeit zu schaffen und zu erhalten. Gerade in der Wirtschafts- und Finanzkrise ist zum Beispiel viel in die Förderung der Wissenschaft investiert worden. Dass es ihr gelungen ist, in der Schulden- und der Eurokrise Stabilität zu halten und einen Rückschritt zu verhindern. Und sie hat zur Modernisierung der Gesellschaft beigetragen, etwa in der Familienpolitik, der Frage des Rollenbildes der Frau. Heute ist es ein selbstverständliches Anliegen von Frauen, Kinder zu haben und arbeiten zu gehen.

Warum wird Frau Merkel dennoch in Teilen der Bevölkerung so angefeindet? Ist sie die Ursache für das Erstarken der AfD? Frau Merkel hat ja selbst gesagt, sie habe mit ihrer Politik polarisiert.

Der Umgang mit der Migrationsfrage polarisiert die gesamte Politik, nicht nur in Deutschland. Aber die Entstehung hat vielfältige Gründe, und es ist falsch, das alles einer einzigen Person anzulasten.

Ex-SPD-Chef Franz Müntefering hat einmal gesagt, mit Angela Merkel im Cockpit eines Flugzeugs komme man immer sicher an, man wisse aber nicht, wo. Hat er recht?

Das ist ein klassischer Franz Müntefering, schön formuliert und trotzdem nicht richtig. Man kommt mit ihr am geplanten Ort an, aber vielleicht nicht immer auf dem direkten Weg, weil sich der Umweg als die bessere und sicherere Route erweist. Man muss nicht jede Gewitterfront durchfliegen. Ein kluger Pilot umfliegt das Gewitter.

Ein Beispiel?

Das ist ihre Gesamthaltung. Das ist ihr Stil.

Sind Frau Merkel und Sie Freundinnen?

Angela Merkel und ich haben einen guten Draht zueinander. Es passt irgendwie keine gängige Bezeichnung.

Frau Merkel hat vor vielen Jahren in einem Gespräch mit Herlinde Koelbl für deren Band Spuren der Macht *gesagt, sie wolle nicht als »halb totes Wrack« aus der Politik ausscheiden. Wie kann Vollblutpolitikern überhaupt ein selbstbestimmter Abschied gelingen?*

Es ist schwierig, einen guten Abgang aus der Politik zu finden. Die Frage ist immer, ob man das selbstbestimmt schafft oder es Umstände gibt, die einem noch Verantwortung auferlegen beziehungsweise den Eindruck vermitteln, sich nicht aus der Verantwortung stehlen zu dürfen. Angela Merkel unterscheidet sich von anderen aber darin, dass sie nicht von sich selbst meint, die einzige und beste Politikerin und unersetzlich zu sein. Sie definiert sich auch nicht allein über ihre Ämter. Sie hat die geistige Freiheit.

Gehen Sie davon aus, dass Frau Merkel es schaffen wird, selbstbestimmt aus der Politik auszuscheiden?

Es wäre zumindest das erste Mal, dass es einem Kanzler, in diesem Fall der Kanzlerin, in der Bundesrepublik Deutschland gelingen würde.

Und wie ist das bei Ihnen? Wie wollen Sie mal aus der Politik aussteigen?

Im Moment beschäftige ich mich damit nicht. Ich bin für vier Jahre gewählt. Aber es gibt immer Phasen, die schwieriger sind und die Frage aufwerfen, ob es auch nicht ohne einen geht und ob man der eigenen Familie das alles zumuten darf. Und dann ist man wieder so absorbiert, dass man vor lauter Arbeit auf solche Gedanken überhaupt nicht kommt.

Was wird von Frau Merkel bleiben?

Die Tatsache, dass die Europäische Union an der Wirtschafts- und Finanzkrise nicht zerbrochen ist. Die Entscheidung, 2015 in einer humanitären Ausnahmesituation Flüchtlinge in Deutschland aufzunehmen. Ich glaube, dass viele heutige Kritiker diese Entscheidung von Frau Merkel mit einem zeitlichen Abstand positiver beurteilen werden. Die Folgen der Entscheidung werden uns aber noch eine Weile beschäftigen. Die Ursachen für Fluchtbewegungen gibt es nach wie vor, und die Bemühungen um die Integration müssen und werden weitergehen. Angela Merkel hat Europa zusammengehalten und sich immer wieder für den gemeinsamen Friedensweg starkgemacht. Wie würden wir leben, wenn Europa scheitert? Das muss man mal auf sich wirken lassen.

Was soll von Annegret Kramp-Karrenbauer in Erinnerung bleiben?

Es gibt eine irische Grabinschrift. Der letzte Satz lautet: »Wenn Ihr wollt, erinnert Euch. Und wenn Ihr wollt, vergesst.« Das ist ein schöner Spruch. Er gibt allen größtmögliche Freiheit.

Können Sie sich vorstellen, dass Sie in der Frankfurter Allgemeinen Zeitung *die CDU einmal zur Emanzipation von Angela Merkel aufrufen werden, so wie es Frau Merkel als Generalsekretärin zur Abgrenzung von dem in den Spendenskandal verwickelten Helmut Kohl getan hat?*

Nein.

Die Kanzlerin hat es als den größten Fehler ihres Vorgängers Gerhard Schröder bezeichnet, dass er das Amt des SPD-Vorsitzenden aus der Hand gegeben hat, weil damit seine Macht erodiert sei. Würden Sie ihr raten, die Ämter beieinanderzuhalten?

In der CDU gibt es eine gut gewachsene Tradition, auch in meinem Landesverband, das Regierungsamt und das Parteiamt zusammenzuhalten. Das hat Vorteile. Die sollte man nicht leichtfertig aus der Hand geben.

Aber wenn man eine Nachfolgeregelung schaffen möchte, dann könnte es doch ein cleverer Schritt sein, den Parteivorsitz abzugeben?

Darüber kann man schön spekulieren und sich alle Theorien vorstellen.

Aber irgendwann wird ja die Entscheidung anstehen, wer Angela Merkel nachfolgt. Bis wann muss das spätestens geregelt sein?

Das werden wir im Laufe der Legislaturperiode sehen. Und wenn es so weit ist, bin ich mir ganz sicher, wird die CDU alle Weichen stellen, um mit dem entsprechenden Kandidaten oder der Kandidatin ins Rennen zu gehen.

Spätestens ein Jahr vor der nächsten Bundestagswahl sollte man doch wissen, mit wem man in dieses Rennen geht, oder?

Ich bin mir ganz sicher, dass der richtige Zeitpunkt gefunden wird.

Oder wollen Sie wie die Sozialdemokraten vorgehen und die Kandidatin oder den Kandidaten in einer Sturzgeburt küren?

Die Sozialdemokraten dafür als Vorbild zu nehmen sollte man sich gut überlegen.

Gibt es nach diesem sehr turbulenten Sommer in der Union, in dem die Regierung beinahe zerbrochen wäre, im Konrad-Adenauer-Haus einen Plan B, wie die Kanzlerkandidatin oder der Kanzlerkandidat gekürt wird, wenn es vor 2021 kracht?

Jan Frodeno ist in Athen im Triathlon überraschend Olympiasieger geworden. Er ist damals nach seinem Plan B gefragt worden. Er hat geantwortet, es gab keinen Plan B. Er hatte nur den Plan A und der hieß: gewinnen. Insofern sollten wir uns alle daransetzen, dass Plan A funktioniert, und uns alle weniger Gedanken über Plan B machen.

Wäre Frau Merkel nicht in eine sehr heikle Lage gekommen, wenn Horst Seehofer am 1. Juli kein dreitägiges Moratorium für sein Rücktrittsangebot verhängt hätte, sondern gleich zurückgetreten wäre und gesagt hätte: Liebe Angela, lass uns gemein-

sam den Weg für die nächste Politikergeneration unserer Union freimachen?

Das wäre zumindest eine Situation gewesen, die nicht im kleinen Kreis hätte entschieden werden können. Diese Frage hätte man auf einem Parteitag klären müssen. Es ging eben nicht um zwei Personen, sondern um eine sehr grundsätzliche Auseinandersetzung.

Also ein Sonderparteitag, bei dem auch über die Vorsitzende und ihren Kurs abgestimmt worden wäre?

Ja, man hätte auf einem solchen Parteitag klären müssen, ob die Haltung, die sie vertritt, bei den Delegierten die Mehrheit gefunden hätte.

Wie konnte es passieren, dass Frau Merkels Macht mit der Flüchtlingskrise dermaßen erodiert ist? Hat sie ihre Instinkte verloren?

Ihr war durchaus bewusst, welche Kontroversen die Flüchtlingspolitik nach sich ziehen wird. In der damaligen humanitären Ausnahmesituation stand sie aber vor der Frage, zu helfen oder es nicht zu tun. Es spricht für sie, dass sie so entschieden hat, wie sie entschieden hat.

Auf dem Höhepunkt der Unions- und Regierungskrise im Juni wurde immer wieder gemunkelt, Bundestagspräsident Wolfgang Schäuble könne als Übergangslösung Bundeskanzler werden. War das ein realistisches Szenario?

Das weiß ich nicht. Das ist als Gerücht tatsächlich mehrfach aufgetaucht. Es ist gut möglich, dass sein Name genannt wurde, weil man ihn sich als Person in einer solchen Situation vorstellen konnte. Aber man muss sich auch einmal in die Lage der SPD versetzen. Wenn es wirklich zu einem Bruch der Unionsfraktion, aber nicht zu einer Neuwahl gekommen wäre, hätten die Sozialdemokraten doch kein Interesse daran gehabt, jemanden in ein Amt zu bringen, gegen den sie ein paar Jahre später Wahlkampf führen müssen und der sich zwischenzeitlich einen Amtsbonus aufbauen kann. Das hätte für die SPD wenig Sinn gemacht. Deswegen waren das sehr theoretische Spekulationen. Ein Bruch hätte sehr schnell zu Neuwahlen geführt.

Sie haben Ihr Ohr an der Parteibasis. Sind die Mitglieder nach 13 Jahren Merkel im Amt mit der Bundeskanzlerin und ihrem Kurs noch grundsätzlich zufrieden und möchten sie bei der nächsten Kanzlerkandidatur auf einen ähnlichen Typus setzen? Oder gibt es das Bedürfnis nach einem Schwenk, nach einem Kontrastprogramm, nach einem Wunsch, die konservativen Wurzeln wieder stärker herauszustellen?

Natürlich gibt es nach so vielen Jahren von Angela Merkel an der Spitze der CDU Diskussionen über die Amtsführung und über inhaltliche Entscheidungen – ob das jetzt die Flüchtlingspolitik war oder die Aussetzung der Wehrpflicht oder anderes. Solche Debatten sind vollkommen normal. Aber es ist bei vielen inhaltlichen Fragen weniger die Kritik an der Sache selbst als die Kritik an dem politischen Prozess, der zur Entscheidung geführt hat. Die CDU hat ein echtes Bedürfnis, Debatten zu führen und sich über Positionen zu versichern, aus welchen Motiven und mit welchen Zielen etwas entschieden wird. Wir leben jetzt in einer Zeit, die politisierter ist, als das in den vergangenen Jahren der Fall war, insbesondere vor der Flüchtlingskrise. Wir haben jetzt größere gesellschaftspolitische Auseinandersetzungen. Und die CDU will wieder kämpfen.

Halten Sie es für möglich, dass Angela Merkel 2021 zum fünften Mal als Kanzlerkandidatin antritt?

Das wird sie entscheiden. Aber man muss in Rechnung stellen, dass sie bei der vierten Kandidatur schon sehr lange überlegt hat, ob sie es noch einmal machen soll.

Und sind Sie schon klar im Kopf, dass Sie sich dann hinstellen und sagen werden: Ich kann, ich will und ich werde?

Schöner Versuch.

Dann vervollständigen Sie bitte diese Sätze: Ich kann …

… ich will und ich werde auf diese Frage keine Antwort geben.

Haben Sie diese Härte – auch gegen sich selbst –, von der es heißt, dass man ohne diese Fähigkeit nicht ins Kanzleramt kommen kann?

Wenn mit »Härte« Selbstdisziplin gemeint ist – die gehört zum Leben dazu.

Danksagung

Ohne Anregungen, Ermutigungen und verlässliche Quellen kann ein Buch über eine Spitzenpolitikerin nicht entstehen. Unser Dank gilt allen Gesprächspartnern für ihre Zeit und ihr Nachdenken über Annegret Kramp-Karrenbauer, für kluge Analysen und exklusive Äußerungen.

Wir danken der CDU-Generalsekretärin besonders dafür, dass wir sie trotz der im Sommer hereinbrechenden kräfte- und zeitraubenden Unionskrise wie vereinbart interviewen konnten. Wir erinnern uns an einen Tag im Juni, an dem noch völlig offen war, ob die Regierung hält, und Frau Kramp-Karrenbauer dennoch in einer Zeitlücke mit uns ruhig und konzentriert über die Außenpolitik sprach.

Sie selbst gedenkt an dieser Stelle ihrem langjährigen Sicherheitsbeamten Thomas Müller, der alle ihre politischen Stationen begleitet hat, die in den Interviews zur Sprache kommen. Er war die »Seele des Kommandos«, sagt Kramp-Karrenbauer. Am 2. September 2018 nahm er sich das Leben.

Ein besonderer Tag während der Recherchen war für uns auch der Besuch bei Kramp-Karrenbauers Familie in Püttlingen. Viele Stunden haben wir mit ihrem Ehemann Helmut Karrenbauer und ihren vier Geschwistern Ulrike Kreutz, Evi Raubuch, Hans-Günter Kramp und Michael Kramp zusammengesessen und von ihnen einen Einblick in das Leben von »es Anne« als Ehefrau, als Schwester, als Mitglied einer

Großfamilie bekommen. Evi und Herbert haben Fotos aus den privaten Alben herausgesucht und mit einem noch extra zusammengetrommelten Familienrat für die präzise Zuordnung von Jahren und Ereignissen gesorgt. Wir danken herzlich für diese für eine Biografie so wichtige Unterstützung, für die saarländische Gastfreundschaft und die offenen, herzerfrischenden Erzählungen.

Ein großer Dank gilt auch unserem Literaturagenten Daniel Graf von der Graf & Graf Literatur- & Medienagentur. Er entwickelte gemeinsam mit dem Propyläen Verlag und uns die Idee, die vorliegende Mischung aus Biografie- und Interviewband zu schaffen. Das Projekt hat er vom Exposé bis zur Abgabe des Manuskripts mit zielgenauer Kritik begleitet. Beim Verlag bedanken wir uns für das Vertrauen in unser Projekt, bei Kristin Rotter, Wolfgang Gartmann und Christoph Steskal für das Lektorat und bei Juliane Junghans für ihr Engagement für die Platzierung des Buchs.

Dem Chefredakteur der *Rheinischen Post*, Michael Bröcker, danken wir für seine Unterstützung, seine Fürsprache in unserem Unternehmen und für sein Vertrauen in unsere Organisationskraft zur Vereinbarkeit von täglicher Berichterstattung und dem Schreiben eines solchen Buches.

Unser Dank gilt zudem Frau Kramp-Karrenbauers Mitarbeitern im Saarland und in Berlin. Ihrer langjährigen Sprecherin in Saarbrücken, Marlene Mühe-Martin, danken wir als Fürsprecherin für unser Projekt. Für organisatorische Hilfen bei der Findung von Terminen und der Beantwortung von zahlreichen Fragen waren Mark Reck, Christiane Schwarte und Boris Binkowska eine große Hilfe.

Unser privates Umfeld haben wir in den sechs Monaten der Entstehung des Buchs enorm strapaziert – kein Wochenende, kein freier Tag, kein Urlaub ohne unser Klappern der Tastaturen und die stete Bitte »Gib mir noch 'ne Stunde«.

Kristina Dunz: Ich danke meinem Mann Holger Möhle für seinen unerschütterlichen Frohsinn und meiner Mutter Heidrun Dunz für ihre unerschöpfliche Energie. Eva Quadbeck: Ich danke meinem Mann Michael Maak für seine großzügige Gelassenheit und meinen Kindern Josefine und Henry, dass sie mich haben machen lassen. Henry danke ich auch noch für die Frage, ob in Deutschland eigentlich auch Männer Kanzler werden können. Sie hat mich manches noch einmal aus einer anderen Perspektive betrachten lassen.

Literaturnachweis

Sämtliche Zitate, die nicht als Quelle im Literaturverzeichnis stehen, entstammen aus persönlichen Gesprächen.

Aman, Melanie u. a.: »Zum Unglück vereint«, in: *Der Spiegel*, Nr. 28, 7. Juli 2018

Bannas, Günter u. a.: »Führende CDU-Politiker wollen Merkel auch 2017 als Kanzlerkandidatin«, in: *Frankfurter Allgemeine Zeitung*, 28. Juni 2016

Bingener, Reinhard: »Neue Unruhen in saarländischer FDP«, in: *Frankfurter Allgemeine Zeitung*, 29. Dezember 2011

Bedford-Strohm, Heinrich: »Es ist genug für alle da«, in: *Chrismon*, 22. November 2017

»Berliner Erklärung«, Deutschlandweites Bündnis zur Bundestagswahl 2017, www.berlinererklaerung.de

Bouffier, Volker: »Er hat uns beigebracht, dass deutsche und europäische Interessen kein Gegensatz sind, sie müssen zusammengebracht werden«, »Maybrit Illner«, 21. Juni 2018

Braun, Stefan und von Buillon, Constanze: Horst Seehofer: »Frau Kramp-Karrenbauer stellt uns als Provinzfürsten aus Bayern hin, die die europäische Idee nicht verstanden haben«, in: *Süddeutsche Zeitung*, 15. Juni 2018

Brenton, Ricarda: »Ich würde auch mit der AfD Gespräche nicht ausschließen«, in: *Die Welt*, 12. April 2018

Bundesinnenministerium: »Masterplan Migration«, 4. Juli 2018

CDU-Kreisverband Konstanz: »Die Union braucht ein neues Grundsatzprogramm«, 15. Februar 2018

CDU-Kreisvorstand: Antrag Frauenquorum für Parteitag in Dillingen 1995

Coolly, Hannelore: »Wenn das erste Baby erfriert, dann ist was los«, in: *Die Welt*, 20. Oktober 2015

Dausend, Peter und Niejahr, Elisabeth: *Operation Röschen: Das System von der Leyen*, Frankfurt/Main, Campus 2015

»Der Ulrich ist ein Mafioso«, taz.de, 12. Oktober 2009

»Die Redner Akademie« – Élysée 63 – Projektbeschreibung zum Bildungsprojekt, 2013

Dunz, Kristina: »Normalisierung zwischen CDU und Linken«, Interview mit Daniel Günther, in: *Rheinische Post*, 11. August 2018

Elss-Seringhaus, Cathrin: »Kramp-Karrenbauer gibt Landespolitik bei Niederlage auf«, *Saarbrücker Zeitung*, 13. März 2017

Exner, Ulrich: »Bremer CDU-Spitzenkandidat Carsten Meyer-Heder: ›Habe noch nie Plakate für die Union geklebt‹«, in: *Die Welt*, 26. Mai 2018

Forudastan, Ferdos und Janisch, Wolfgang: »Voßkuhle rügt Asyl-Rhetorik der CSU«, in: *Süddeutsche Zeitung*, 26. Juli 2018

Gutschker, Thomas, und Laschet, Armin: »Unser Markenkern ist eben nicht das Konservative«, in: *Frankfurter Allgemeine Sonntagszeitung*, 18. Februar 2018

Günther, Daniel: »Bei einer Regierungsbildung müssen auch Gesichter eine Rolle spielen, die für die Zeit nach Angela Merkel eine Perspektive haben«, in: *Heilbronner Stimme*, 12. Februar 2018

Hildebrandt, Tina: »Annegret Kramp-Karrenbauer: Hat sie das Zeug zur Kanzlerin?«, in: *Zeit Online*, 7. Februar 2018

Hinz, Linda: »Minister schlug Büro in Flüchtlingsheim auf: ›So bekam ich das Chaos in den Griff‹«, in: *Focus Online*, 9. Oktober 2015

Holl, Thomas: »Kämpferin für die Frauenquote«, in: *Frankfurter Allgemeine Zeitung*, 22. September 2012

Holl, Thomas: »Kramp-Karrenbauers Frankreich-Coup«, in: *Frankfurter Allgemeine Zeitung*, 22. Januar 2014

Kaiser, Simone: »Der Pate von der Saar«, in: *Der Spiegel*, 2010/3

Karnitschnig, Matthew: »Meet Germany's next chancellor«, in: *Politico*, 2. März 2018

Kirch, Daniel: »Und dann die Forderung nach Heirat von mehr als zwei Menschen«, in: *Saarbrücker Zeitung*, 3. Juni 2015

Klöckner, Julia: »Warum soll ich das sagen, wenn ich das nicht will?«, »Markus Lanz«, 26. April 2018

Koalitionsausschuss, Beschlusspapier, 5. Juli 2018

Koalitionsvertrag zwischen CDU, CSU und SPD, »Ein neuer Aufbruch für Europa – Eine neue Dynamik für Deutschland – Ein neuer Zusammenhalt für unser Land«, 7. Februar 2018

Koch, Tonia: »Die Ostermann-Connection«, in: »Dlf-Magazin«, 11. Februar 2010

Koelbl, Herlinde: *Spuren der Macht*, München, Knesebeck 2002

Konrad-Adenauer-Stiftung: Die Grundsatzprogramme der CDU, www.kas.de/wf/de/71.9132/

Kramp-Karrenbauer, Annegret: »Erklärung zur Situation der Regierungskoalition«, 6. Januar 2012

Kramp-Karrenbauer, Annegret: »Beratung statt Werbung«, Brief an Mandats- und Funktionsträger, 8. März 2018

Kramp-Karrenbauer, Annegret: »Das Vermächtnis Helmut Kohls«, in: *Frankfurter Allgemeine Zeitung*, 18. Juni 2018

Kramp-Karrenbauer, Annegret: Mailings an Parteivorstand und Parteimitglieder in der Regierungskrise um die Flüchtlingspolitik, 14. Juni bis 6. Juli 2018

Landtag des Saarlandes: Abschlussbericht des Untersuchungsausschusses, »Unternehmerische Einflussnahme auf die Regierungsbildung des Saarlandes nach den Landtagswahlen 2009«, 18. Oktober 2011

Löffler, Dieter, und Brumm, Benjamin: »Wohin steuert zukünftig der Dampfer CDU?«, Auftakt der Zuhör-Tour am 27. April 2018, in: *Südkurier*, 27. April 2018

Mayntz, Gregor: »Es wird eine Nach-Merkel-Zeit geben«, Interview mit Daniel Günther und Jens Spahn, in: *Rheinische Post*, 14. August 2017

Merkel, Angela: »Europäisches Recht hat Vorrang«, »Anne Will«, 10. Juni 2018

»Merkel ganz allein«, in: *Bild*, 13. Juni 2018

Ostermann, Philip: «Jens Spahn: The Man Who Could Replace Merkel as Chancellor«, in: *The Guardian*, 28. August 2016

Ramelow, Bodo: »Eine verlässliche Partnerin«, Laudatio auf Kramp-Karrenbauer zur Verleihung der »Goldenen Ente« durch die Landespressekonferenz im Saarland am 9. Dezember 2017

Roßmann, Robert: »Kramp-Karrenbauer baut CDU-Zentrale um«, in: *Süddeutsche Zeitung*, 6. April 2018

Saarland, Staatskanzlei: »Saarland verbietet Wahlkampfauftritte ausländischer Politiker«, *Medien-Info* 43/2017

»Schäuble fordert Union zu Geschlossenheit auf – Merkel ›die Klügste‹«, Deutsche Presse-Agentur, 22. November 2016

Schlüsselburg, Sebastian: Schriftliche Anfrage an Abgeordnetenhaus Berlin, Drucksache 18/12875, Dezember 2017

Smale, Alison und Erlanger, Steven: »As Obama Exits World Stage, Angela Merkel May Be the Liberal West's Last Defender«, in: *New York Times*, 12. November 2016

Schmid, Thomas: »Zum 100. Geburtstag von Dolf Sternberger, ›Es gibt nur eines: Politik‹«, in: *Die Welt*, 28. Juli 2007

Schütz, Hans-Peter: »Die Saarland-Connection«, in: Stern.de, 24. Oktober 2009

Sondierungspapier: Ergebnisse der Sondierungsgespräche von CDU, CSU und SPD, Finale Fassung, 12.01.2018

Sternberger, Dolf: *Herrschaft und Vereinbarung*, Frankfurt/Main, Suhrkamp 1980

Unterbereich, Peter (Hrsg.): *Kurze Einführung in die Katholische Soziallehre*, Freiburg i. Br., Herder 2010

Vates, Daniela: »Kramp-Karrenbauer ist die Zukunft der CDU«, in: *Frankfurter Rundschau*, 20. Februar 2018

Vogel, Bernhard: »Zum Tod von Helmut Kohl: ›Ich blieb sein Freund‹«, in: *Thüringer Allgemeine*, 1. Juli 2017

Wieder, Thomas: »Annegret Kramp-Karrenbauer, vraie fausse dauphine d'Angela Merkel«, in: *Le Monde*, 18. Juli 2018

Register

Abschiebung 40, 157, 161
Abschottung 14, 145, 212, 226 f., 262
Abtreibung 147 ff., 152 f.
Adoption 148, 158
AfD 13, 16, 18, 30, 33, 42, 53, 117, 122, 130, 140 f., 145, 172 ff., 247, 254, 263, 266, 272, 279
Afrika 23, 58, 226 f., 232
Altmaier, Peter 63, 87, 115, 122, 237, 245 f., 261
Ankerzentren 18, 263
Antisemitismus/Judenfeindlichkeit 130, 145 f.
Arbeitslosigkeit 198 f.
Arbeitsmarkt 155, 172, 230
Arslan, Bülent 144
Asylbewerber 40, 172, 247
Asylpolitik 41, 169, 183, 226, 244, 246
Asylstreit 8, 20, 27, 32, 208
Asylverfahren 33, 183
Atomabkommen 240
Atomausstieg 96, 169, 172, 182, 265
Atomenergie 184
Ausbildung 46, 83, 146, 207
Außenpolitik 10, 130, 177, 208–213, 216 f., 231 f., 237, 287
Autorität 19, 67, 132, 211, 223, 243, 248
Baden-Württemberg 66, 70, 104, 242, 256
BAMF (Bundesamt für Migration und Flüchtlinge) 172, 194
Bayern 9, 20, 22, 30 f., 41, 66, 165, 206, 238, 252
Berlin 8 ff., 12, 22, 44, 50, 53, 62, 65, 73, 76, 78, 85, 103, 107 f., 111, 113, 115 f., 119 f., 122 f., 126 f., 129, 133 ff., 140, 142, 171 f., 179, 182, 186, 206, 208, 210 f., 213, 246, 253, 265, 288
Berliner Erklärung 74 f.
Biedenkopf, Kurt 131
Böhmer, Maria 73 f., 88
Bonn 70, 81 f., 87, 182
Bouffier, Volker 87, 124, 235, 243, 251, 265, 271
Brandenburg 136, 172 f., 175, 185, 251
Bremen 251
Bundeskanzlerin 12, 19, 35 f., 41, 89, 104, 117, 133, 186, 236, 259, 265, 269, 285
Bundesrat 75, 100, 206
Bundesregierung 16, 75, 93, 116, 128, 169, 243, 257

Bundestag 11, 13 f., 17 ff., 30, 62, 70, 81, 83 f., 87, 89, 98, 107, 126, 129, 148 f., 176, 221, 238, 264 f., 269
Bundestagsmandat 81 f., 147
Bundestagspräsident 19, 31, 237, 243, 247, 269, 284
Bundesumweltminister 69 f., 176
Bundesvorstand 24 f., 178
Bündnis 90/Die Grünen 17, 37 f., 67, 75, 93 ff., 97–101, 104, 106, 114 f., 122, 127, 134, 141 f., 177, 185, 188, 201 f., 236, 238, 241 ff., 256 f., 262
CDU 7–27, 29–32, 36, 38, 41, 44, 48 ff., 52, 63, 65 f., 68–72, 74 f., 77, 79 ff., 88, 91 ff., 95–107, 114 f., 117, 119–132, 134, 139–146, 148 f., 153, 158, 161, 169–179, 181–189, 191 ff., 196 ff., 201 ff., 208, 211–215, 235–247, 249–252, 255 ff., 260 f., 265, 267 f., 270–276, 278, 282 f., 285, 287
CDU-Vorsitzende 12, 123, 229, 242, 251, 259 f.
China 212, 228
Christentum 17, 139–145, 150–153, 159 f., 156, 166, 178, 184, 189, 193, 242, 255, 261, 277
Crivellari, Fabio 178
CSU 11–27, 29–36, 38, 82, 88, 120, 141, 145, 147 f., 161, 175 f., 181, 185 f., 189, 192, 206, 208, 212, 215, 229, 235–238, 244, 248, 252, 257, 262, 272, 275 f.
Datenschutz 169 f., 195
Die Linke 18, 31, 97 f., 101–104, 140 f., 173 ff., 186, 254 f., 271 f.
Direktmandat 81, 84
Diskriminierung 68 f., 156
Dobrindt, Alexander 26, 34 f., 38, 238, 244
Dreyer, Malu 116, 246
Dutzmann, Martin 139
Ehe, gleichgeschlechtliche/Ehe für alle 74, 148 f., 155–158, 184
Einkommen 83, 175, 197
Elternzeit 67, 155
Entwicklungspolitik 232
Erdoğan, Recep Tayyip 103, 144, 223
Eurokrise 263, 279
Europa 12, 19–23, 27, 37 ff., 41, 54, 99, 120, 128, 144 f., 167, 185, 206–210, 216, 218, 221 f., 224–232, 240, 247, 260, 263, 265, 270, 279, 281 f.
Europäische Union 14 f., 22 f., 25, 30, 33, 35, 41, 87, 117, 120, 193, 208 f., 211 f., 215, 219, 223, 225 f., 230 ff., 243, 246, 255, 261, 281

Evangelikalismus 64, 80, 139, 141, 143, 159, 161, 166, 277
Familie 8, 10, 40, 43–46, 48–51, 53, 56–60, 62, 70, 80, 83, 88, 94, 107, 113, 115, 118 f., 133, 135, 137, 141 f., 154 f., 157 f., 162 f., 210, 228, 242, 246, 264, 279, 281, 287
Familiennachzug 141 f.
FDP 75, 77, 89, 91–100, 105 f., 115, 122, 127 f., 185, 188, 197 f., 238, 256, 273
Feminismus 69, 277 f.
Finanzkrise 279, 281
Flexi-Quote 75
Flüchtlinge 14 f., 17, 23, 25, 27, 29 f., 33, 36, 39 f., 66, 128, 141, 169, 170, 172, 179, 183 f., 194 f., 207, 226 f., 231 f., 247, 261–264, 281
Flüchtlingskrise 23, 36, 40, 66, 78, 141, 144, 160 f., 186, 193, 239, 245 f., 260, 263 f., 266, 284 f.
Flüchtlingspolitik 13 f., 18, 21, 28 f., 37 f., 141, 181, 183, 209, 212 f., 224, 226, 229, 235, 244, 247, 260, 272, 284 f.
Fraktionschef 19 f., 71, 92, 94, 98, 147, 276
Fraktionsgemeinschaft 11, 19f., 30, 181, 236, 248
Frankreich 20, 39, 58, 81 f., 165, 172, 203, 205–208, 211, 213, 228–231, 243, 254, 260, 272
Frauen Union 69 f., 73, 79, 88, 198
Frauenquote 68 f., 74–77, 79 f.
Funke, Daniel 240
Fußball 24, 41, 57, 235
G20-Gipfel 177
G7-Gipfel 16
Gabriel, Sigmar 102
Geißler, Heiner 15, 130 f., 143, 185 f., 188, 200, 273, 276
Geld 49, 71, 83, 97 f., 123, 167, 170, 192, 199 f.
Generalsekretärin 7 f., 10 ff., 16–19, 22, 25, 27 f., 41, 49 f., 68, 104, 121–124, 127, 129, 132 f., 139, 143, 145 f., 170, 172–175, 177 f., 180–183, 185 f., 190 f., 208, 211 ff., 235, 238, 243, 247, 255, 273 f., 282, 287
Genfer Flüchtlingskonvention 224
Geschwister 43, 45, 47, 49 f., 55, 57, 63, 84, 287 f.
Giscard d'Estaing, Valéry 208
Glaube 10, 44, 51, 139, 145 f., 150 f., 159, 162–165, 167
Globalisierung 184, 209, 211, 219
Grenell, Richard 210, 240
Grenze 9, 14, 18, 21, 23 ff.,

27 ff., 33–39, 41, 63, 144, 161, 174, 206 f., 209, 217, 221 ff., 226, 229, 231, 247, 261, 268, 277
Griechenlandkrise 176, 265 f.
Gröhe, Hermann 124 ff., 239
Grundeinkommen 176
Grundrente 116, 120 f.
Günther, Daniel 27, 173, 235 ff., 244 f., 251, 260
Hahn, Jörg-Uwe 93, 100
Hamburg 75, 177
Handelskrieg 185, 212
Hans, Tobias 71, 133 f., 251
Hartmann, Christoph 93 ff., 273 f.
Haseloff, Reiner 75, 236
Heimat 9, 48, 50, 52 ff., 58, 122, 140, 151, 163, 172, 220, 262
Hertel, Franz 274
Hessen 55, 93, 125, 235 f., 243, 251, 271
Holocaust 263
Homosexualität 148, 155–158
Humanität 141, 143, 214, 226 f., 229, 261, 281, 284
Individualismus 28, 86, 142, 155, 157, 159
Innenminister(ium) 13, 17 f., 25 f., 33, 36, 40, 66 f., 71 ff., 76, 144, 157, 194, 236, 243, 263
Innenpolitik 161, 217, 230
Integration 15, 40, 66, 125, 144 f., 166, 169, 171, 183, 190, 195 f., 211, 216, 264, 281
Iran 130, 240
Islam 140, 144 f., 165 ff., 172
Islamismus 144, 223
Israel 211, 233 f.
Jamaika-Koalition 91, 93, 98, 105, 115, 186, 244, 278
Juncker, Jean-Claude 208, 212
Junge Union 69, 79, 124, 188, 238 f., 271
Jüsten, Karl 139, 142, 146, 148 ff.
Kanzlerkandidat 68, 102 f., 114, 177, 181, 201, 241 f., 247, 251 f., 256, 259 f., 267, 270 ff., 274, 276, 283, 285
Kanzlersturz 19 ff.
Karliczek, Anja 125
Karneval 76 f., 102, 273
Karrenbauer, Helmut 50, 52, 92, 113, 118, 121, 287
Katholizismus 9 f., 44, 51 f., 56, 63 f., 80, 84, 140–143, 146–149, 159, 161, 163 f., 166, 172, 221, 270, 277
Kauder, Volker 19, 147
Kinder mit Behinderung 54, 153.
Kinderarbeit 233

Kinderbetreuung 46, 49, 58, 74, 123, 183
Kindeswohl 148, 158
Kirche 44 f., 48, 51, 64, 139 ff., 146–151, 159–165
Klöckner, Julia 41, 78, 115, 124, 237, 246, 252, 260
Koalition, große 61, 66, 75, 97, 101 ff., 115, 125, 128, 253, 272
Koalition, schwarz-gelbe 106, 197
Koalitionsbruch 11, 20, 27, 29 f., 92 f., 95, 101, 181, 189, 262, 271 f., 284 f.
Koalitionskrise 19, 92, 94, 251
Koalitionsverhandlungen 8, 13, 99, 117, 120, 122, 127, 136, 244 f., 268
Koalitionsvertrag 14, 18, 99, 121, 133, 139, 202, 263, 272
Kohl, Helmut 11, 22, 52, 79, 89, 117, 131, 143, 170, 182, 208 f., 237, 248, 252, 279, 282
Kohleausstieg 169
Kompromiss 15 f., 18 f., 24 ff., 31 f., 36, 152, 191
Kontrollverlust 34, 40, 66, 262
Kretschmer, Michael 16, 179, 238, 247, 251, 270
Krisensitzung 12 f., 19
Lafontaine, Oskar 85, 97, 99, 111, 173, 272
Landesinnenministerium 67
Landespolitik 71, 84, 105, 132, 134, 177, 207, 251
Landesverband 69, 71, 125, 172 f., 241, 246, 282
Lange, Nico 176, 211 f.
Laschet, Armin 115, 123 ff., 235, 237 f., 241 f., 251, 260, 265
Laumann, Karl-Josef 124
Leyen, Ursula von der 75, 78, 115, 123, 175, 235, 237, 242 f., 246, 252, 271
Liberale 75, 77, 91–94, 96, 100, 105, 130, 156, 184
Lindner, Christian 77 f., 106, 112, 115, 238, 254
Lokalpolitik 52, 69
Maas, Heiko 61, 92, 95, 97, 100 ff., 253
Machtverlust 20, 92, 109, 241, 244, 282, 284
Macron, Emmanuel 20, 229 f.
Magdeburg 9, 172
Mandat 17, 20, 31, 69 f., 81 f., 84, 100, 147
Marktwirtschaft 143, 178, 189, 193, 250, 278
Masterplan Migration 14, 16 f., 34, 41, 236, 248
Meiser, Klaus 71, 92, 98

Menschenrechte 207, 224
Merkel, Angela 7 ff., 12–28, 30, 32, 35 ff., 42, 66, 68, 74 f., 77 f., 85 ff., 89, 92, 96, 102, 104 f., 108, 111, 114 f., 117 f., 120–126, 129, 136, 139 ff., 144 f., 147, 149, 170, 172, 175, 180 f., 184 ff., 189, 193, 198, 207–210, 213, 216, 221, 226, 229, 233, 235–248, 250, 252, 254, 259–274, 276–285
Meyer-Heder, Carsten 251
Migration 14, 27 f., 34, 37, 40, 141, 172, 196, 226, 230, 255, 280
Migrationspolitik 33, 212, 230, 239
Ministerpräsident(in) 7, 9, 12, 15 f., 26 f., 32, 36 ff., 50, 52, 65 ff., 71–76, 78, 86 f., 89, 91 ff., 95 f., 99, 101–104, 106 f., 109, 111, 113, 115 f., 119, 122 f., 125, 129, 133 ff., 145, 147, 162, 164, 172 ff., 176 f., 179 f., 182, 205, 207, 214, 218 f., 227, 235 f., 238, 241, 243–247, 251 f., 260, 262 ff., 267, 270 f., 273, 276, 278
Müller, Peter 65, 67, 69, 71 f., 74, 76, 86, 95 ff., 99 f., 111
Müller, Rudolf 52, 70, 81, 146 f., 274 f.
Multilateralismus 186, 208, 212, 218, 221, 254
Müntefering, Franz 257, 280
Museumsaffäre 95
Muslime 140, 144 f., 159 f., 166 f., 263
Mütterrente 74
Naher Osten 223
Nato 212 f., 217, 220 f., 223, 243, 255
Niedersachsen 145, 242
Nordrhein-Westfalen 114 f., 125, 144, 235, 241, 251, 260
Obama, Barack 207, 211, 265, 268
Oettinger, Günther 243, 246
Opposition 11, 75, 78, 98 f., 104, 109, 111, 115, 131, 182, 202, 223, 260
Ortsvorstand 30
Osten (DDR/neue Bundesländer) 68, 116, 165, 172 ff., 179, 184, 222, 235, 259, 265, 277
Parlament 11, 13, 17, 19, 21, 70 f., 81 f., 99, 120, 148, 201, 220 f., 224 f., 232, 269
Parteivorsitz 11, 15, 20, 26, 30, 68, 99, 115, 124, 129, 131, 181, 198, 259 f., 276, 282
Patchworkfamilie 158
Patzelt, Werner 173, 182
PDS 174

Pflege 59, 123, 149, 169, 184, 190, 192, 200
Pflegenotstand 169, 192
Pflegeversicherung 192
Political correctness 171
Polizei 14, 18, 66, 72, 193–196, 261
Polizeigewerkschaft 196
Populismus 12, 16, 19, 23, 33 ff., 41 f., 140 f., 176, 189, 209, 211, 224, 230, 244, 254 f.
Präsidium 15 f., 100, 134, 179, 223, 239, 243, 259, 267, 274, 278
Produktionsbedingungen 233
Püttlingen 43 f., 48 f., 51 ff., 57, 70, 72, 81, 151, 188, 274, 287
Quorum 69, 81, 239, 269
RAF 44
Ramelow, Bodo 174 f., 179, 271
Rauber, Karl 67, 71, 92
Rechtsradikalismus/Rechtsruck 13, 20, 23, 37 f., 117, 130, 172, 174, 185, 209, 226, 240, 243, 254, 263
Reck, Mark 176, 288
Regierungsbildung 13 f., 36, 98 f., 101, 115, 117, 122, 139, 148, 245, 257
Regierungschef 67, 73, 91 f., 94, 96, 99, 102, 116, 205, 207, 212, 236, 260 f., 265, 271
Regierungskrise 8, 208, 237, 244, 247, 272, 284
Rehlinger, Anke 73, 102 f., 253
Religionsfreiheit 145, 165 f.
Religionsunterricht 166 f.
Rente 56, 59, 74, 110, 116, 118, 121, 169, 172, 179, 190, 199 f.
Rentenreform 110
Rettungspaket 96, 170, 265
Rheinland-Pfalz 78, 246, 260
Richtlinienkompetenz 25, 236, 248
Rösler, Philipp 91, 93
Roth, Claudia 141
Röttgen, Norbert 176
Rücktritt 24 f., 35 f., 71, 121, 270, 283
Rupp, Norbert 72
Russland 43, 130, 208, 221 ff., 235
Saarbrücken 9, 43, 57, 62, 65, 93 ff., 97 f., 103, 106, 116, 156, 172, 182, 211, 264, 288
Saarland 7 ff., 12, 15, 17, 22 f., 27 f., 31, 37, 40, 44 f., 50, 53, 55, 58, 61 ff., 65 f., 68, 70–73, 75–78, 84 f., 91 f., 94–111, 113 ff., 119, 122 f., 126, 133, 161 f., 172–177, 179, 182, 205 ff., 227, 241, 246, 251 ff., 260, 263 f., 271, 273, 278, 288

Sachsen 16, 172, 179, 238, 247, 251, 270
Sachsen-Anhalt 75, 236
Sanktionen 40, 74, 82, 194, 219, 231
Sarrazin, Thilo 145
Schäuble, Wolfgang 19 f., 31, 144 f., 170, 237, 239, 243, 247, 260, 264, 266 f., 269, 284
Schengen-Raum/-System 37, 226, 229
Schleswig-Holstein 27, 114, 173, 186, 235, 244, 251, 260
Schröder, Gerhard 67, 112, 237, 282
Schröder, Kristina 75, 83
Schuldenkrise 198, 265, 279
Schulz, Martin 102 ff., 114, 117, 120 f.
Schwarte, Christiane 176, 288
Schwesterpartei 11, 20, 24, 33, 82, 161, 189, 192, 235
Seehofer, Horst 12 ff., 16 ff., 22–27, 32–38, 41 f., 66, 87, 120, 145, 148, 181, 229, 236, 248, 262, 283
Senftleben, Ingo 173 f., 185, 251
Silvesternacht Köln 2015/2016 40, 193
Sondierungsgespräche 100, 112, 115 ff., 120, 136
Sozialhilfe 116, 121, 175
Sozialisten 77, 143 f., 254
Sozialpolitik 34, 73, 99, 110, 115, 141 ff., 169, 172, 254
Spahn, Jens 16, 19 f., 115, 124 f., 175, 179 f., 236–241, 244 f., 249 f., 260, 268, 271 f., 274
SPD 8, 11, 13 f., 17, 27, 31, 48, 67, 71, 73 ff., 92, 95, 97–103, 106, 114 ff., 120 ff., 128, 141, 143, 147 ff., 171 f., 185, 189, 201 ff., 236 ff., 241 f., 244 ff., 253, 255 ff., 269, 274, 280, 282–285
Spendenaffäre 68, 98, 282
Spitzensteuersatz 74, 197
Staatsanwaltschaft 98
Staatskanzlei 50, 67, 71 f., 92, 100, 103, 176, 205, 211
Sternberger, Dolf 248
Steuern 34, 50, 74, 96 f., 169, 190, 197, 199 ff., 210, 255
Stoiber, Edmund 26, 35, 68, 252, 276
Strafzölle 212, 219 f., 231
Strauß, Franz Josef 11, 38, 252
Studium 44, 51 f., 59 f., 69, 79, 83, 85, 196 f., 222, 278
Stuttgart 91, 93
Subventionen 231 f.
Syrienkrieg 39, 223, 260 f.
Terror 44, 144, 195, 223, 262, 264

Thüringen 55, 172, 174, 251, 271
Töpfer, Klaus 70, 81, 86
Toscani, Stephan 76, 133 f.
Trauer 49, 60, 95
Trump, Donald 16 f., 38, 76, 135, 176, 209–213, 216 f., 219 f., 222, 231, 240, 265
Türkei 103, 144, 167, 170, 223 f., 261, 272
Ukraine 170, 207, 210, 223
Ulrich, Hubert 93 ff., 97 ff.
Umsturz 130, 270
Umwelt 70, 176, 233
Unionskrise 21, 29 f., 121 f., 176, 186, 212, 245, 287
Untersuchungsausschuss 95 f., 98
USA/Amerika 55, 76, 89, 163, 182, 185, 208, 210–214, 216–220, 222, 226, 231, 240, 265, 272
Verbraucher 190, 233
Vereinbarkeit von Familie und Beruf 10, 50, 70, 80, 113, 119, 133, 135, 137, 155, 242, 281
Verteidigung 78, 115, 169, 175, 196, 210, 214, 217 f., 220, 232, 235, 242 f.
Vogt, Susanna 176
Volkspartei 10, 17, 20, 31, 38, 80, 91, 117, 131, 159, 169–172, 174, 184, 191, 203, 209, 225, 265, 278
Wagenknecht, Sahra 253 f., 272
Wahlkampf 30, 32, 34, 53, 61, 82, 101 ff., 108, 114, 129, 148, 170, 173 f., 224, 229 f., 242, 244, 253, 255, 266 f., 272, 285
Weber, Manfred 35
Wehrpflicht 123, 170, 172, 184, 196, 285
Wettbewerbsfähigkeit 197, 219
Wettbewerbsvorteil 207, 250, 255
Widmann-Mauz, Annette 70, 73, 88
Wirtschaftskrise 110, 279, 281
Wulff, Christian 145
Würde 15, 21, 151 f., 154, 159, 214
Ziemiak, Paul 271
Zuhör-Tour 9, 12, 72, 109, 170, 175, 178 ff., 182, 186, 189, 192, 196, 200 f., 213
Zweiter Weltkrieg 159, 206, 214, 216, 218, 221, 227 f., 270